フロイト全集
20

1929-32年

ある錯覚の未来

文化の中の居心地悪さ

岩波書店

［本巻責任編集］
高田珠樹

1929年ベルリンにてアンナ・フロイトとともに.

凡例

・本全集は、フィッシャー社(ドイツ、フランクフルト・アム・マイン)から刊行された『フロイト全集』(全十八巻、別巻一)に収録された全著作を翻訳・収録したものである。

・収録全著作を執筆年代順に配列することを原則とした。ただし、後年に追加された補遺や追記の類いについては、内容上の関連を優先して当該著作の直後に配置した場合がある。また、各巻は、重要と判断される規模の大きい著作を前に、その他を「論稿」として後にまとめて収録し、それぞれのグループごとに執筆年代順で配列して構成した。なお、フロイトの著作には執筆年代を確定することが困難なものも多く、これらについては推定年代に基づいて配列順を決定した。詳細については、各篇の「解題」を参照されたい。

・本巻には、おおむね一九二九年から一九三二年にかけて執筆された著作を収録した。ただし、巻頭の『ある錯覚の未来』は二七年に執筆されている。また、著作の中には、この時期よりもいくらか後になって発表されたものもある。翻訳にあたって使用した底本は、以下のとおりである。

Sigmund Freud, *Gesammelte Werke*, XIV, Werke aus den Jahren 1925-1931, herausgegeben von Anna Freud, E. Bibring, W. Hoffer, E. Kris, O. Isakower, Imago Publishing Co., Ltd., London, 1948, Siebente Auflage, S. Fischer, Frankfurt am Main, 1991.

Sigmund Freud, *Gesammelte Werke*, XVI, Werke aus den Jahren 1932-1939, herausgegeben von Anna Freud, E. Bibring, W. Hoffer, E. Kris, O. Isakower, Imago Publishing Co., Ltd., London, 1950, Siebte Auflage, S.

Fischer, Frankfurt am Main, 1993.

Sigmund Freud, *Gesammelte Werke*, Nachtragsband, Texte aus den Jahren 1885-1938, herausgegeben von Angela Richards unter Mitwirkung von Ilse Grubrich-Simitis, S. Fischer, Frankfurt am Main, 1987.

・本文の下欄に底本の巻数および頁数を表示し、参照の便宜をはかった。巻数は各篇冒頭に「GW-XII」などと示し、以降、底本における各頁冒頭に該当する個所にアラビア数字で頁数を示した。なお、フィッシャー社版『フロイト全集』の拾遺集として刊行された別巻(Nachtragsband, Texte aus den Jahren 1885-1938)については、「Nb」の略号を用いた。

・「原注」は「＊1」「＊2」の形式で示し、注本文を該当個所の見開き頁に収めた。

・「編注」は「(1)」「(2)」の形式で示し、注本文は巻末に一括して収録した。これは、各訳者が作成した本文の内容に関する注を各巻の担当編集者がまとめたものであり、ここには各種校訂本、注釈本、翻訳本に掲載されている注解を適宜、翻訳引用する形で収録したものと、本全集で各訳者が新たに執筆したものが含まれる。これらを区別するため、引用した個所については【　】を付し、冒頭にその出典を明示することとした。各出典を示すために用いた略号は、以下のとおりである。

GW　Sigmund Freud, *Gesammelte Werke*, 18 Bände und Nachtragsband: Bände I-XVII, Imago Publishing Co., Ltd., London, 1940-52; Band XVIII, S. Fischer, Frankfurt am Main, 1968; Nachtragsband, S. Fischer, Frankfurt am Main, 1987.

SA　Sigmund Freud, *Studienausgabe*, 10 Bände und Ergänzungsband, S. Fischer, Frankfurt am Main, 1969-75.

TB　Sigmund Freud, *Werke im Taschenbuch*, 28 Bände, Fischer Taschenbuch Verlag, Frankfurt am Main.

SE　*The Standard Edition of the Complete Psychological Works of Sigmund Freud*, 24 Volumes, The Hogarth Press, London, 1953-74.

OC　Sigmund Freud, *Œuvres Complètes*, 21 Tomes, Presses Universitaires de France, Paris, 1988-・

・フロイトの著作には、単行本、雑誌掲載論文などの刊行形態を区別することが困難なものが多く、本全集では村上仁監訳、J・ラプランシュ、J－B・ポンタリス『精神分析用語辞典』（みすず書房、一九七七年）所収の「フロイト著作年表」において単行本として刊行された旨が記されている著作は『　』を、その他の著作は「　」を付す形で表示した。

・本文および編注において用いた記号類については、以下のとおりである。

〔　〕　訳者によって補足された個所（欧文中の場合は［　］）

《　》　原文においてイタリック体で表記されたドイツ語以外の術語など

傍点　原文におけるドイツ語の隔字体（ゲシュペルト）の個所（本巻では強調を示すイタリック体の個所にも傍点を用いた）

ゴシック体　夢の内容など、本文中にイタリック体で挿入された独立した記述

目次

ある錯覚の未来

高田珠樹 訳

Die Zukunft einer Illusion

I

長年のあいだ、ある特定の文化[1]の中で生きてきて、再三、その起源や発展の道筋はどんなふうであったかを明らかにしようと努めてきたからには、一度はまた視線を逆の方向に転じて、この文化には今後どのような運命が待ち受けているのか、どのような曲折をくぐりぬけていく定めにあるのかという問いを提起してみたいという誘惑に駆られる。ところが間もなく、このような考究には、いくつかの要因のゆえに最初から大した値打ちがないのに気づかされるだろう。それは、とりわけ、人間の様々な営みをその全域にわたって見渡すことのできるような人はほとんどいないということによるのである。大概の人にとっては一個の領域か、ごくわずかの領域に限定するよりほかなくなっている。ところが、過去や現在のものについてあまり知らない人の場合、その人が下す将来についての判断も、その分、不確かである。加えて、そもそもこのような判断では、個々人の主観的な期待が侮りがたい役割を果たしているとなれば、なおさらである。おまけに、このような期待は、本人自身がこれまで何を経験してきたか、生まれながらの気質や、これまでの成功や失敗のせいで人生に対しどれほどの希望をもって臨んでいるか、といった純粋に個人的な要因に左右されるかたちで現れてくる。はては、人間は総じて自分のいる現在をまるで素朴に生きるだけで、その内実を見定めることができないという奇妙な事実も影響してくる。将来について判定するための手がかりを現在から得るためには、人間はまず現在に対して距離を取らなくてはならない、すなわち現在は過去とならねばならないのである。

われわれの文化が将来どうやらこうなりそうだといったことを、つい語ってみたいという誘惑に駆られる人は、右に挙げた懸念に加え、およそ予測というものには不確実さが付きまとうことを想い起こすのがよいだろう。というわけで、私も、手に余る大きな課題に立ち入ることはできるだけ控えて、以前から自分が専心してきた小さな部分領域が大きい全体の中にどのような位置を占めるのかを画定したら、早々に自分の部分領域に立ち返ることにしよう。

私は文化と文明とを切り離すことには反対であり(2)、人間の文化ということで、人間の生が自分に備わる動物的な条件を脱し、動物の生から区別される所以の総体のことを考えている。この人間の文化には周知のように二つの面が認められる。そこには、一方では、人間が、自然の諸力を支配し諸々の人間的な欲求を充足させるべく、自然から様々の富や物資を奪い取るために獲得してきた知識と能力の一切が包摂されるが、他方では、人間相互の関係を律する、とりわけ手に入る物資の分配を律するのに必要な仕組みのすべてが含まれる。文化のこの両方の方向は互いに独立しているのではない。というのも、第一に人間相互の関係は、実際に手近にある富で可能となる欲動充足の程度に深く影響されるからであり、第二に個々の人間自身も、他人からその労働力を利用されたり、性的対象とされたりする以上、一個の物資として他人と関係することもあるからで、第三にまた、個々人一人ひとりは、広く人類全般の関心であるはずの文化には潜在的に敵対しているからである(3)。奇妙なことに、人間は孤立しては生存できないのに、共生を可能とするために文化から求められる犠牲についてはそれを厄介なものと感じるのだ。文化はそれゆえ個々人に対抗して守られねばならないし、文化の様々な仕組みや制度、命令はこれを課題としている。そそれらは物資の確かな分配を確立することだけでなく、これをきちんと維持することをも目的としている。のみならず自然を征服し物資の生産に資するものすべてを、人間の中にある敵対的な蠢《うごめ》きから守らねばならない。人間の手になるものはたやすく破壊される。それらを建設した科学や技術はまた、それらを破壊するのに用いられることとてあるのだ。

こうして人は、文化とは、権力と強制の手段を領有するすべを心得た少数の者が、嫌がって逆らう多数の者に押し付けたものであるとの印象を覚える。もちろんこれらの難点は文化そのものの本質に付きまとうのではなく、今日までに発展してきた諸々の文化の形態が不完全であるせいだと想定する向きも当然あろう。実際、これらの欠点を数えあげるのは難しいことではない。人類がこと自然の支配に関してはたえず進歩をなし遂げ、今後もこれまで以上に大きな進歩を遂げるであろうことが期待されるのに対して、人間相互の関係や関心の調整に関してはそれに似た進歩をしかと認めることができず、今ふたたびそうであるように、どうやらいつの時代にあっても多くの人間が、自分たちの獲得してきたこの一片の文化とはそもそも守るに値するものであるのかと自問してきたらしい。人によっては、強制したり欲動を抑え込んだりするのを断念し、人間が内的な確執に妨げられることなく物資の獲得と享受に専心できるようにすれば、文化についての不満の元を黙り込ませるように人間関係を新たに調整しなおすことも可能だと考える向きもあるだろう。それこそ黄金時代ということになるだろう。もっとも、このような状態が実現可能であるかどうかは疑問である。むしろ、いかなる文化も強制と欲動の断念を基礎として建設されねばならないように思われる。強制がなくなれば、個々の人間のうちその多数が、新たな生活財の獲得に必要な勤労を自ら進んで背負い受けるであろうなどといったことすら保証の限りではあるまい。あらゆる人間の中には破壊的、すなわち反社会的、反文化的な傾向が宿っており、相当数の者にあっては、自分の振る舞いを人間社会の中で規定する上でこの傾向がはなはだ強いという事実を念頭に置かねばならないと私は考える。

人間文化を判断する上で、この心理学的な事実は決定的な意味を持つことになる。当初は、文化において肝腎なのは生活物資を獲得するために自然を支配することであり、これを脅かす様々の危険は生活物資を人々に適切に配分することによって取り除けると考えることもできたが、今では重点は物質的なものから心理的なものに移ったようである。人間に課せられた欲動を犠牲にするという負担を軽減し、人々にそれでもやはり残らざるをえない犠牲と折り合いをつけさせ、その代償を与えること、これがはたしてできるのか、できるとすればどの程度にうまく行くのか、この点が決定的となる。文化作業には強制が必要だが、これと同様、少数者による大衆や集団の支配というものが必要不可欠である。[4] 大衆は怠惰で洞察を欠き、欲動の断念を好まず、論をもって説いて聞かせてもその必要性を納得させることはできず、その一人ひとりが互いの身勝手を放任していよいよ自堕落になってゆく。文化の存続には勤労と節制を欠くことができないが、大衆をそれらに向かわせるには、彼らが自分たちの指導者として認める模範的な人物の影響によるほかない。これらの指導者が、生が必要とする諸々の事柄に卓越した洞察を持ち、自らの欲動欲望を制御できるだけの境地に達した人物であるなら、すべては結構で何も問題はない。ところが指導者は、自分たちの影響力を失うまいとして、大衆を自分に従わせるより、むしろ自分が大衆に従うという危険に付きまとわれ、そのため指導者が権力手段を手中に収めることで大衆から独立しているというのはやむをえないかに見える。要するに、文化の仕組みはある程度の強制によってしか維持されえないのは、人間の中に広く蔓延するこの二つの特性、すなわち人間は自発的に労働しようという気がなく、彼らの情熱に対しては論を説いても無益であるという特性のせいなのである。

このように述べると、それに対してどのような異論が上がるかは承知している。その言い分とはこうだ。いわく、人間大衆の性格が右のようなものだと指摘するのは、文化の作業を強いる強制が不可欠であるのを証明したいからだろうが、そういった性格そのものは、文化的な仕組みが欠陥を抱えているからであり、この仕組みのせいで人間は悪辣で恨み深く、とっつきにくくなったのだ。愛情を込めて育てられ、考えることを尊ぶように教育された若い世代は、早くから文化の恩恵に浴しており、文化に対してはまた違った態度をもって臨み、これを自分たち自身の財産と感じ、文化を維持するのに必要な労働をこなし、またそのためには欲動の満足を諦めるという犠牲もすすんで払うことだろう。これらの世代には強制も必要ないかもしれないし、指導者たちとあまり違わないだろう。これほどの質を備えた人間大衆は従来のいかなる文化の中にもいなかったが、それは、いかなる文化も人間をこのような仕方で感化する、しかも幼年期からそれを行うような仕組みを設けてこなかったからである、云々。

そもそもこのような文化的な仕組みを作り出すことが可能なのか、あるいはわれわれによる自然支配が現状のようなものであるとき、すでに今から可能だなどということがあるのか、疑ってみることもできよう。将来の世代の教育者として影響を及ぼしてくれるはずの優れた指導者、過ちを犯すこともなく私心のない指導者がどこからやって来るのか、問うてみることもできよう。これらの意図が実現されるまでには膨大な強制が行われるのも避けられないであろうが、それを考えただけで愕然とするかもしれない。この計画が壮大であり、人間文化の将来に意義を持つことについては誰も異論を唱えることはできまい。もとよりこの計画は、人間には生まれながらにして多様な欲動の資質が備わっており、初期の幼児体験がそれらに最終的な方向性を指し示すという心理学的な洞察に基づいている。したがって、このような文化の変革の有効性も、教育による人間の向上の可能性には限界がある以上、やはりそれによって制限されている。文化環境を変えれば、人の世の営みをかくも困難にしている人間大衆の二つの特質をはたして拭い去ることができるのか、どの程度まで拭い去れるのか、疑いたくもなろう。その実験はいまだ行われたためしはない。どうやら人類のうちの一定の比率の者は――病的な資質や欲動の過大な強さのせいで――永久に反社会的なままにとどまるだろう。しかし、文化に敵対する今日の多数派を少数派に押し下げることだけでもうまく行くなら、それは非常に大きな成果であり、ことによると達成しうる最大の成果と言えるかもしれない。

先にこの考察について予告した道筋(5)から大きく逸脱してしまったとの印象を呼び起こすのは、私の望むところではない。それゆえ、現在、ヨーロッパとアジアにまたがる広大な国で試みられている壮大な文化実験について判断を下すつもりは全くないということをはっきり明言しておきたい(6)。この実験がはたして実行に移せるのかどうかを決定したり、そのために用いられる様々な方法が目的に適《かな》っているかを検証する、あるいは意図とその履行とのあいだの避けることのできない間隙の大きさを測定したりするに足るだけの専門的な知識や能力を私は持ち合わせていない。かの地で準備されつつあるものはなお未完成であり、とうに確定しているわれわれの文化を対象とする見地からは捉えられないのである。

II

はからずもわれわれは、経済に関することについて論じていたはずが、いつの間にか心理学に関することに移ってきてしまった。当初、われわれは、文化という資産を、手に入る物資や富とそれを分配する制度に求めようという誘惑に駆られた。しかし、あらゆる文化が労働の強制と欲動の断念に基づき、それゆえこの要求を課せられている当事者たちからは反発を招くのが避けられないことを認識するに及んで、富そのものやその獲得の手段、分配のための仕組みが文化の本質をなすのではなく、ましてやその唯一の要素であろうはずはないことが明らかになった。それらは、文化を分かち持つ者たちの反抗と破壊欲求に脅かされているからである。ここで富に加えて、たとえば強制手段や、そのほか、首尾よく人間たちをして文化と融和させ人間が費やした犠牲に対する代償を支払ってくれるはずの手立てといった、文化を守るのに役立ちうる手段も現れてくる。ちなみに後者は文化の心的な資産と呼ぶことができよう。

一貫した表現が望ましいから、ひとつの欲望が充足されえないという事実をわれわれは不首尾と呼び、この不首尾を固定する仕組みを禁止、そしてこの禁止が招き寄せる状態を不自由と呼ぶことにしよう。そうなると、次の課題は、不自由の中でも、万人を見舞う不自由と、そうではなくて単にある集団や階級、のみならず個々の人だけを見舞う不自由とに区別することである。両者のうち前者に属する一連の不自由は最古の不自由である。それらの「不自由」を導入した禁止をもって、文化は、何千年前とも知れぬ太古の時代に動物的な原始状態からの離別を開始したのである。驚いたことに、われわれは、こういった不自由が今もなお作用し続け、今もなお文化に対する敵意の核心をなしていることを知った。この不自由に喘《あえ》ぐ欲動欲望は、子供がひとり生まれるたびに、新たに生まれてくる。そして、すでにそういった不首尾に対しても反社会的に反応する一群の人間、すなわち神経症患者がいる。そのような欲動欲望とは、近親相姦、食人、殺人を快とする欲動欲望である。万人がこぞって唾棄するかに見えるこれらの欲動欲望を、許容すべきか拒否すべきかをめぐってわれわれの文化の中で活発な論争のあるその他の欲動欲望と同列に扱うのは奇妙に思われよう。しかし、心理学的には、これはそれなりに正しいのである。おまけに、文化がこれら最古の欲動欲望に対してどう振る舞うかもけっして一様ではない。唯一、食人だけは誰もが唾棄し、精神分析の見地に立たない人の目にはすでにすっかり克服されたかに見えるものの、こと近親相姦欲望となれば、その強さは、それが禁止されていることからもなお窺い知ることができ、殺人は、われわれの文化も一定の条件下では今なおそれを行い、命じてすらいる。ことによると、文化がこの先、様々な発展をたどり、今日ではどうということもなく認められている別の欲望充足でさえも、ちょうど今日、食人がそうであるように、およそ許容しがたいものと映るようになるかもしれない。

すでにこの最古の欲動断念でも認められ、またその後のすべての断念に関しても重要性を失うことのないひとつの心理学的な要因がある。人間の心が太古の昔から何の発展も見ず、科学や技術の進歩とは対照的に今日に至るまで歴史の当初より全く同じままにとどまっているなどと考えるのは正しくない。このような心の進歩の一例をここに挙げてみることもできる。外的な強制が、心の特別な審級である人間の超自我によってその命令圏内に取り込まれることで次第に内面化されてゆくのは、われわれの発展の方向に沿うものである(7)。この種の変化の過程はすべての子供についても観察されるところであり、どの子供もこの変化を通して初めて道徳的かつ社会的となってゆく。この超自我の強化とは、極めて貴重な心理学上の文化資産であり、超自我の強化を経た人は、文化の敵対者から文化の担い手へと変身する。ひとつの文化圏の中でこのような人の数が多いほどその文化は安泰であり、外的な強制手段に訴える必要もなくなる。さて、この内面化の度合いは、個々の欲動禁止ごとにたいへん異なっており、先に挙げた三つの最古の文化要求に関しては、神経症患者という不都合な例外を度外視するなら、内面化は十分に達成されているように見える。ところが、ひとたび他の欲動への要求に目を転じるなら、話は違ってくる。驚くべきことに、また憂鬱なことであるが、大多数の人間は、これに関する文化の禁止には、外的強制という圧力を加えられないかぎり、すなわち外的強制が目に物言わせるかもしれず、それを恐れる場合以外、従わないのだ。これは、万人が等しく課せられている、文化の側からのいわゆる道徳的要求についても言えるところであり、人間が道徳的に信用できないと言われる際に聞かされる話の大半はこの部類に属する。殺人や近親相姦となると怖気づくはずの文化的人間といえども、その中の無数に多くの者は、罰せられずにすむとなれば、自らの所有欲や攻撃による快、性的な快楽を満足させることを控えず、嘘や詐欺、誹謗で他人に害を及ぼすことを厭わない。しかも、どうやらこれは、文化的な時代が始まって以来、常にこのようであったらしい。

特定の社会階級だけが何らかの制限を受ける場合、状況は明らかで見まがうことはけっしてない。当然ながら、不利益を蒙っている階級は、特典を享受する者たちに対してその特権を妬み、自分たちが強いられている余分の不自由を何としても振り払おうとすることが予想される。これが可能でない場合、この文化の中では絶えず一定量の不満が頭をもたげ、時に危険な暴動にまで発展しかねない。しかし、現在のあらゆる文化に関してそうであるように、ひとつの文化が、その文化にあずかる人々の一部分を満足させるのに、それ以外の人々、しかもおそらくは過半数の人々を抑え込むのを前提とするという状態を脱却していないならば、抑え込まれている人々が、自分たちの労働によって成り立っているのに、その恩恵にはごくわずかしかあずかれないこの文化に対して強烈な敵意を育んだところで、何ら怪しむに足らない。そうなると、これらの抑え込まれている人々がその文化による禁止を内面化することなど期待するべくもなく、むしろ、彼らはこうした禁止そのものをも認めようとせず、文化そのものを破壊し、ひいてはそれが拠って立つ前提すら覆そうと画策する。これらの階層が文化に対して抱く敵意があまりに明白であるため、もっと文化の恩恵に浴している社会階層の中に存在する、どちらかと言えば潜在的な敵意のほうは、その陰に隠れてこれまで見落とされてきた。言うまでもないが、成員の大多数を満足させられないまま放置し、反抗へと駆り立てるような文化は、永続きする見込みもないし、またそれに値すらしない。

文化が指示することの内面化の度合い——心理学的な表現を離れて俗な言い方をすれば、成員の道徳的な水準——、唯一これだけが、ひとつの文化を評価する上で勘案されることになる心的な財なのではない。これに加えて、その文化が持つ理想や芸術作品、すなわちその双方から得られる満足のほども評価の指標となる。

ひとつの文化が持つ様々の理想、すなわち、最高の行為・功績とは何であり、その実現のために最も努力するに値する行為とは何かに関する価値観は、えてしてその文化の心的な資産に数えられがちである。さしあたり、これらの理想は、その文化圏の人々の行為を規定しているかに見える。ところが実際の経緯というのは、どうやら、ひとつの文化の内的な素質と外的な境遇との協力によって可能となった最初期の行為を基にして理想が形成され、今度はそういった最初期の行為がこの理想によってそのまま継続されるように固定化されるということらしい。それゆえ、理想が文化の成員に与える満足感はナルシシズム的な性質のものであり、すでに首尾よくいった行為に対する誇りに基づいている。この満足感を完全なものとするためには、他の行為に専心し他の理想を育んできた他の様々な文化を自分と比較することが必要である。確認した違いに基づいて、どの文化も、自分には他の文化を軽蔑する権利があると称しているのだ。このようにそれぞれの文化が掲げる理想は、異なった文化圏のあいだの不和や敵対の種になるのであり、そのことは諸国間の関係に最も明確に現れている。

文化理想から得られるナルシシズム的な満足感は、ある文化圏の内部で生じる、その文化に対する敵意をうまく牽制する力のひとつでもある。人一倍この文化の恩恵に浴している階級だけでなく、抑え込まれている者たちも、この文化圏の外にいる者たちを軽蔑してよいという権利を得ることによって、自分の文化圏の内部の不遇に対する代償を手にするのであり、そのかぎりでは、彼らもまた文化の恩恵にあずかっている。俺は、なるほど借金と兵役に喘ぐ哀れな下層の民だ。だが、その代わりに俺はローマ市民であり、ささやかながら、他の国の連中を支配し彼らに指図するという使命の一端を担っているのだ、云々。しかし、抑え込まれている者たちが自らを支配し搾取する階級と自分たちとをこのように一体視することは、もっと大きな連関の一部でしかない。他面では、彼らはこの支配階級に感情的な拘束を覚え、敵意を抱いているにもかかわらず支配者たちの中に自らの理想を見ていることもある。根本的には満足感を与えるこのような繋がりがなければ、大多数の者らが抱く当然の敵意にもかかわらず、多くの文化がこれほど長いあいだ存続してきたことは理解しえないだろう。

重労働で疲労困憊し人格を陶冶する教育も受けていない大衆は、芸術に親しむことなどないのが普通であるとはいえ、芸術が、ひとつの文化圏の中でその成員に与える満足感は、また一味違った性質のものである。ずいぶん以前に明らかにしたように、(8) 芸術は、今なお痛切に感じられる最古の欲望断念に対する代替満足を与えるものであり、それゆえこの断念のために捧げられる犠牲を宥《なだ》める上で芸術に勝るものはない。他面で、様々な芸術作品は、共通体験となる得がたい感情を呼び覚ますことで、あらゆる文化圏にはおよそ欠かすことのできない同一性による一体感をかき立てる。しかし、これに加えて、芸術作品は、個々の文化固有の行為や功績を描き出し、その文化の理想を印象的なかたちで想起させ、その段にはナルシシズム的な満足感に資するものである。

ひとつの文化が持つ心的な財産全体の中で、ことによると最も重要ではないかと思われる点についてまだ論じていない。その文化に備わる、最も広い意味での宗教的な表象、あるいは別の言葉で言えば、文化が持つ錯覚がそれである。「錯覚」という言葉を用いるのについての弁明は後段に委ねたい。

III

宗教的な表象が持つ特別な価値はどこにあるのだろうか。

これまで、文化が行使する重圧や文化が要求する欲動の断念によって生じる、文化に対する敵意について語ってきた。試みに今、自分は文化による禁止を解かれたと考えてみよう。そうすると、気に入った女ならすべて性的対象としてよいし、恋敵を始め邪魔な者は誰であろうとためらうことなく打ち殺してよい。他人からその持ち物を何の断りもなく失敬できる。そうなれば、人生は満足の連続で、なんと素晴らしいことだろう。なるほど間もなく次の困難が立ち現れてくる。他の誰もが私と全く同じ欲望を持っており、私とて他人を容赦しないように先方も私に手心を加えることはないだろう。してみれば、要するに、文化による制限を解くことによって無制限に幸福になれるのは、ただひとりの者、すなわちあらゆる権力手段を掌中に収めたひとりの暴君、ひとりの独裁者だけであり、この暴君にしたところで、他の者が「汝、殺すなかれ」という文化の命令だけはぜひとも守ってくれるように欲さざるをえない。

だが、文化を廃止するのを目指すなどとは、なんと恩知らずで近視眼的なことだろう。その後に残るのは自然状態であり、こちらのほうが遥かに耐え難いものだ。自然はわれわれに対し欲動の制限を求めず、思いどおりの振舞いを許容するというのは本当だが、一方で自然なりにわれわれを制限する特段に効果的なすべを心得てもいるのだ。冷酷で残忍、無慈悲に、われわれを殺すのだ。しかもことによるとわれわれが満足を得んとするまさにその折りもおり、自然はわれわれに手をかけるらしい。自然がこれらの危険をもって脅したからこそ、われわれは互いに結束し、共生が可能となるようにとの願いも込めて文化を創り出したのだ。実際、自然からわれわれを守るということが文化の中心的な課題、本来の存在根拠である。

周知のように、文化はこの点について今でもすでに多くの点でまずまずの成果を収めており、いずれは今よりもまた遥かにうまくやることになるだろう。しかし、自然が今すでに制圧されていると信じるなどという錯誤に囚われる人などいないし、また恐れ多くも、自然がいずれ全面的に人間によって征服されている日が来るなどと希望する者もほとんどいない。一方には人間の力ずくの試みをすべて嘲笑うかに見える自然の猛威、たとえば揺れ動いては引き裂け人間の営みや人間の手になるものすべてを覆い尽くしてゆく大地、ひとたび氾濫すれば一切を押し流し呑み込んでゆく水流、すべてを吹き飛ばしてしまう嵐がある。他方には、最近になってようやく実は他の生物からの攻撃であることが分かった各種の疾病、死というやるせない謎がある。この死に対しては、それを抑止してくれそうな薬草は何ひとつ見つかっておらず、また今後とて見つかることはあるまい。このような暴威をもって自然は、われわれの前に壮大かつ残忍、容赦ない姿で立ちはだかり、われわれが文化作業によって脱却しようと考えていた自分たちのひ弱く寄る辺ない在り方をあらためてわれわれの眼前に突きつける。人類については楽しく心躍る印象など滅多に得られるものではないが、その数少ない例のひとつが、天災に直面した人類が、互いのあいだの困難や敵意といった文化ゆえの様々な経験をすべて忘れて、自然の猛威に対して身を守るという偉大な共通の課題を想起するときである。

人類全体にとってもそうだが、個人にとって生きるのに耐えてゆくことはやはり難しい。自分が成員となって属している文化からは少なからぬ不自由を課されるし、他の人間たちの存在もまた、文化の指図にもかかわらず、あるいはこの文化が不完全ゆえに、相当の苦痛の種となる。加えて、運命と称される、人間には統御できない自然が引き起こす災いもある。その結果、何かがやって来はしないかという不安に絶えず苛まれ、自然なナルシシズムも激しく傷つけられることになるだろう。個々人が文化や他者による侵害に対してどのように反応するかについて、われわれはすでに知っている。この文化の仕組みに対して応分の抵抗、すなわち文化への敵意を育むのだ。だがそれにしても、他人と同じく自分にも脅威として迫ってくる自然、ないし運命の猛威に対しては、個々人はどのようにして身を守るのか。

文化は人間からこの仕事の重荷を取り除き、それを肩代わりしてくれる。誰に対しても平等にこの仕事をこなしてやる。この点でおおむねすべての文化が同様のことをするというのは注目に値する。人間が自然から身を守るという課題を遂行するのを文化が中断させるのではない。文化はその課題をただ別の手段で継続するのだ。ここで課題は多様なものとなる。深刻な脅威に晒された人間の自尊心は慰めを求め、世界や人生からその恐ろしい風貌を取り除いてしまわねばならない。このついでに、人間の知識欲は、非常に強い実用面での関心に駆られてではあるが、ひとつの答えを得ようとする。

第一歩さえ踏み出せば、すでに大きな儲けものだ。この一歩とは、自然を擬人化することである。非人格的な力や運命の類いには近づきようがなく、それらは永遠に未知で疎遠なものにとどまる。ところが、自然界の諸力の中にも自分の心の中と同じく様々の情熱が荒れ狂っているというなら、また死すらもおのずと生じたものではなく何かひとつの悪意による狼藉であるというなら、あるいはまた自分が属する社会の中で知っているような曲者どもが自然の至るところで身のまわりにいるなら、人は一息ついて、不気味な中にもわが家にいるようなくつろぎを感じ、愚にもつかない不安を心的に処理できる。人はなるほど今もって無防備かもしれない。しかしもはや単に寄る辺なく足がすくんで動けないというのではなく、少なくとも何か反応するくらいのことはできるばかりか、もはや無防備などですらなくなっているかもしれない。これら外部の粗暴な超人たちに対しても自分たちの社会で使うのと同じ手段を応用することもできる。超人を呼び出したり、鎮めたり、手なずけてみようとしたりし、このように影響を行使することで巨人どもの力の一部を奪い取ったりもする。自然科学の代用としての心理学は、ただ即座に気休めの効果を発揮するだけでなく、状況をさらに制覇してゆくための道筋も示してくれるのだ。

というのも、この状況は何ら新しいものではなく、幼児期にひとつの模範があり、元来かつてのそれを単に継続するだけにすぎないからである。というのは、人はすでに一度、小さな子供として両親に対する関係においてそのように寄る辺ない状態にいたことがあり、そこでは両親、とりわけ父親は、当然、恐るべき存在でありながら、またその頃にもすでに知っていた危険から自分を必ずや守ってくれる存在でもあったからだ。そうであるから、これら両方の状況はつい互いに一体視されてしまうことになった。そこでもまた夢の活動の中と同様に欲望が一枚嚙んでいた。寝ているると死の不安に襲われて墓の中に引き込まれそうになったとしても、夢の工作は、この恐ろしい出来事が欲望の成就に転換される条件を選び出すすべを心得てくれている。夢の中で自分は、とあるエトルリア人の墓の中にいるのだが、そこへは考古学的な関心を満足させることについ夢中になって自ら降りてきたということになっている。(9) 同じようにして人間は、自然の諸力をただ単純に同輩のように付き合える人間たちへ仕立て上げるというのではない。それでは、人間が自然の威力に対して抱く圧倒的な印象にはそぐわない。人間は、そういった自然の力に父親としての性格を与え、それらを神々にまで祭り上げ、しかもその際、単に幼児期の模範に従うだけではなく、私がこれまで明らかにしようとしてきたように(10)、ひとつの系統発生的な模範にも従うのだ。

時とともに自然現象の中に規則性、法則性のあることが観察され始め、それとともに自然の諸力も人間的な風貌を失ってゆく。しかし、人間があくまで寄る辺ない存在であることに変わりはなく、そのゆえにまた父への憧れと神々も依然として残っている。自然の脅威を払い除けること、とりわけ死という局面で現れる運命の残酷さとの和解を図ること、さらに文化的な共同生活が人間に課す苦痛と不自由とを補償すること、これら三重の課題を神々は担い続けている。

ところが、これらの働きの中で次第に重点がずれてゆく。人は、自然現象が内的必然に従っておのずと展開することに気づくようになる。たしかに神々こそが自然の主であって、自然をこのようにしつらえたのも神々だが、今では自然をそれ自身に任せてもかまわない。ただ時おり、まるで自分たち本来の勢力圏を何ひとつ放棄したわけではないことを知らしめるかのように、いわゆる奇跡によって神々は自然の歩みに介入してくる。こと運命の配剤について言えば、人類が非力で寄る辺ないのは変えようもないのではないか、という憂鬱な予感が払拭されないまま残っている。最初にここで神々の非力が露見する。運命が神々自身の手になるというなら、その思し召しは窺い知れないと言うほかはない。そこで古代で最も才能に恵まれた民族が予感し始めたのが、神々の上に運命の女神モイラがおり、神々自身もそれぞれの運命に従うのではないかという洞察だった。そして、自然が自立し、神々が自然から身を引いていくにつれ、すべての期待は次第に、神々に割り振られた第三の機能へと向けられ、そこに集中していくことになる。道徳に関することが神々の本領となってゆくのだ。ここに至って神々の課題は、文化の欠陥と害悪を埋め合わせ、人間が共同生活の中で互いに加えあう苦痛をしかと見つめ、人間がおよそいい加減にしか従わない文化の指図がきちんと守られるように目を光らせることになる。文化の指図とは神々に起源を持つとされ、それが人間社会を超えて自然や宇宙の動きにまで広げられてゆく。

かくして表象の一大宝庫が創り出される。それらの表象は、人間の寄る辺ない非力を耐えられるものにするという必要から生まれ、自分と人類が幼年期には寄る辺なかったという想い出を材料として構築されている。これらの表象の資産が、人間を二つの方向で、すなわち自然と運命から来る危険、ならびに人間社会そのものから来る害悪、この二つから守るものであることは明白に見て取れる。こういった脈絡の中で、この世の生はもっと高い目的に仕えている、その目的は容易に見極めることはできないが、それが人間存在を完璧なものとすることを意味するのは確かだ、などと説かれることになる。この高まり、上昇は、どうやら、人間の中で精神的な部分を構成し、時代を経る中で不承不承おもむろに身体から分離していった心を対象とするものであるらしい。この世の中で起こること一切は、人知を超えた知性が意図するところが実行に移されたものであり、この知性は、容易に窺い知れない紆余曲折を経るものの、最終的には万事よいように、すなわちわれわれにとって喜ばしい結果となるように采配を振るう。われわれ誰しもの頭上には、うわべだけは厳しく見えるものの、その実、慈愛に満ちた神の思し召しが監視の目を光らせ、苛烈で容赦ない自然の力がよもやわれわれを翻弄することのないように見守ってくれている。死そのものも、無に帰ることでも生命のない無機物に戻ることでもなく、高まり発展してゆく途中に位置するひとつの新たな存在様態の始まりにほかならない。別の側から眺めれば、われわれの様々な文化が打ち立てたのと同じ道徳律は宇宙の中の出来事万般を支配しているのだが、これら道徳律をひとつの最高審がおよそ比べられないほど遥かに強大な権力と徹底性をもって見張っているだけのことだ。すべての善悪は、たとえ現世でなくとも死後に始まるあの世での生で最終的には相応の報いを受けることになる。かくて、人生で遭遇する災厄や苦しみ、逆境はすべて帳消しとなる定めにある。光のスペクトルの可視部分には不可視の部分が続くように、われわれの地上の生の先には死後の生が続き、たとえわれわれが一切の完成をこの世で実現できなくとも死後の生はそれを果たしてくれるのだ。そしてこの経過を操る人知を超えた叡智、世の経過の中に現れる大いなる慈愛、この経過の中で自らを押し通して結実していく正義、これらは、われわれや宇宙全体をも創造した神的な存在たちの特性にほかならない。あるいはむしろわれわれの文化にあっては先史時代のあらゆる神々を凝縮した唯一神の特性と言うべきかもしれない。神々の特性をこのように集約することに最初に成功した民族は、この進歩を少なからず誇りに思った。太古の昔からあらゆる神の姿の背後に潜んでいた核心たる父親としての内実を、この民族は白日のもとに晒したのだった。それは要するに、神の観念の歴史的な始原に回帰することであった。さて神が唯一の存在である以上、神への関係は、子供と父親との関係に見られる親密さと緊密さを取り戻すのには何の支障もない。これほどまでに父に尽くしたのであれば、今度はそれに報いてもほしい。少なくとも父の唯一の愛児、選ばれし民でありたい。遥か後になって敬虔なアメリカは自分が《神自身の国》〔God's own country〕だと称するが、人間が神格を讃える形式のひとつとしては、これはけっして的外れとは言えまい。

右に要約した宗教的な表象はもとより長い発展をくぐり抜けてきており、各々の文化ごとにそれぞれ異なった局面で固定されている。私が取り出したのもこのような発展の局面のひとつであり、それはおおむね今日のわれわれ白人のキリスト教文化の最終的な形態に相当する。たやすく見て取れるように、この全体の各部分はすべて等しく互いに符合するわけでもなく、また喫緊の問いのすべてが答えられるわけでもないし、日々の経験の矛盾も容易には斥けられない。だが、たとえこのようなものではあっても、最も広い意味で宗教的と言うべきこれらの表象は、文化のかけがえのない財産、文化がその成員に提供できる最も貴重なものであると目され、地下資源の採掘や人類への食料の供給、病気の予防などに関わるすべての技術よりも遥かに高いものとして評価されている。これらの表象が持つと称される価値がその表象にないとすれば、人生は耐えられないと人々は考えているのだ。そうなると、問題となるのは、心理学の光に当てるなら、それら表象とはいったい何なのか、それらがここまで高い評価を受けるのはどうしてなのか、さらに恐れながらもう一歩踏み込めば、これら表象の実際の価値とは何なのか、という点である。

IV

他人に邪魔されることもないまま独白のように考察を進めるのは、少々危険である。考察を中断させるような想念が浮かんでも、ついそれらをすべて脇へ押しやってしまいがちで、そのため何か不確実な感じもするのだが、最後には極端に断定的になってその不確かさを覆い隠そうとしたりすることになる。そこで私は、自分の議論を不信感をもって追いかけるひとりの論敵を想定し、折りにふれ彼に発言してもらうことにする。(11)

この論敵が次のように言うのが聞こえてくる。「あなたは、繰り返し、これらの宗教的表象を産み出すのは文化だ、文化がその成員にこういった表象を供するのだ、とおっしゃるが、それはどこか奇妙な感じがします。なぜだかは私も言えないのですが、労働成果の分配や女子供をめぐる権利などに関する規則は文化が産み出したなどという説とは違って、おっしゃっていることは、それほど自明の話ではないように思えるのです。」

いや、私としてはやはり、こう言うのには正当な根拠があると思いますよ。私が試みてきたのは、宗教的な表象は文化の他の成果と同じ必要性から、すなわち自然の圧倒的な優越に対し身を守る必要から生まれたことを明らかにすることとです。そこへさらに、文化が不完全であることが痛感され、それを修正しようとする衝迫が第二の動機として加わったのです。さらに、個々人にとってこれらの表象は文化から贈り物として与えられると言えば、それは特に当を得た表現と言えるでしょう。個々の者にしてみれば、それら表象は初めからあって、出来あいのものとして差し出されるのであり、ひとりでこれらを見いだすことなどできないはずだからです。それは個人が受け継ぐ何世代も前からの遺産であり、その人はこれを九九や幾何学などと同様に継承するわけです。もっとも、ここにもひとつ違いはあるのですが、それは別の方面に関するもので、目下のところはまだ検討できません。奇妙な感じがするとおっしゃるのは、ひとつには宗教的表象という財産が神の啓示だなどと世間で言ったりしているのも一因でしょう。しかしまさにそれ自体が、宗教体系の一部であり、こういった表象が様々の時代や文化を通して辿ってきた、私たちも知っている歴史的な発展過程や、これらの表象が文化や時代ごとに異なっているという事実などには全くお構いなしなのです。

「もうひとつ、私がもっと重要だと思う点があります。あなたは、自然が擬人化されたのは、自然の恐ろしい諸力に対して人間が寄る辺なく途方に暮れている状態に終止符を打ち、これら諸力と関係を結び、最終的にそれらに対して人間のほうから影響を与えるという必要性から生じるのだ、と述べられています。でも、そういった動機は不要ではないかと思うのです。原始人にはそもそも他の選択がなかった、他に考えるすべがなかったのです。原始人が自分たちの在りようを世界の中に投影し、自分たちが観察する現象をすべて、基本的に自分自身とよく似たものの発露だと考えるのは、彼らにとってごく自然なこと、いわば生まれつきのことだった。それは原始人による世界把握の唯一の方法なのです。この原始人が自分の生まれながらの資質をただ発揮することによって、彼の最も重要な欲求を首尾よく充足させるにしても、それはけっして自明のことではなく、むしろ奇妙な偶然の一致にすぎません。」

私には、それがさほど突飛なことだとは思えません。人間の思考は実利的な動機などとは無縁で、ひたすら非利己的な知識欲の表出だとでもお考えなのでしょうか。これは、やはりおよそありえないことでしょうね。むしろ人間は、たとえ自然の諸力を擬人化する際でも、幼年期の模範に従うのだと信じます。人間は、自分にとって最初にまわりにいる人たちを通して、その人たちと何か関係を持つとき、それがその人たちに影響を行使するすべであることを学んだのです。それゆえ後に同様の意図で自分が出会うものをすべてまるでそれが人であるかのように扱うのです。あなたが叙述された内容については異存ありません。実際、人間は、把握しようとするもののすべてを、やがて支配せんがために擬人化しようとする、いわば物理的な統御の準備としてまず心理的統御を目論むもので、それは人間にとって自然なことです。しかし、それだけでなく、私は、この人間の発想の特性が生じてくる動機や成立の所以を明らかにしようとしているのです。

「ほかにまだ第三の異論もあるのです。宗教の起源については、以前にも一度『トーテムとタブー』の中で論じられたことがありますよね。でも、あそこでは様子が違います。すべては息子と父の関係で、神とは父親が高いところに祭り上げられたもの、父親への憧れが宗教的な欲求の根源なのだ、と説いておられました。それ以後、どうやらあなたは、寄る辺ない人間の非力さという契機を発見されたらしい。世間一般も、宗教形成にあたって最大の役割を果たすのはこの契機だと考えています。ここであなたは、かつて父コンプレクスであったものをすべて、寄る辺ない非力に書き換えられます。この転換のわけをお聞かせ願えませんか。」

いいですよ。そう頼まれることを待っていました。要は、それが本当に転換なのか、です。『トーテムとタブー』で説明しようとしていたのは、宗教の発生ではなく、トーテミズムの発生だけです。人間を保護し守ってくれる神が現れてくる最初の形式が動物であったこと、この動物を殺したり食べたりすることが禁じられながら、一年に一度、皆で一緒にその動物を殺して食べる祝いの風習があったこと、何かご存知の立場からこれを納得できるかたちで説明できるでしょうか。トーテミズムでなされるのは、まさにそういったことですよね。トーテミズムを宗教と呼ぶべきかどうかで争ってもほとんど仕方がないことです。トーテミズムと、その後から生じる神を崇める宗教とは密接に関係しており、トーテム動物は神々の聖なる動物となります。そして、殺人と近親相姦の禁止という、最初の、しかし厳格な道徳的制限は、このトーテミズムの地盤の上に生じるのです(12)。あなたが今『トーテムとタブー』の推論を支持されようがされまいが、あの本の中では、てんでんばらばらの実に奇妙な多くの事実がひとつの堅固な全体へと纏めあげられていることは認めてくださるものと期待します。

やがて動物神では十分でなくなり、人間神によって取って代わられたのはなぜか、その理由については『トーテムとタブー』の中ではほとんど触れていません。宗教形成に関するその他の様々な問題は、そもそも全く論じてすらいません。主題を限定したために取り上げなかったわけですが、それを、その事柄を否認するのと同一視しようというのですか。宗教的な問題の解明に関して精神分析的な考察が関与できる部分とそうでない部分とを厳密に選り分けなくてはならず、私のあの著作はその良い例なのです。かつて『トーテムとタブー』は一面的だと非難されたものですが、同じく今、私があれほど深い層に隠れているわけでもない別の事柄をそこに付け加えようとすると、今度は、それは矛盾していると非難なさる。もちろん、以前に述べたことと今回新たに持ち出したこと、かなり深いところから宗教の動機となるものと顕在的な動機、父コンプレクスと人間が寄る辺なく保護を必要とする存在であるということ、その両者のあいだを繋ぐ方途を明らかにすることは私の課題です。

この繋がりを見いだすことは難しくありません。それは、子供が寄る辺なく非力であることと、それを引き継いだ、大人になってからもやはり心許なく非力であることとの繋がりです。だから、予想されたことですが、宗教形成の動機を解明する上で、精神分析的に動機を解明すれば、それは顕在的な動機付けを幼児期から明らかにすることになるのです。ためしに子供になってその心の生活に自分の身を置いてみましょう。分析では依托型対象選択と言いますが(13)、これを覚えていらっしゃるでしょうか。リビードはナルシシズム的な欲求の赴くままその道筋に従い、これら欲求の満足を保障してくれる対象に付きまといます。そのため、空腹を満たしてくれる母親が最初の愛の対象になり、確かにまた、子供を脅かす外界のあらゆる不特定の危険に対する最初の守り手となります。不安の最初の守り手と言ってよいでしょう。

この機能(14)に関しては、母親は間もなくもっと強い父親に取って代わられ、幼年期のあいだはずっと父親がこの機能を果たし続けます。しかし父親への関係には独特の両価性《アンビヴァレンツ》が付きまといます。以前の母親への関係ゆえか、父親自身がひとつの危険でした。父親は憧れと讃嘆の的であるだけでなく、それに劣らず恐れの的でもあるのです。『トーテムとタブー』でも述べましたが、父親への関係に備わる両価性を示す徴候は、あらゆる宗教の中に深く刻み込まれています。やがて、成長するにしたがって人は、自分があくまでひとりの子供にとどまるように定められていて、外から来る圧倒的な諸力から自分を守ってくれるものなしでは到底やっていけないことに気がつきます。そうすると人は、それら外界の諸力に父親の姿が備える独特の風貌を付与し、神々を案出し、これら神々を恐れるとともに、その機嫌を取ろうとし、さらにはこの神々に自らの守りと保護を託するのです。だから、父親に憧れる動機は、人間にとって自分が非力であるゆえに生じる様々の事態から守ってくれる保護が必要なのと同じなのです。子供である自分が寄る辺ないのを認めまいとする防衛は、大人になった人が自分はやはり寄る辺ないと認めざるをえないのに対する反応、これが宗教形成にほかならないわけですが、この反応に独特の風貌を与えているのです。しかし、神の観念の発展過程をさらに探求することは私たちの意図するところではありません。私たちがここで取り上げているのは、文化が個々人に伝える諸々の宗教的な表象という、すでに出来上がっている資産だからです。

V

考察の本筋に立ち返るが[15]、それでは、宗教的な諸表象の心理学的な意義とは何なのか。それらの表象はどのようなものとして分類できるのだろうか。この問いは、さしあたりけっしてたやすく答えることができない。いくつかの定式化を試みては、それらを斥け、結局はお馴染みのものから離れないことになるだろう。いわく、それは外的（あるいは内的）現実の様々な事実や状況について説き、われわれが自分で見いださない事柄を伝えてくれ、かつそれらを信ずるようにと求めている教え、言説である。人生の中でわれわれにとって最も重要で興味深いものについて教えてくれるので、とりわけありがたがられている。宗教的な表象について何ひとつ知らない者ははなはだ無知であり、その一方で自分の知識の中にそれらを取り入れた者は、自分のことをたいへん学殖豊かな者と見なしてよい……。

もちろん世の中のありとあらゆる事柄について教えてくれるこのような命題や学説はたくさんある。学校の授業はこの種の学説であふれている。地理の授業を例に取れば、われわれは、コンスタンツがボーデン湖のほとりにあると教えられる。さらに、ある学生歌は「信じないなら行ってその目で見るがいい」と付け加える。たまたま私はコンスタンツを訪れたことがあり、この美しい町が、周囲に住む人々がそろってボーデン湖と呼ぶ広い湖水の岸辺に位置しているのは間違いない、と言うことができる。さらに私は、今、先の地理学上の主張が正しいことを全面的に確信している。それでいながら、私には、たいへん奇妙なもうひとつ別の体験の想い出がある。神殿の廃墟に囲まれ遠くに青い海を眺めながら、初めてアテネのアクロポリスの丘の上に立ったとき、私はすでにいい年の大人だった。幸福感に混じって、ある種の驚きの念を覚えた。それは、ああ、やはり学校で習ったとおり本当にそうなんだ、今これほどに驚いたりするのは、あの頃聞いた内容が実際に真実であることについて、ごく表面的にぼんやりとしか信じていなかったんだな、という趣旨に解される感覚だった。もっとも、この体験の意味をそれほど強調しようという気はない。当時は思いつかなかったが、私の驚きについては、それはごく主観的な性質のもので、この場所の特殊性と関連するのだ、という具合に別の方向に解釈することも可能である(16)。

ともあれ、このような学説はすべて、人がその内容を信じることを求めるのだが、何の根拠も示すことなく求めているわけではない。それらの学説は、もちろん推論も含むとはいえ観察に基づく相当に長い思索の過程を簡略化した結論のかたちで与えられている。結論を鵜呑みにするのではなく、その思索の過程を自分で逐一辿ろうというのであれば、その方法も学説は示すようになっている。地理に関する主張のように、その内容が自明でない場合は、学説に続いて、その学説が宣布する知識がどのようにして得られたのかについて必ず説明がある。たとえば、地球は球形だという学説については、フーコーの振り子の実験[17]や水平線の様子、地球を周航できることなどがその証拠として挙げられる。そこの当事者の誰もが承知しているとおり、生徒全員を地球一周の航海に送り出すことなどできようはずもなく、学校で教えられることを「忠実に疑うことなく」鵜呑みにさせるしかないのだが、自分で確かめる手立てもあることは誰もが承知している。

これと同じ物差しで宗教上の学説としての教義を計ってみよう。この種の学説を信じるように求められるとき、そういった要求は何を根拠としているのかと問うなら、三様の答えが返ってくる。それらの答えは互いに相性が悪く奇妙に辻褄が合わない。いわく、第一に、それらの教義は、われわれの先祖たちも信じてきたのだから信ずるに値する。第二に、われわれはまさにその先史時代から伝わる証拠を有している。第三に、この信憑性に関する問いを提起すること自体そもそも禁じられている。一昔前なら、そういった了見を起こせば厳酷な刑罰が科されたのだし、今日とてなお、その手のことが蒸し返されるのを社会はいやがる。

この第三の点が、特に引っかかりを覚えるところで、これについてはわれわれも思案せざるをえない。このように禁止されるのは、たとえ社会が自分たちの宗教上の教義は信じられて然るべきだと称したところで、社会自身がその能書きのあやうさを知っているからという動機があるからに違いない。そうでなければ社会は、誰であれ自ら確かめたいという人に、進んでそのための材料を提供してやるはずだ。それゆえ、証拠とされる他の二つの論拠を検討する段にも、われわれとしては、不審の念をおいそれと拭い去るわけにはいかない。先祖が信じていたのだから、おまえたちも信じろと言われても、この祖先はわれわれよりも遥かに無知で、今日のわれわれにはおよそ受け入れがたい事柄を信じていた。宗教上の教義もその種のものかもしれないという疑念が首をもたげる。祖先がわれわれに残した証明は文書というかたちで沈殿しているが、そういった文書そのものが何かいかにも頼りない感じがする。矛盾が多く、後から改竄されていたり、捏造であったりもする。実際、本当に起こったことだと保証する文書そのものに信憑性の裏付けがないのだ。文書の文言が、あるいは少なくともその内容だけは神の啓示に由来するなどと主張したところで大して役に立たない。その主張そのものからしてすでに、信憑性の検証が求められている教義の一部だからであり、どんな文言といえどもおのずと証明されるわけではないからだ。

というわけで、われわれの文化という資産が伝えてくれる英知のうち、まさに世界の謎を解き明かし、われわれに人生の苦しみと和解させてくれる、われわれにとって最大の意義を持つはずの知見こそ、最も信憑性に欠けるという奇怪な結論に達する。クジラは卵生でなく胎生だといった、われわれにとっておよそどうでもよい事実でさえも、もっとしっかり証明してもらわないかぎり、それを受け入れようと意を決することはできまい。

この事態は、それ自身、大変興味をそそる心理学的な問題である。先に宗教上の教義は証明できないものであると述べたが、そこに何か目新しいことが含まれているなどと考えないでほしい。いつの時代にもそう感じられていたはずで、このような遺産を残した先祖もその点では同様である。どうやら、先祖のうち多くの人もわれわれと同じ疑いを抱いていたのだが、なにぶん彼らには強い圧力がかかっていて、その疑念をあえて口にすることはできなかった。以来、無数の人間が、自分は信じる義務を負うと考えるゆえに、これと同じ疑念を抑え込もうとしては自らを苛み、多くの輝かしい知性がこの心的葛藤で挫折し、無類の人物の多くが妥協に逃げ場を求めては傷を負った。

宗教上の教義の信憑性を裏付けるのに持ち出される証拠はすべて過去に由来するものであるが、それなら過去より結構な評価を得られるはずの現代とてそのような証拠くらい提供できるのではないかとつい見まわしたくなる。この種の宗教体系のごく一部分でよいから、これだけは疑いの余地なしと確認できさえすれば、全体の信憑性は飛躍的に高まることだろう。個々の霊魂の不死を確信し、宗教上の教義のこの一命題を疑問の余地ないかたちでわれわれの眼前で証明しようとする心霊論者たちの活動は、そこに狙いを定めている。残念ながら彼らも、心霊現象や心霊の語る言葉が彼ら自身の心の活動の所産だと言われても、うまくそれを論駁できない。彼らは、とりわけ偉大な人物や傑出した思想家たちの心霊を呼び出してみせるのだが、それらの人物から授かったと称する言葉や消息は、いずれもおよそ馬鹿馬鹿しく気が滅入るばかりに無内容であり、人がそこで信憑性ありと思えることと言えば、唯一、心霊は、自分たちを呼び出す人間たちの群れ集う輪に適応する能力を備えているということくらいであった。

さて、何とかしてこの問題を回避しようと悪あがきするという印象を与える二つの試みについて触れないわけにはいかない。うち一方の乱暴な試みは昔からあるもので、もう一方は精妙で今ふうである。第一の試みは教父の《不条理ゆえにわれ信ず》〔Credo quia absurdum〕という信条である。(18) この信条が言おうとするのは、宗教上の教義は理性の求める規準を免れ、理性よりも高いところに位置している、教義の真実性は内的に感得すべきであり、理屈で分からなくてもよい、ということである。もっともこの信条は自己告白としては興味深いが、何かを強いる言葉としては有無を言わせぬ力が欠けている。不条理なものなら何でも信じる義務を背負い込めとでもいうのか。それには及ばないというなら、なぜほかならぬこの不条理を信じる必要があるのか。理性以上の審級はないのだ。宗教上の教義の真実性が、この真実性の証となる内的な体験に依拠するというなら、そのような偶《たま》さかの体験に恵まれない多くの人間についてはどうしたらよいのか。生まれながらにして持つ理性を用いよと万人に求めることはできても、ごくわずかの人しか持ち合わせない動機の上に万人を縛る義務を打ち立てることはできない。誰かが、自分を深く捉えた忘我の状態からして宗教上の教義には実際に真実性が備わっているという揺るぎない確信を得たところで、他人にとってそれが何の意味を持つというのか。

第二の試みは「かのように」の哲学の試みである。それが述べるところによれば、われわれの思考活動には、根拠がないばかりか不条理であるのをわれわれが十分に承知している仮定や想定がふんだんに含まれている。虚構と称されるとはいえ、様々の実用上の動機から、われわれはこの「虚構」を信じている「かのように」振る舞わねばならない。これは宗教上の教義についても言えるところであるが、それは、この教義が、人間の社会をきちんと維持していく上でおよそ他のものとは比べられない重要性を持つゆえだという。[*1] この議論は「不条理ゆえにわれ信ず」と大差ない。ただ「かのように」の要請は、およそ哲学者しか打ち立てられない原則だと思われる。思考が哲学の様々な技巧の影響を受けていない人間にとって、そのような原則は到底承服できないもので、不条理だ、理性

*1 これは他の思想家たちにも見られる見解であるが、「かのように」の哲学者にこういった見解の代表になってもらっても不当な仕打ちをしたことにはなるまい。「私が虚構に数えるものには、どうでもよい理論的な操作だけではなく、人類の中で最も優れた人たちが案出し、また相当に優れた人々の心を捉えて離さない思想体系も含まれる。われわれも彼らの手からそれを奪い去るつもりは毛頭ない。——実用的な虚構として、それらがすべて存続することをわれわれは認める。しかし、理論的な真理としてはそれらはみな消えてゆくことになる」(ハンス・ファイヒンガー『かのようにの哲学』第七・八版、一九二二年、六八頁)。

に反すると認定されたものはすべてそれで片付いてしまったことになる。普段の自分の行いについてはいちいち確実性を求めるのに、よりによって自分にとって最大の関心事を取り扱う段にはその確実性を諦めろと言われてもできない相談である。ここで想い出されるのが私の子供のひとりのことで、この男の子は早くから何かにつけやたらに即物的である点で際立っていた。子供におとぎ話をすると、皆は神妙にじっと聞いているのに、その子がやって来て、それは本当の話なの、と尋ねるのだった。そうじゃないと言うと馬鹿にしたような顔をして向こうへ行く。「かのように」が推奨されても、間もなく人々は宗教的なお伽噺に対してこれと似た振る舞いをするようになると予想される。

もっとも、目下のところ人々はそれとは全く違ったふうに振る舞い、宗教的な表象は誰が見ても信憑性に欠けているのに、過去には何にもまして強い影響を人間に及ぼしてきた。これはひとつの新たな心理学上の問題である。これらの教義の内的な力はどこにあるのか、それらが、たとえ理性によって認められなくてもこれほどの影響力を持つのはどのような事情に拠るのか、これを問わなくてはならない。

VI

われわれには、両方の問いに答えるのに十分なだけの準備が整っていると思われる。宗教的な表象が心的に生成してくる経緯を見据えるなら、その答えはおのずと得られるからだ。自ら教義を騙《かた》るそれらの表象は、経験の沈殿や思索の最終的な結果ではなく、錯覚であり、人類の最古にして最強の、そしてもっとも差し迫った欲望の成就である。宗教的な表象の強さの秘密は、これらの欲望の強さにある。これまでに見てきたように、子供の頃に自分が寄る辺なく非力であったという恐ろしい印象が保護——愛による保護——への欲求を目覚めさせた。この欲求に応えて救いの手を差し伸べてくれたのが父親だった。この寄る辺ない非力が一生続くことが分かったことで、ひとりの父親——ただし、今回はさらに強大な父親——にしがみつくという事態が引き起こされる。神の摂理による暖かな配剤によって人生の様々な脅威に対する不安は和らげられ、宇宙には道徳的な秩序があると説かれることで、人間の文化の中ではなかなか果たされることのない正義の要求の成就が確約される。来世の生によってこの地上での生存が引き延ばされることで、これらの欲望成就が果たされる時空の枠組みも用意される。宇宙の成立や心身の関係などに関する問いなど、人類の知識欲が追究する各種の難問に対する答えも、この体系の前提の下に整備されていく。個々人の心にしてみれば、父コンプレクスから生じて以来ついぞ全面的には克服された試しのない様々の葛藤が一掃され、誰もが認めるかたちで解決されるに至るなら、それはまことに結構な負担の軽減ということになる。

これらがすべて錯覚だと言う以上、私はこの錯覚という言葉の意味を定義しなくてはならない。錯覚というのは誤謬と同じではなく、また必ずしも誤謬だとは限らない。アリストテレスは害虫がゴミから発生すると考え、無知な民衆は今日でもそう信じて疑わないが[19]、これは誤謬だった。また一世代前の医者たちは脊髄癆[20]が性的放縦の結果生じると考えていたが、これもやはり誤謬である。これらの誤謬を錯覚と呼ぶのは言葉の濫用であろう。これに対し、コロンブスが自分はインドに至る新しい航路を発見したと考えていたのは、彼の錯覚である。この誤謬には彼の欲望が相当顕著に関与している。インド＝ゲルマン系[21]の人種だけが文化を担いうるとする、ある種の民族主義者の主張や、精神分析がようやく打破した、子供には性生活がないという思い込みは錯覚と称してよい。錯覚の特徴は何と言っても人間の欲望から生じたものだということであり、この点において精神医学で言う妄想に近い。しかし、妄想がもっと複雑な構造を持っているという点を度外視しても、錯覚には妄想と違うところがある。妄想では現実に反しているのが本質的であると言えるが、錯覚は必ずしも間違っているわけではなく、それゆえ実現しえないとか実態に反しているというわけではない。庶民の娘が、王子様が自分を連れにやって来るだろう、と錯覚したりすることはある。この種の事例はいくつか実際に起こったこととてあるかもしれない。救世主がやって来て黄金の時代を創始するだろうとなると、これは現実味がぐっと薄くなる。これを錯覚と見なすか、一種の妄想の類いに分類するかは判断する者の個人的な姿勢に左右されることになるだろう。後になって真実であったと確認された錯覚の例というのは普通にはたやすくは見つからない。しかし、すべての金属を金に変換できるとした錬金術師の錯覚は、そういったもののひとつかもしれない。大変多くの金、できるだけ多くの金を持ちたいという欲望は、富の諸条件について今日われわれが得た洞察によって大いに鎮静化されたものの、もはや化学は各種金属を金に変換することを不可能だとは見なしていない。このように、欲望成就が主たる動機となって何かが信じられている場合、われわれはそれを錯覚と呼ぶ。錯覚そのものは自分の信憑性が確証されることを求めておらず、われわれも、それが現実とどう関係しているかはひとまず度外視する。

錯覚について大まかなところを見たから、あらためて宗教上の教義に戻ると、繰り返しになるが、われわれは次のように言うことができるだろう。それらの教義はいずれも錯覚であり、証明できない。誰もそれらを真実と見なしたり信じたりすることを強いられるいわれはない。中にはおよそ信憑性に欠け、われわれが苦心して世界の現実として経験してきた事柄全般とははなはだしく矛盾するものもあり、相応に心理学的な区別を顧慮した上であるが、妄想観念に比べられもする。それら教義の大概については、その現実上の価値について判断できない。それらは正しいと証明することもできないが、また間違っていると証明することもできない。それらに批判的に迫っていくにはわれわれの知識はあまりにわずかである。世界や宇宙を覆う謎のヴェールはわれわれの研究によって少しずつ引き剝がされていくとはいえ、その歩みは至って緩慢であり、科学は今日においてなお多くの問いに答えを見いだすことができない。とはいえ、科学の作業がわれわれにとって、自分たちの外の現実世界について知るための唯一の道である。直観や自分への沈潜によって何かを期待しているとしたら、それもまた錯覚にすぎない。それらがわれわれに与えてくれるのは、所詮、われわれ自身の心の生活についての難解な手がかりにすぎず、宗教上の教義がいともたやすく答えられるとする類いの問題についてはけっして教えてくれないのだ。この欠を補うのに自分の恣意を介在させ、個人的な裁量に従って宗教体系の各部分についてこれは承服できる、あれはできないなどと断じるのは冒瀆であろう。このように扱うには、これらの問題はあまりに重大であり、神聖とさえ言う人もいるかもしれない……。

ここに及んで、次のような異論が出てくるかもしれない。いいですか、宗教の主張を悟性によって論駁することができないというのは、頑固な懐疑論者ですら認めているのです。そうである以上、私にそれらの主張を信じるなというのはなぜですか。宗教の主張には伝統もある上に、人々はこぞってそれに賛同し、その内容によって何かと慰められるなど、いろいろ取り柄もあるじゃないですか。――ええ、別に構いませんよ。信じるように強制することができないように、信じないように強制することもできません。ただ、この種の理屈をこねて自分は正しい思索の道を歩んでいる、などといった自己欺瞞で悦に入っているようではいけません。「ぐうたらの逃げ口上」という非難の言葉がふさわしい場合があるなら、ここを措いてないでしょう。無知は無知であり、何かを信じる権利を保証するものではないのです。理性的な人間であるなら、他の事柄についてはここまで安易な振る舞いはしないでしょうし、判断を下したりどの陣営に付くかを決めたりするのにこれほど貧弱な根拠で満足することはないでしょう。それなのに最も重要、最も神聖な事柄に関しては、そうするのです。実際には、宗教との繋がりなぞ、とうの昔に捨ててしまっているくせに、自分があくまで宗教を堅持しているふりを自分自身や他人に対して無理に演じようとしているにすぎません。話が宗教の問題に関するとなると、人間はありとあらゆる不誠実や知的不品行に手を染めます。哲学者は、元の意味がほとんど残らないほどにまで言葉の意味を拡大解釈し、自分たちがこしらえた何か曖昧な抽象物を「神」と呼びます。これでもう自分たちは誰を憚ることなく立派な理神論者、神を信じる者だというわけで、自分たちは一段高い純粋な神の概念を認識したと威張ることもできるのですが、その実、この哲学者の神というのはむしろ単に中身のない影にすぎず、宗教上の教義が説く威厳ある人格神ではありません。かたや批判論者は、宇宙全体を前にして人間が卑小で無力であると感じ入り、この思いにこだわる人こそ「深い宗教性」を持つと宣言しますが、宗教性の本質をなすのはこの感情ではなく、次の一歩、この感情を振り払おうとする反応です。ここでさらにもう一歩、前に進もうとしない者、大宇宙の中にあって人間のささやかな役割に謙虚に甘んじる者は、むしろ言葉の真の意味で非宗教的なのです……。

それぞれの宗教上の教義の真理価値について鑑定するというのは本考察の予定にはない。心理学的な性質からしてそれらが錯覚であると見極められれば以て瞑すべしである。しかし、それが明らかになったことで、多くの人にとって最も重要と映っているはずの問題に対するわれわれの姿勢が大いに影響を受けることを隠す必要はない。われわれは、宗教上の教義がいつ頃どのような人間たちによって創設されたのか、だいたいのところを知っている。

それに加えて、いかなる動機からそういったことが起きたのかが分かれば、宗教上の問題に対するわれわれの立場は著しく変動することになる。われわれとて、仮に宇宙の創造主にして慈愛に満ちた摂理としての神、道徳的な世界秩序、死後の生命などがあればさだめし素晴らしかろう、などと言う。ただ気になるのは、これらはすべてわれわれが欲望として抱いているとおりのものばかりだ、という点である。おまけに、われわれの貧しく無知で不自由な祖先がこれらの難しい宇宙の謎をすべて解くのに成功していたというなら、いよいよもって不思議である。

VII

宗教上の教義が錯覚であることを見極めたなら、そこでただちにもうひとつ別の問いが浮上する。われわれが高く評価し、また自分の生活を律する上でよすがとしている他の文化資産もやはりそれと本性が似たものではないか、という問いである。われわれの国家の仕組みを制御する前提もまた、やはり錯覚と呼ぶほかないのか。われわれの文化の中での異性関係もまた、性愛に関する一連の錯覚のせいで曇っているのではないか。一旦、自分の中に不審の念がつのった以上われわれも腹をくくり、学問的な仕事に観察と思考を適用することで外の現実について何がしかが知られるという自分たちの確信には、それよりもましな根拠があると言えるのか、という疑念が生じてもひるむことはあるまい。観察をわれわれ自身の本質に向け、思考を思考そのものの批判に用いること、これを祝福するのに臆するいわれはない。ここで糸口が開かれる一連の考察の帰趨は、ひとつの「世界観」の形成に決定的な影響を及ぼすに違いあるまい。そのような努力は無に帰することなく、われわれの猜疑の念とて少なくともその一部に報いてやれる気もする。ただ、さすがにそれだけ包括的な課題となると著者の能力では手に余る。やむなく、ここでは著者もその作業を、これら錯覚のうちただひとつ宗教的な錯覚の追究に絞ることにする。

ここで、われわれの論敵の大声が待ったをかける。おまえたちのやっているのは禁断の行いだから、それについて釈明せよというのだ。いわく、

「考古学的な関心はもちろん称賛に値します。でも現に生活している者の居住地の下を掘ったために、そこが陥没して人々が瓦礫の下に生き埋めになるようなら、発掘なぞしないものです。宗教上の教義は、他の何か適当なものと同じようにあれこれ詮索してよい対象ではないのです。私たちの文化はそれらの教義の上に築かれ、人間社会が維持されてゆくためには、その前提として、大多数の人間がその教えが真実であるのを信じている必要があるのです。仮そめにも全能で万人に対して公正な神などいやしない、神による世界秩序や来世など存在しないと教えられようものなら、人々は、文化の指図に従う義務など全くないと考えることになるでしょう。誰もが、何に遠慮し何を恐れることもなく自らの反社会的で利己的な欲動に従い、自分の力を行使しようとするでしょう。私たちが何千年に及ぶ文化の作業で封じ込めた混沌がふたたび始まってしまうでしょう。たとえ、宗教には真実味がないことが分かっており、またそれを証明できたところで、それについては口を閉ざし、ちょうど「かのように」の哲学が求めるように振る舞わなくてはならないはずです。それが万人の生存のためになるのです。今、やろうとしておられることは、その企てが危険であることをひとまず措いても、無益で残酷な行いです。無数の人々は、宗教の教えの中に唯一の慰めを見いだし、それらの教えに支えられてしか人生に耐えることができないのです。彼らからこの支えを奪い取ろうとしながら、それに代わるもっとましなものを何ひとつ与えることができないではないですか。学問・科学が目下のところあまり当てにならないのは先にも確認されたところです。仮にそれが今より遥かに進歩

したところで、人々を満たすことはないでしょう。人間にはぜひとも従うべき欲求が他にもまだいくつもありますが、それらは冷静な学問ではけっして満足させられることがないのです。ひとりの心理学者として、人間の生では欲動生活に比べ知性などいかに貧弱な存在であるかを口を酸っぱくして説いてこられた身で、今度は、人間から貴重な欲動充足を無理やり奪い取り、それを知的な糧をもって埋め合わせようとなさるなど、実に奇妙でまさに支離滅裂の極みです。」

これはまた一度にたくさんの非難を浴びたものである。しかし、私はこれらすべてに反論する用意はできている上に、もし文化が現在、宗教に対して持つ関係を堅持するなら、それはこの関係を解消するよりも大きな危険を意味することになると主張するつもりである。ただ、論駁しようにもどこから手を付けたものか、それが分からない。

ひとまず、私自身は、自分の企てが全く無害で何の危険もないと考えると断言することから始めるのがよいかもしれない。知性を買いかぶっているのは、今回、私のほうではない。人間について論敵の述べている内容に異論を唱えたいとは思わないが、もし人間がそのようなものであるなら、私が先に述べたようなことを聞いたからといって信心深い人がそれに感服して、自分の信仰を棄てるという危険はない。おまけに、私自身、自分以前にもっと偉い他の人たちが、遥かに見事に、かつ力強く印象的に語ったことしか述べていない。これら先達の名前は周知のとおりである上に、まるで私が自らその列の中に並ぼうなどという了見を起こしていると取られるのも不本意であるから、ここではその人たちの名前を挙げない。私はただ、偉大な先駆者による批判に心理学的な根拠による説明を多少付け加えただけである。私の叙述に何か新味があるとすれば唯一この点である。この点が付け加わったからといって、先人たちが得られなかった影響力を手に入れるなど期待できそうにない。とはいえ、そうなると今度は、何の影響も効果もないと高をくくっていながら、何のためにこのようなことを書くのか、と問われかねない。しかし、それにはもっと後で立ち返ろう。

本書を刊行することが誰かの不利益になるとすれば、それは私自身を措いてほかにない。浅薄だ、頑固だ、理想的精神や人類最高の案件に対する理解が欠けているといった、およそ可愛げのない非難が浴びせられることだろう。しかし、私にはこの種の弾劾など何ら新しいものではないのに加えて、すでに若いうちから同時代の人々の不興の声など超然と聞き流すようになった者としては、老境にあって間もなくどんな毀誉褒貶も聞こえなくなるのが確かな以上、今さら非難の声を恐れるまでもあるまい。以前の時代なら話は違った。昔は、このようなことを口にしたために地上の生が短縮されるのは間違いなく、あの世の生を自ら経験する機会にも一足早く恵まれたものであった。だが、あえて繰り返すがそのような時代はすでに終わっており、このような文書をしたためても著者に危険が及ぶこともない。せいぜいその著者の本がいくつかの国で翻訳や普及が許されないというだけだ。当然、その種のことが起こるのは、自国の文化の水準が高いのを誇っているような国である。しかしそもそも欲望断念と運命への随順を説く以上、このくらいの損害にも耐えることができなくてはならないのだ。

次いで私の念頭に、このような著作を刊行することが誰かに災いをもたらしたりはしないだろうかという問いが浮かんできた。誰かある特定の人にということはなかろうが、精神分析という分野には害が及ぶかもしれない。精神分析が私の創始したものであることは否定できないし、精神分析に対しては今までも多分に不審の念や悪意が寄せられてきた。今また私がこれほど厭わしい見解を公にするなら、待ってましたとばかりに、世間は、私個人と精神分析とを重ねあわせ、私への敵意を精神分析に遷移することだろう。いわく、精神分析が結局どんなところに行き着くかこれで分かった、仮面は剝がれ落ちたのだ、前から推測していたことだが、案の定、神と道徳的な理想の否定に辿りつくのだ、われわれに化けの皮を剝がされないように、精神分析は世界観を持たないし、また世界観を形成しえないなどと、もっともらしいことを言ってきたのだ、云々[22]。

私に協力する多くの人たちの中にも、宗教問題に関しては私と立場をおよそ共にしない人たちもおり、彼らのことを考えると、こういった騒動は私にとって本当に不愉快なことだろう。しかし精神分析は、すでに多くの嵐に耐えてきた。この新しい嵐に対しても立ち向かわなくてはならない。実際には精神分析は、たとえば微分積分の計算などのようにひとつの研究方法、特定の党派に肩入れすることのない一手段である。物理学者が微積分を援用して地球は一定の時間が経つと滅亡することを探り出しても、この計算そのものには破壊的な傾向があるから排斥すべし、といった主張には誰も飛びつきはすまい。宗教が持つ真理としての価値について、私がここでその価値を否定するようなかたちで述べてきたことは、いずれも、それを言うのに精神分析を必要とせず、精神分析が成立する遥か以前から他の人たちによって言われてきた。精神分析の方法を用いたために宗教の真理内容を否定する論拠が新たにひとつ出てきたというなら、それは宗教にとっては気の毒であるが、宗教の擁護者も同等の権利をもって、宗教上の教義が備える感情面での意義を称賛するのに精神分析を駆使すればよいだろう。

さて、自説の弁護を続けるが、なるほど宗教は、反社会的な欲動を抑えるのに資するなど人間の文化に大きな役割を果たしてきたのは間違いないが、十分とは言えない。宗教は何千年にもわたって人間の社会を支配してきたから、持てる能力を発揮するだけの時間もあったはずである。もし宗教が首尾よく多くの人間を幸福にし、慰め、人生と和解させ、文化の担い手としていたなら、誰も、世の現状の変革を目指そうなどと思いつくことはないだろう。

だが、われわれが今、目にするものは何か。考えるだに恐ろしいほど多くの人間が文化に不満をつのらせ、文化の中で不幸と感じ、文化とは、振り落とさねばならない頸木《くびき》だと感じている。人々はこの文化を変革するのに全力を傾けるか、あるいは、文化に対する敵意をつのらせ、文化や欲動の制限など自分の知ったことか、といわんばかりの態度を取っている。ここで、この状態に立ち至ったのは、宗教による人間集団への影響が部分的に失われたからにほかならず、これはまさに諸科学における進歩がもたらした憂慮すべき作用のせいではないか、との反論がわれわれに向けられるだろう。先方も実情については認めたのであり、そのことと、この実情について先方が想定する理由はわれわれもここで覚えておき、後でわれわれの意図に活用させてもらおう。ただ、この異論そのものは無力である。

宗教上の教義による支配が無制限であった時代に、人間たちが全体として今日より幸福であったなどというのは疑わしいし、今日より道徳的であったろうはずのないことは間違いない。人々は常に、宗教上の指図にうわべだけ従い、その意図を空洞化させるのをわきまえていた。宗教への服従を監督するはずの司祭たちも、人々のそのような意向に迎合した。いわく、神の慈悲はあえて神の正義を妨げ、人は罪を犯し、しかる後に犠牲を捧げて罪をあがない、赦しを得てはまた新たに罪を犯す、云々。ロシア独特の内面性は、神の恩寵の至福をすべてことごとく享受するためには罪を犯すことがぜひとも必要だ、要するに罪も神を喜ばせる所業だなどといった途方もない議論まで持ち出してきた。司祭たちが、人間の欲動本性を大幅に認め、それを許容することによってしか、集団を宗教への帰依に繋ぎとめることができなかったのは誰の目にも明らかである。ここでも、ただ神だけが強く善であり、人間は弱く罪深いというのは揺るぎなかった。いつの時代にも、宗教は道徳だけでなく、不道徳にも同じように支えを与えたのだった。人間を幸福にし、文化への適性を陶冶し、[23]道徳的な制限をかけるという点に関して、宗教がこの程度の力量しか持たないのなら、ここで、人類にとっての宗教の必要性は過大評価されてはいないか、文化がわれわれに課す様々な要請の基礎を宗教に求めるのが賢明か、という問いが浮上してくる。

もはや覆い隠すべもない現代の状況を考えていただきたい。われわれは先に、先方が、宗教はもはやかつてのように人々への影響力を持っていないと認めるのを耳にした(ここで論じているのは、ヨーロッパ=キリスト教文化である)。これは何も、宗教の約束が貧相になったからというのではなく、そういった約束がかつてほど信じるに値するものとは映らないからである。われわれとて、社会の上層部で科学的な精神が力を増したのがこの変化の原因であるのは認めよう(もっとも、唯一の原因ではないかもしれない)。批判精神は、宗教的な文書が備える証拠としての力を掘り崩し、自然科学はそれらの文書に含まれていた誤謬を暴露した。比較研究は、われわれが崇拝する宗教的な表象と未開の民族や時代の精神的な所産とのあいだに由々しい類似があることを見逃さなかった。

科学的な精神は、この世の事物に向かい合うのにある特定の様態を産み出す。宗教に関する事柄を前にして、科学はしばらく立ち止まって逡巡するが、最後にはここでも敷居をまたいで越えてゆく。この過程を押しとどめるすべはなく、われわれの知の資産が次第に多くの人の手に届くようになるにつれ、宗教の信仰からの離脱も広がってゆく。当初は信仰のいかにも古めかしく疎ましい装いが打ち捨てられただけが、やがてその根本的な諸前提まで放棄されることになる。デイトンで猿裁判[24]を演じたアメリカ人たちだけは、一貫した姿勢を取ってみせたと言えるが、避けられないこの過渡的な時期は、通常、不徹底や取り繕いのうちに推移するものである。

教養人や精神労働者に関しては、文化の存続についてさほど案じるまでもない。こういった人たちについては、文化的に振る舞うのに宗教的動機に代えて他の世俗的な動機を導入するという動きも円滑に進むだろう。加えて、彼らは、そのかなりの部分が自ら文化の担い手である。ところが、文化の敵であることに何の遠慮もない無学無教養で下層の大集団となると話は別である。もう神は信じないことになったのだということを、彼らが聞き知らないうちはよい。しかし彼らとてそれを聞きつける。たとえ私のこの論文が刊行されなくても、聞き知ることは間違いない。しかも大衆は、科学的な思考の結論を鵜呑みにするだけで、科学的な思考が人間の中に招き寄せる変化を自らの中に生じさせるわけではない。この場合、これら大衆が文化に向ける敵意が、彼らの疎ましい主人たる文化の弱点として明らかになった部分へ押し寄せる危険はないだろうか。ただ、神様が禁じておられる上に、この世かあの世のいずれかで重い報いが待っていそうだという、ただそれだけの理由から隣人を叩き殺してはいけないと考える者が、もし、神様などいない、神様の罰を恐れる必要もないと聞いたら、間違いなく隣人を何の躊躇もなく打ち殺すことだろう。それは、地上の権力をもってしか抑止できない。かくなる上は、これら危険な大衆を厳重に押さえ付け、精神的な覚醒に繋がるあらゆる機会から彼らを遮断するべく目を光らせるか、それとも、文化と宗教の関係を根本的に修正・再検討するか、そのどちらかしかないのである。

VIII

今、挙げたうちの後のほうの提案を実行に移すのに、実はさほど大きな障害はない。その場合には断念しなくてはならないものもあるのは確かだが、ことによると得られるものはそれ以上にあり、ある大きな危険が避けられもする。だが人々がこの提案に二の足を踏むのは、そうすることで、文化はもっと大きな危険にさらされるのではないかという懸念があるからだ。ザクセン人たちが聖なる木として崇めていた木を聖ボニファティウス(25)が切り倒したとき、まわりにいた人々は、冒瀆に対する報いとして何か恐ろしいことが起こるに違いないと考えた。だが何も起こらなかった。そこで、ザクセンの人々は信仰を受け入れ、洗礼を受けた。

文化が人間に対し、隣人が嫌いだとか、自分の邪魔になる、あるいはその財産が欲しいといった理由からその隣人を殺してはならない、という禁令を打ち立てたのは、明らかに、そうしないかぎり実現しえない人間同士の共同生活を成り立たせるためだった。殺した者は、殺された者の親族の復讐を受けることになるだろう。また、このような暴力的な行為を自分でもやってみたいという気持ちを同じように心中に感じている他の連中からは、陰湿な妬みを買うかもしれない。だから、自分が他人に仕返しをしたとか物を奪ったからといって、いつまでも喜んでいるわけにもいかず、どうやら間もなく自分自身が打ち殺されると見て間違いない。たとえ桁外れの力と警戒心で個々の敵から身を守ったにしても、弱い連中の結束を前にすれば屈服するほかあるまい。このような結束が成立しないと、殺人は果てしなく続き、ついに人間は互いを根絶やしにしかねない。それは言わば、コルシカで今日なお家と家とのあいだで起こっているが、それ以外ではただ国と国のあいだでのみ存続しているのと同じ事態が、人と人のあいだで起こることを意味していよう。この生命の安全が保障されないという、万人を等しく脅かす危険が、ここで人々を糾合してひとつの社会を作らせ、その社会は、個々の者に人を殺すことを禁じ、その上でこの禁令を犯した者を共同で殺害する権利を自らに留保する。それが後の司法と処罰である。

もっとも、われわれは、殺人の禁止に対するこのような合理的な理由による説明を互いに伝えあい分かちあったりはせずに、神がその禁令を発したのだと主張している。われわれは恐れ多くも神意を推し量り、その上で人間たちが互いを根絶やしにすることは神意に反すると断じるのだ。このような手順を踏むことで、われわれは文化による禁止に特段の厳粛な装いを纏わせるものの、この禁令の遵守は神への信仰の上にのみ成り立つという危険を冒すことになる。この手順を白紙に戻し、自分たちの意志を神のせいにすることをやめ、社会的な理由からの説明で満足するなら、われわれはなるほど文化による禁令にあの荘厳な彩色を施すことを諦めることになるが、同時にまたこの禁令を危険に陥れるのも回避できる。われわれにとって、その利点は他にもある。一種の拡散あるいは伝染によって、神聖・不可侵、ないしは彼岸的と言ってよいかもしれないが、これらの性格が、主たる少数の禁令から他のありとあらゆる文化的な仕組み、法律や言いつけにまで広がっていった。しかるに、これらの中には神聖という装いがおよそ似つかわしくないものも少なからずある。時と場所次第で、それらは、互いにまるで正反対の決定を下したりすることで、相互に自分たちの価値を貶めあうだけではなく、他にも何かにつけ人間の不完全ぶりを見せつける。中には、近視眼的な臆病の所産、偏狭な関心の表出、あるいは不十分な前提から引き出された結論だと断じざるをえないものが容易に見いだされる。これらに対し然るべき批判の矛先を向けていると、本来、もっと正当な文化の要求に対してまで敬意の念が薄らいでしまう。神みずからが求めたものと、むしろ全権の議会や行政当局の権威に由来するものとを選り分けるのは面倒な課題だから、神にはそもそもご退場いただき、文化の仕組みや指図はすべて純粋に人間に由来するものであると率直に認めるのが紛れもなく得策ではあるまいか。神聖を名乗る自負が倒れたら、これらの命令や法律の持つ頑迷や意固地も崩れ落ちるのではなかろうか。人々は、これらが創られたのは自分たちを支配するためというより、むしろ自分たちの利益に資するためだということに納得し、それらに対してこれまで以上に友好的な関係を取り結び、それらを廃止するのではなく、単に改善することのみを目標とするようになるだろう。だとしたらそれは、文化の圧力との和解に向けた行程のひとつの重要な進歩ではあるまいか。

われわれは、文化の指図をもっぱら合理的な理由から説明するのがよい、言わばそれらが社会的な必然に起因すると考えるのがよいと説いているのだが、ここでふとひとつの疑いが生じてきて、それがわれわれの弁舌を中断させる。われわれは、例として殺人の禁止の成立を取り上げた。それについてのわれわれの叙述は、はたして歴史上の真実に対応しているのだろうか。どうもそうとは言えないのではないか。この叙述は単に合理主義が作り出した虚構にすぎないように思われる。われわれは、精神分析を援用して人間の文化史のまさにこの部分を研究してきたのだが(26)、これまでの作業を踏まえるなら実際は違っていたと言わざるをえない。たとえ今日の人間であっても、もっぱら理性的な動機だけでは情熱的な欲動の力に太刀打ちすることはままならない。人獣とも言うべき太古の時代の人間であれば、そういった理性的な動機は遥かに無力であったに違いない。その当時、行われた殺害行為の数々の中でも、ひとつ、原始的な父を打ち殺した行為は抗いがたい深刻な感情反応を喚起したものであり、もしこの行為がなかったなら、人獣の末裔たる今日の人間たちは今もって何の躊躇もなく互いに殺しあっていたであろう。汝、殺すなかれ、という禁令は、この父を殺した際の感情反応に由来するものであり、トーテミズムではそれが及ぶ範囲は父の代理となる存在に限られていたのが、後に他の者にまで押し広げられた。とはいえ、今日なお何の例外もなくそれが行われているわけではない。

しかし、以前に述べたことなのでここで繰り返すまでもないが、これによると、その原父とは神の原像であり、以後の世代は神の姿を描くのにこれを範としたのであった。それについては宗教の文書で述べられているとおりで、神は実際にあの禁令の成立に関与し、社会的な必然についての洞察ではなく神の影響がこれを創ったのだった。そして人間の意志を神へと遷移させて、これを神意だとしたのは全面的に正しかった。人間はもとより自分たちが暴力的な行為によって父を片づけたことを知っており、この冒瀆の行いに対する反応のひとつとして、父の意志を以後、尊重することを自らに課した。宗教上の教義は、それゆえ、ある種の変形と変装とを加えた上でとはいえ、歴史上の真実をわれわれに伝えているのである。われわれの合理的な説明はそれを否認している。

こうなると、われわれも、宗教的な表象の資産には単に欲望成就だけでなく重要な歴史的回想も含まれていることに気づかされる。過去と将来の協働、これが宗教におよそ他に比べるべくもない圧倒的な力を付与しないはずはない。しかし、ひとつ類推を働かせれば、われわれにはすでに、漠然とはしているものの、もうひとつ別の洞察が浮かんで来はしないだろうか。概念をそれが育まれた地盤から遠く離れたところに植え替えるのはよくないが、ここでの符合については、ひとこと語らないわけにはいかない。われわれは、人間の子供が文化への発達を無事に完了するためには、どれほど明瞭かという点で程度にばらつきがあるものの、神経症の段階を通過しなければならないことを知っている。これは、子供が、後には無益無用の幾多の欲動要求を合理的な精神作業によって抑え込むことができず、通常、ひとつの不安を動機として背後に抱える抑圧行為によって、それを抑制するしかないからである。このような幼児神経症の大半は、成長の過程でおのずと克服される。とりわけ幼児期の強迫神経症はそのような運命に見舞われる。それでもなお残った部分があれば、さらに後からとはいえ、精神分析の治療でそれを取り除くという手もある。これと実によく似たかたちで、人類は全体としてその世俗的な発展において神経症に似た状態に陥る、と想定すべきではないだろうか(27)。しかもその理由がやはり子供の成長の場合と全く同じで、いまだ何も知らず知力が弱かった時代には、人間的な共同生活に欠かせない欲動断念をもっぱら情動的な諸力によって成し遂げるほかなかったからではないか。先史時代に起きた抑圧に似た過程が残した数々の澱《おり》は、それ以後もなお長期にわたって文化にまとわり続ける。宗教は人間全般の強迫神経症であり、幼児の強迫神経症と同様、エディプスコンプレクス、すなわち父親との関係に起因しているのではないか。この見地からすると、どうやら宗教からの離反は成長の過程に見られるように運命的なまでに仮借なく進行するに違いなく、われわれは今まさにこの発達期のただ中にいると見込むことができよう。

そうであるなら、われわれの振る舞いが手本とすべきは、迫り来る新たな再編を邪魔立てするのではなく、それを促し、決壊の衝撃や混乱を抑えようとする見識ある教育者の姿勢であるはずだ。もとより宗教の本質はこの類比でもって尽くされはしない。何しろ宗教は、個々人の強迫神経症でしか行われることのない強迫的な制限を加える一方、他方では、合併を伴わない遊離したかたちとしてはアメンチア(28)、すなわち至福の幻覚による混濁でしか見られない、現実の否認(29)を伴った欲望錯覚の体系を内に抱えている。われわれはここで社会的な現象を理解するためにそれを個人の心理に喩《たと》えているものの、それはあくまで単なる喩えにすぎず、個人の病理学がそれに完璧に対応するというわけではないのだ。

宗教と強迫神経症の類似性に関しては、いかに細かな点にまでそれを辿っていけるか、宗教形成の特質や運命のうちいかに多くがこの方法で理解できるかについては、(私と、とりわけテーオドール・ライクが)繰り返し指摘してきたところである(30)。信仰心の篤い人は特定の神経症にかかる危険がはなはだ少ないということもまた、これとよく符合する。篤信家は、皆と一緒に集団的な神経症にかかっているおかげで、個人的な神経症を形成するという課題は免除してもらえるのだ(31)。

特定の宗教上の教義の歴史的な価値を認識すれば、その教義に対するわれわれの敬意の念は高まる。だからといって、文化的な指図による動機付けの一覧からそういった教義を引っ込めるべきだというわれわれの提案が無価値となるわけではない。逆である。これらの歴史的な遺制を手がかりとすることで、宗教上の教義をいわば神経症の名残と見なす見地が得られたのであり、われわれはどうやら今、神経症者の分析治療の際のように、抑圧の成果に代えてそこに合理的な精神作業の結果を置くべき時にさしかかったと言ってよい。この転換の作業では、単に文化による指図をありがたく奉るのをやめるだけにとどまらず、それらの指図を洗いざらい再検討すると、結果的にその多くが廃止に追い込まれると予想されるが、それはさほど遺憾とすべきことではあるまい。われわれに課された、人間を文化と和解させるという課題は、このような方策を採ることでそのかなりが解決されるだろう。文化による指図を合理的な動機から説明すれば、歴史的な真実を放棄することになるからといって、われわれは別にそれを遺憾に思う必要はない。宗教上の教義に含まれる歴史的な真実など、はなはだしく歪曲され体系的な粉飾が施されており、大衆にはそれが真実だと見極めることなどできない。それは、われわれが子供に、コウノトリが赤ん坊を運んでくるのだと話すのと似た事例である。われわれはそんなふうに話すことで、象徴的に包み隠した上で真実を語っている。大きな鳥が何を意味するか、われわれは知っているからだ。ところが子供はそれを知らないものだから、歪曲の要素だけを聞き取り、自分はだまされたと考える。子供に見られる大人への不信感や反抗心は、往々この時の印象に起因するということをわれわれは知っている。こういうわけで、われわれは、真実をこのように象徴的なヴェールを被せて伝えるのはやめにして、子供にはその知的な段階に応じて、実際のところについて知るのを禁じないほうがよいと確信するにいたった(32)。

「よくもまあ、互いに矛盾していておよそ辻褄の合いそうにもないことをおっしゃる。最初、あなたは、自分のこういった著作は何ら危険なものではない、自分がこんなふうに論じたからといって、誰ひとりそれによって自分の信仰を奪われたりするわけではないと主張なさる。ところが、後になって、この信仰を攪乱するのがあなたの意図だということが分かってきた以上、人は当然、一体なぜあなたはその著作を発表するのかと尋ねることになる。そもそもあなたは、別のところで、神がもはや信じられていないのを誰かが知ったりすれば物騒だ、極めて危険なことになりかねないと認めていらっしゃるではないですか。これまで従順だったその人も、今や文化による指図への服従を打ち捨てる。あなたは、文化による命令に宗教的な動機を与えることは、文化にとって危険だとおっしゃるが、そもそもこのあなたの議論全体は、信心深い者とて何かをきっかけに信仰を失いかねないという想定に立脚している。これはやはり全くの矛盾ですよ。」

「もうひとつ矛盾があります。あなたは一方で、人間を知性で誘導することはできない、人間とは情念と欲動の求めに支配されているのだと認めていらっしゃる。その一方で、人間が文化に服従するのが情動的な基盤に立脚しているのを合理的な基盤に立脚するのへ転換させようと提案していらっしゃる、この点です。納得できる人は勝手に納得したらいい。私にはそれらが両立できるとは思えないのです。」

「ちなみに、あなたは歴史から何も学ばなかったのでしょうか。宗教をお払い箱にしてその代わりに理性を持ってくるという、その手の試みは、かつて一度行われたことがある。それも公的かつ大規模に、です。フランス革命とロベスピエールのことを覚えておいででしょう。それと、この実験が実に短命で、何の成果も挙げないまま惨憺たる結果に終わったということもね。これが今、ロシアで繰り返されています。その行く末がどうなるか、あえて思案するまでもありません。人間は宗教なしではやっていけない、と想定してよいとは思いませんか。」

「あなた自身、宗教はただの強迫神経症として済ませられないとおっしゃった。しかし、宗教のこのもうひとつ別の面についてあなたは論じられませんでした。神経症との類似を逐一辿りさえすれば、それで十分とお考えになった。ひとつの神経症から人間たちを解放してやらねばならない。そうすることで他の何が失われようと、あなたはまるでお構いなしだ。」

矛盾と映ったのは、どうやら私がいくつもの複雑な事柄を矢継ぎ早に論じたからでしょう。二、三補足しておきましょう。私はあくまで、自分の主張がある点では何の危険もない無難なものであると主張します。信心深い人なら、誰も、私のこの議論やこれに類する議論で自分の信仰について迷うことはないでしょう。信者とは、宗教の中身に独特の情愛のこもったかたちで拘束されているものです。たしかに、これと同じ意味で信心深いとは言えない、他の類いの人たちも数えきれないほど多くいます。彼らが文化の指図に従うのは宗教による脅しに怯えているからだし、この宗教を恐れるのも、それを、自分たちを制限する現実の一部と見なさざるをえないかぎりにおいてです。宗教の現実価値を信じる気持ちを放棄してよいとなるや、一気に離反してしまうのはこの連中ですが、合理的な論拠が影響を及ぼしたせいでそうなるわけではありません。彼らは、他の人たちも宗教を恐れていないのに気がつくと、宗教を恐れるのをやめてしまいます。私がたとえこの著作を公表しなくても、彼らは宗教の影響の衰退を知るだろう、というのが、彼らに関して私が主張したことです。

しかし私の睨むところ、あなたが、私が犯したと指摘される矛盾のうち、ご自身としてはもうひとつ別のほうを重要視していらっしゃる。およそ人間は理性の論拠を受け容れたりする気もなく、全面的に欲動欲望によって支配されている、それなのにまたなぜ、人間から欲動充足のひとつを奪い去り、その代わりに理性の論拠を差し出そうとするのか、ということですね。たしかに人間とはそういった存在です。しかし、あなたは、人間はそうであるしかないのか、彼らの内部の奥深くにある本性がそうあることを人間に強いているのか、これを自らに問われたことがあるでしょうか。幼いうちから子供の頭を包帯で変形させる習慣を守る民族について、その頭蓋指数を人類学者は挙げることなどできるでしょうか。健康な子供の輝かしい知性、凡庸な大人の愚昧、両者のあいだの気の滅入るような対照を考えてごらんなさい。こうした相対的な萎縮のうちのかなりの部分は、まさに宗教教育のせいだと言うことはできないでしょうか。もし子供が宗教的な感化を何ひとつ受けなかったら、神や来世について自分でいろいろ考え始めるようになるまでは、ずいぶん長い時間がかかると思われます。考えるようになったら、それらの思考は、ひょっとするとその子の祖先において思考が辿ったのと同じ道筋を歩むかもしれない。しかし周囲の者は、それをじっと待たず、子供がまだ宗教上の教義に何の関心も示さず、またその重要性を理解する能力も持たないうちからその教義に馴染ませる。性的な発達を遅らせ宗教の影響を早める、これが今日の教育プログラムの二本柱です。そうでしょう。この場合、子供に物心がついた時点では、宗教上の教義はすでに堅固で無敵の存在になっています。だのに、思考の働きという実に重要な領域が、地獄で罰を受けるぞと脅されることで閉ざされてしまう、それが思考の働きの強化に大いに役立つとでもお考えでしょうか。ひとたび宗教上の教義が語って聞かせる与太話をすべて無批判に受け容れ、それらの話と話のあいだにある矛盾すら見落とすまでになった人について、私たちはその人が愚昧だからといって特に驚くまでもありません。さて、私たちは、自分が欲動に駆られるのを制御するのに、自らの知性よりほかにいかなる手段も持っていません。思考禁止の命に従う人が、知性の優越という心理学の理想に達することなどどうして期待できるでしょう。総じて女性がいわば「生理学的に愚鈍」[33]だ、つまり男性よりも知性の点で劣っていると中傷されているのは、あなたもご存知でしょう。それがそもそも事実かどうかも賛否の分かれるところですし、仮に事実であったとしても、それについての解釈は疑わしい。しかし、この知性の萎縮が後天的な性質のものであるとする論拠のひとつに、女性は、自分にとって最も興味あるはずのこと、すなわち性生活の諸問題に自らの思考を向けることを早いうちから厳しく禁じられ、それに苦しんできた、という点が挙げられます。性的なことのほかにも、宗教に関して考えることを阻止され、またそこから派生して忠敬に関して考えることも阻止されている[34]、そういった状態が人間の幼い時期に作用を及ぼしている以上、私たちは、人間とは本来どうであるかなど、実際に言いようがないのです。

しかし、私もあまり性急になるのは控えて、自分自身、ひとつの錯覚を追いかけているという可能性があることは認めましょう。ことによると、宗教が思考を禁じる影響といえども、私が考えるほど悪辣なものではなく、人を宗教に服従させるために教育を悪用するのをやめても、蓋を開けてみれば、人間の本性はやはり今と同じであるかもしれません。それは私にも分かりません。あなたもそれを知ることはできません。目下のところ解決しえないように見えるのは、この人生の若干の大問題だけに限ったことではなく、それより些細な問題だって決定しにくいものは多々あります。けれども、文化を豊かにしてくれる宝のひとつもここで発掘されるかもしれず、非宗教的な教育もとにかく試みてみるだけの値打ちはあると、未来に希望を託すのが間違っていないのは認めてください。やってみた結果が不満足なものなら、私も改革を放棄し、人間とは知力が弱く諸々の欲動欲望に支配される存在だとして、純粋に記述に徹する従来からの判断に立ち返るのに吝《やぶさ》かではありません。

別のことで、私もあなたに無条件に賛成する点がひとつあります。たしかに、宗教を力ずくで一気に廃絶しようとするのは愚かな企てです。何と言っても、うまく行く見込みがないからです。説得や禁止によって信者に自分の信仰を棄てさせることはできません。時にはそれがうまく行く場合もあるかもしれませんが、それは残酷と言うべきでしょう。何十年ものあいだ睡眠薬を服用してきた人は、その薬を取り上げられれば当然、眠ることができません。宗教による慰めの作用が麻酔薬の作用と同様のものと見なしうることを見事に示す現象がアメリカにひとつあります。どうやら女権拡張の影響のせいと思われるのですが、今、アメリカでは、ありとあらゆる興奮剤、麻薬、嗜好品の類いを禁じ、その代償として神への畏怖をしこたま振る舞うのです。この実験の行く末についても、やはり思案するまでもありません[35][36]。

だから、あなたがさらに、人間はそもそも宗教的な錯覚という慰めをなしで済ませることができない、これがないと人生の重荷や残酷な現実に耐えることができないだろう、との結論を引き出されるなら、私は承服できません。たしかに、幼いうちから、あなたによって手ずから甘い、あるいはほろ苦い毒を盛られてきた人間なら、耐えることもできないかもしれません。でも、冷静な分別をもって教育された別の人間についてはどうでしょうか。神経症を患っていない人には、その苦痛を和らげるための毒薬も必要ないかもしれません。なるほど、そうなると、人間は困難な状況に追い込まれることになるでしょう。自分が全く孤立無援で寄る辺なく、宇宙の営みの中で取るに足らない非力な存在であること、もはや被造物の中心でも、懇篤な摂理の情愛に満ちた心遣いの対象でもないことを認めざるをえなくなるでしょう。それはまるで、自分にとってあんなにも暖かく心地よかった父の家を出た子供のような境遇でしょう。しかし、幼年期とは乗り越えられるべき定めにあるのではないでしょうか。人間は永久に子供のままであることはできません。最後には「敵意に満ちた人生」(37)の中へ漕ぎ出してゆかなければなりません。これを「現実への教育」と呼んでもいいでしょう。この歩みを進めることが必要であると注意を喚起すること、それが本編の唯一の意図であることを、この期に及んであえて申し上げなくてはいけないでしょうか。

どうやらあなたは、人間はこの困難な試練に耐えられまいと案じていらっしゃるようですね。でも、とにかく希望を持つのはかまわないでしょう。もし人が自分の力に拠るしかないのだと分かれば、それだけですでに相当のものです。そうしたら、この力を正しく用いることを学ぶものです。救いの手立てが全くないというわけでもありません。洪積層の時代より、科学は人間に多くのことを教えてきてくれましたし、この先も人間の権力をさらに拡大してくれることでしょう。そして、逃れるすべのない一連の大きな運命の必然については、人間はまさに従容としてそれらに耐えることを学ぶでしょう。月の上で何かが収穫されたのは誰も見たためしがありません。その月に広い土地を所有できるといったいかさま話がもちかけられたところで、それが何になると言うのです。人間は、つましいながらこの地球上の真っ当な農夫として自らの畑地を耕し、その上がりで自分を養うすべを心得ることでしょう。彼岸に期待を向けるのをやめ、自由になった力のすべてをこの地上での生に集中させることで、人間はおそらく、生きることが誰にとっても耐えられるものになり、誰ひとり文化によって圧殺されることのない世の中を実現させることでしょう。その暁には、人間は後顧の憂いなく、われら不信心一門のある同輩の言葉に唱和してよいでしょう。

天国のことなんか
天使や雀にまかしておけ[38]。

X

「実に立派なお話のように聞こえます。一切の錯覚を断念し、それによってこの地上の生と折り合いを付け、それに耐えられるようになった人類というのですからね。でも、私にはあなたの期待を分かち合うことはできません。それは何も、私が、あなたの考えていらっしゃるような頑固で反動的な人間だからというのではありません。慎重に熟慮するからです。思うに、私たちはここで立場があべこべになったようです。あなたが錯覚など捨て去る夢想家といったご様子なのに対して、私のほうは理性の要求と懐疑の権利を唱えているわけです。あなたが述べられた話はいくつかの間違いに基づいていると思われます。ご自身の流儀に従ってこれらの間違いを錯覚と呼んでよいでしょう。それらの中に、ご自身の欲望の影響が紛れもなく明白に透けて見えるからです。あなたが切望されるのは、欲動生活に対して知性が優越するようになることであり、幼い子供の頃に宗教上の教義の影響を受けなかった世代はたやすくこの優越に到達するだろうという点にご自身の希望を託していらっしゃる。これは、まず錯覚でしょう。この決定的な点で、人間の本性はほとんど変わることはないでしょう。誰も他の様々な文化についてはほとんど何も知らないものですが、私の思い違いでなければ、何か宗教体系の重圧を受けることなく成長する民族は今日でもいますが、だからといって、これらの民族が他の民族よりあなたの理想に近づいているわけではありません。わがヨーロッパ文化から宗教をなくそうというなら、それは何か別の教義の体系によってしか起こりえず、その新たな体系は、当初から、宗教と同じ神聖さ、頑迷、不寛容、あるいは自らを守らんがための思考の禁止など、宗教に付きものの心理的性格をことごとく引き継ぐことになるでしょう。教育に求められるところに応えるには、この種のものが何か必要なのです。ただ、あなたも教育を放棄することはできません。乳児から文化的な人間になるまでの道のりは遠く、誰の指導も受けずにおのがじし発達するのに委ねられようものなら、この道中で実に多くの人間が道に迷い、然るべき時に自らの人生の課題を手にすることができなくなるでしょう。その人たちを教育する上で用いられた教義は、成人後の彼らの思考を囲いの中に閉じ込め続けることになりますが、これは、まさにあなたが今日、宗教を非難していらっしゃる点です。欲動のままに動かされ考える力が乏しい子供に、大人の成熟した知性だけにしかその正しさが分からない決定を下すことを課すというのは、私たちの文化に限らず、そもそもどの文化にも生まれつき備わる、拭い去ることのできない欠点なのです。このことにお気づきになりませんか。しかし、幾世代にも及ぶ地球上の人類の発展が数年間の幼年期に圧縮されて押し付けられているからには、文化としてもそうするほかありません。そして、子供を督励して、自分に課された課題をやり遂げさせるには、情動的な力によるしかありません。これがすなわち、あなたのおっしゃる「知性の優越」の今後の展望なのです。」

「ですから、私が宗教上の教義体系を教育と人間の共同生活の基盤として残すべきだと主張しても、奇妙だと考えられるには及びません。これは実践上の問題であって、現実価値に関わる問題ではないのです。私たちの文化を維持しようという以上、個々の人が文化を支えるほどに成熟するまで、彼らを感化するのを控えてただじっと待っているわけにはいかないのです。そんなふうに呑気に構えていたら、多くの者がそもそもその域に達しないことでしょう。私たちは、成長してくる後進に何らかの教義の体系を押し付け、その体系には、彼らから見るといかなる批判も受け付けない前提として作動してもらうほかないのです。だったら、私には宗教的な体系こそがそれに最もふさわしい体系だと思われます。こう言いますのも、もちろん、これとて宗教体系が欲望を成就させ人を慰める力を備えていればこそですが、あなたは、その点にむしろ宗教体系が「錯覚」である証を見て取られるはずだとおっしゃった。現実の何がしかを認識するには様々な困難が伴い、そういった現実認識がそもそも私たちの手に負えるかも疑わしいですが、そうであればこそ、人間の欲求はこの現実の一部であること、しかも私たちにとって重要な、とりわけ切実な一部であることを見逃さないでいたいものです。」

「あなたは宗教上の教義の特質のひとつについてとりわけ不快に思っていらっしゃるようですが、私は、そこにこそこの教義のもうひとつの利点があると考えています。宗教上の教義のおかげで概念的な精錬や昇華が可能となり、これで原始的で幼児的な思考の痕跡をとどめているものの大半は払い落とされてしまいます。あとに残されるのは、もはや科学と矛盾せず、また科学といえども異議を唱えることのできないような観念から成る内実です。このような宗教上の教義の改造を、あなたは、中途半端だの妥協だのと断罪されたが、こういった改造のおかげで、無教養な大衆と哲学的な思考とのあいだに溝が生まれるのも回避され、文化の安定化にとって実に重要である両者間の共通性も維持されるのです。その段には、平民の出の者が社会の上層部が「もはや神を信じていない」ことを知ったところで恐れるに及びません。以上で、あなたにも、ご自身が目指しているものとは要するに、情に厚く効能の点でも検証済みの錯覚の代わりに、効能も未知数で冷淡な別の錯覚をもってこようとする試みであることを納得していただけたと思います。」

私があなたの批判に全く耳を貸そうとしないでいるとは考えないでください。私も錯覚を避けるのがどんなに難しいかは承知しています。私が是とする一連の希望も、やはり錯覚の類いかもしれない。とはいえ、そこにひとつの違いがあるのは譲れません。私の錯覚は、それを共有しなくても罰せられることがないのはひとまず措いても、宗教的な錯覚のようにいかなる修正も受け付けないわけではなく、妄想としての性格を備えていません。自分たちが間違っていたことを、私でなく、私に続く別の人たち、考え方を共有する人たちが経験によって知ったなら、私たちは、自分の期待を諦めるでしょう。私の試みをあるがままに取ってください。この世の中に自分に合った居場所を見つけて生きていくことがどれほど困難であるかは、ひとりの心理学者として私も見誤っていないつもりです。その上で、幼児から大人に成長していくあいだに個々の人間に見られる心的な過程を研究することを通して得られたささやかな洞察に照らして、人類の発展を判断しようと努めているのです。そうしてみると、私には、宗教は一種の幼児神経症に比されるものに思えてならず、この見地がしつこく浮かんできます。そこで私も大いに楽観論を決め込み、大概の子供が成長するにつれてそれと似た幼児神経症から脱却していくように、人類もこの神経症的な段階をいずれ克服することになると考えたのです。個人心理学から得られたこれらの洞察では不十分かもしれません。転じて人類にそれを重ね合わせるのも不当で、楽観論には何の根拠もないのかもしれません。こういった不確かな点があるのは私も認めます。でも、思ったことは腹の中にしまっておけないもので、しばしばつい言ってしまう。実際以上に誇張しているのでなければ、別にいいじゃないですか。

あと二つの点について、いま少し述べておく必要があります。第一点は、私の立場が弱いからといって、それがあなたの立場の強化を意味するわけではないことです。私が言いたいのは、もう負けが決まっている争点をあなたが擁護していらっしゃるということです。人間の知性は人間の欲動生活に比べて無力だ。このことを私たちは今後も繰り返し強調するでしょうし、そうするのが正しいかもしれない。ただ、この知性の弱さというのには何か独特のものがあるのです。知性の声はか細い。しかしこの声は誰かに聞き取られるまで止むことがない。何度も繰り返し聞き過ごされたあと、最後にはやはりそれを聞き取ってくれる人が出てくる。これは、私たちが人類の未来について楽観的であるのが許される数少ない点のひとつですが、このこと自体が意味するところも小さくありません。そこに、私たちは、さらに他の様々な希望を繋ぐことができるからです。知性の優越はたしかに遠い遠い先のことですが、どうやらそれも無限の彼方にあるのではないようだ。そして、どうやらこの知性が自らに課す目標は、もとより人間にとって可能でアナンケーが許す範囲でとはいえ、あなたが神によって実現されるのを期待していらっしゃるのと同じ隣人愛と苦悩の軽減でありますから、私たちの対立も所詮、仮そめのものであって、けっしてそれぞれ互いに相容れないわけではないと言ってよいでしょう。私たちは同じことを望んでいる。ただ、あなたのほうが私や私の同輩よりも短気で、望みが高く、あえて言えば利己的なのです。あなたは、死の直後に至福が始まることを望み、その至福におよそ不可能なことを求め、それでいて個々人の要求を放棄する気はおありでない。私たちの神ロゴス[*2]は、これらの欲望のうち私たちの外部の自然が許すものを実現することでしょう。ただし、それとて極めて緩慢で、実現するのは遥か彼方の未来であり、新たな人類の子孫たちのためにすぎません。人生の重みに喘ぐ私たちにロゴスは何の償いも約束してくれません。この遥かなる目標に向かう途上で、あなたの宗教上の教義は捨て去られなくてはなりません。たとえ、私たちの当初の試みが失敗しようが、当初の代替形成が頼りないものであ

＊2　オランダ人ムルタトゥリでは、ロゴスとアナンケーが二つの神として対をなす(39)。

ろうが、関係なしです。なぜだかご存知でしょう。何であれ理性と経験とに長期的に逆らうことはできませんし、また宗教がそのいずれとも矛盾しているのは誰の目をも欺けないからです。宗教的な理念の上澄みを取り出したところで、宗教の持つ慰めとしての内実のいくらかなりを救おうというかぎり、やはりこの運命を免れることはできません。もちろん宗教というのを、特性も曖昧なら意図も分からぬ正体不明の高次の精神的存在が主張するものに限るというなら、宗教は、科学の唱える異論に対しても不死身でしょう。しかし、そうなると宗教は人類の関心から見捨てられることになります。

そして第二点。錯覚に対するあなたの態度と私の態度との違いに注目してください。あなたは、宗教的な錯覚を全力で擁護しなければなりません。それらの錯覚は実際、相当あやうい状態にありますが、もしそれらが価値を喪失してしまったら、あなたの世界そのものが崩壊し、文化にも人類の未来にも、およそ一切に絶望するほかありません。私や私の同輩は、そのような農奴の状態からは解放されています。自分たちの幼児的な欲望のかなりの部分を断念する覚悟が出来ていますから、自分たちの期待のうちのいくつかが錯覚であることが明らかになろうとも、それに耐えられるのです。

教育が、宗教上の教義の重圧から解放されても、人間の心理学的な本質(40)にそれほど大きな変化はないかもしれません。わがロゴス神もさほど全能でもなく、前任の神々たちが約束したもののうちわずかな部分しか成就させることができないかもしれません。それに納得せざるをえなくなったとき、私たちは、それを冷静に受け容れることでしょう。そうだからといって、宇宙や人生への関心を私たちが失うことはありますまい。と申しますのも、あるところで私たちには、あなたがたにはないひとつの確かな支えがあるからです。私たちは、科学的な作業には宇宙の現実について何がしかを知ることができ、それによって自分たちの力を高め、またそれに則して自分たちの人生を設計することができると信じています。この信念がひとつの錯覚であるなら、私たちはあなたがたと同じ立場にあることになります。しかし、数多くの重要な成果によって、科学は、それが錯覚ではないことを私たちに証明してきました。科学は、すでに宗教的な信仰の力を奪い去り、さらにそれを失墜させようとしています。これをゆるせず恨んでいる人々の中には、科学に対して敵意を剥き出す人もたくさんいます。仮面を被ってこっそり敵意を抱く人となるともっと多い。科学が教えてくれることといえばごくわずかだ、不明なままに放置したことはそれとは比較にならないほど多いという非難が、科学に向けられます。しかし、そのように言うとき、人は、科学がまだいかに若いものであるのか、その誕生にはいかに多くの困難が伴ったのか、人間の知性が科学の課題に取り組むだけの力を得て以来、経過した時間がまだいかにわずかでしかないのか、ということを忘れがちです。私たちは誰しもみな、あまりに短い歳月を自分たちの判断の基準とするという誤りを犯していないでしょうか。むしろ地質学者を見習うべきでしょう。科学は不確かだ、きょう法則だと触れまわられるものも、次の世代には誤りであることが分かり、新しい法則に取って代わられるが、これもまたやはり同じく短命だ、などという不平を口にする人がよくいます。しかし、これは不当であり、また部分的には真実に反します。科学的な見解の変遷は発展であり進歩です。転覆ではありません。ひとまず無条件に妥当すると見なされた法則も、さらに包括的な法則性の一特殊事例であることが明らかになったり、後になって初めて知られるに至った別の法則によって制限を受けたりします。真理への粗雑なアプローチが、もっと緻密な方法によるアプローチに取って代わられ、これもまたさらにそれ以上の完全へと高められることになります。科学の中には、今でも、いずれ間もなく不十分だとして廃棄するほかないような仮説を試みるような研究レベルを脱却していない分野もあります。しかし、また別の領域ではすでに認識の核となるものが確実になっていて、ほとんど変更しようのないものもあります。はては、所詮、科学といえども、われわれの器質的な身体としての条件に拘束されている以上、主観的な所産しか提供してくれず、われわれの外にある事物の本当の性状は科学には手が届かないのだ、などといった議論を持ち出して、科学による努力を完膚なきまでにこきおろそうという試みもありました。この種の議論では、科学的な研究の何たるかを理解する上で決定的と言えるいくつかの要因がなおざりにされています。まず、私たちの器官組織、すなわち私たちの心的装置はまさに外界を探索しようという努力の中で発達してきたのであり、それゆえ、その構造の中ではある程度の合目的性を実現しているはずだという点です。さらに、私たちの心的装置そのものは、私たちが探求しようとする当の外界の一構成要素であり、そのような研究の推進に何の異存もないはずだという点です。次いで、私たちの器官組織の特性の結果として世界が私たちにどう現れてこざるをえないかを明らかにすることに科学の課題を限ったとしても、それで科学の課題は十分に尽くされたことになるという点です。さらに、科学の最終的な結果は、単にそれがどう得られるかというその仕方のゆえに私たちの器官組織によって制約されているだけでなく、この器官組織に作用を及ぼしたものによっても制約を受けているという点です。そして最後に、宇宙とはどのようにあるのかという、宇宙の様態をめぐる問題は、私たち知覚する側の心的装置を顧みないかぎり、空疎な抽象物でしかなく、何ら実践的な関心を喚起しえないものだという点です。

いいえ、私たちの科学とは錯覚ではありません。でも、科学が与えてくれないものをどこか他のところから得られると信じるなら、それは錯覚というものでしょう。

文化の中の居心地悪さ

嶺　秀樹
高田珠樹
訳

Das Unbehagen in der Kultur

Ⅰ

GW-XIV 421

とかく人間は物事を測るのに誤った尺度をもってし、権力や成功、富となれば自らも得ようと努め、他人でそれに浴する人があれば褒めそやす一方、こと人生の真の価値についてはそれをおろそかにしがちだ、との印象を禁じえない。とはいえ、その手の大局的な判断に立つとき、人はつい、人間世界とその精神生活が千差万別であるのを忘れてしまう危険がある。個々の人物の中には、その偉大さが、世間の大方の目標や理想からおよそかけ離れた特性や功績に基づくにもかかわらず、同時代の人々から尊敬を寄せられる人たちもいる。ややもするとわれわれは、こうした偉大な人物を承認するのはごくわずかの者でしかなく、大多数の者は彼らに目もくれないと想定したくなるようだ。ところが、人間の考えと行いとのあいだにある不一致や、欲望の蠢《うごめ》きも多種多様であるおかげで、話はそう単純にすまないかもしれない。

この類いの卓越した人物のひとりが、手紙の中で自分のことを私の友人と称してくれている。私が彼に、宗教は錯覚だと論じた小著(1)を送ったところ、彼は、宗教に関するあなたの判断には全面的に納得するが、あなたが宗教性の本来の源泉を適切に評価していらっしゃらないのは残念だ、とする返信を寄こした。いわく、この源泉は、自分の思いをけっして去ることのない特別な感情であり、自分の知る範囲でも、他の多くの人々が同様の感情を持つと述べている。おそらく幾百万の人々にその感情があると決めてかかってよいのではないか。これは、自分が「永遠 422
性」の感覚と名づけたい感情であり、何か無窮のもの、広大無辺のもの、いわば「大洋的」という感情なのだ。この感情は純粋に主観的な事実であり、教義などではない。これがあるからといって、当人の死後の永生が保証されるわけではないが、各種の教会や宗教体系もこれを宗教的なエネルギーの源泉と捉えて、それぞれ特定の回路に引き入れ、また当然それを吸収してもいる。いかなる信仰も錯覚も拒むにせよ、このような大洋的な感情さえあれば、それだけを根拠に、人は、自分は宗教的だと名乗ってよい……。

かつて錯覚に備わる魔力を自ら詩情豊かに描いてみせた尊敬する友人のこの言葉に、私は少なからぬ困惑を覚えた。[*1] 私自身はこの「大洋」感情なるものを自分の中に見いだすことができない。感情を学問的に論じるとなると一筋縄ではいかない。個々の感情が示す生理学的な兆候を記述しようと試みることはできる。しかし、これがあまり功を奏さないとなると——私は大洋感情なるものもそうした特徴づけでは捉えられそうにないと危惧する——この感情に関して最初に連想として思いつく表象内容に頼るほかない。友人の述べるところを私が正しく理解しているなら、彼は、ひとりの奇抜で相当に異端の作家が、自ら死を選ぶのを前にした作中の主人公に慰めとして与えた「俺たちにはこの世界から転げ落ちようがない」という言葉と同じことを考えている。[*2] 要するに、外界全体と解きがたく結ばれているという感情、一体感である。私にとっては、これはむしろ知的な洞察としての性格を持つものだと言いたい。もとより感情の色調がそれに伴わないわけではないが、これほどの射程を持つ思考活動なら、それは他の似たものについても当然、言えるところであろう。私自身に即して言えば、そうした感情が本性上第一義的なものだとは確信できそうにない。だからといって、そういった感情が他の人には事実として生じるというのを否定してはなるまい。ただ、ここで問われるのは、それが正しく解釈されているか、あらゆる宗教的欲求の《源泉および起源》〔fons et origo〕であると認められるべきか否かである。

こうした問題の解決に決定的な影響を与えるようなことを、私は何ひとつ述べることができない。人間は、自分がまわりの世界とひとつに連なっており、それは専用の直接的な感情によって分かるはずだという発想は、いかにも突飛でわれわれの心理学の体系構成にうまく収まらないので、ひとつそうした感情が生じる所以を精神分析によって導出することが試みられてよいだろう。これには、さしあたり次のような考え方の筋道があると想定される。通常、われわれにとって、自分の自己の感情、われわれ自身の自我[2]の感情ほど確かなものはない。われわれには、この自我は自立的、統一的で、他のすべてのものから鮮やかに際立っていると映る。一見もっともらしく思えるのだが、これが誤りであること、自我は明確な境界もないまま内に向かって、われわれがエスと呼ぶ無意識的な心的存在の中へ続いており、自我はこのエスを飾るいわばうわべの装いにすぎないこと、これは精神分析学的な研究が初めて説いたところである。自我のエスに対する関係について、われわれは、精神分析学にもっと多くのことを明らかにしてもらわなくてはいけない。もっとも、少なくとも外に対しては自我も、明確で鮮やかな境界線を主張しているかに見える。事情が異なるのは、あるひとつの状態についてだけである。これは普通の状態ではないが、さりとて病的と断じることもできない。恋のほれこみが昂じてくると、自我と対象との境界が今にも消失しそうにな

＊1　〔一九三一年の追加〕『リリュリ』（一九一九年）。『ラーマクリシュナの生涯』（一九二九年）と『ヴィヴェカーナンダの生涯』（一九三〇年）の二つの著作[3]が出版されたからには、本文中で言及した友人がロマン・ロランであることをもはや隠しておくには及ばない[4]。

＊2　D・Chr・グラッベ作『ハンニバル[5]』、「そうとも。俺たちにはこの世界から転げ落ちようがない。いったんここにいる以上はな」。

る。五感からしてそうでないと分かっていながら、恋する者は自分と相手とが一体だと主張し、本当にそうであるかのように振る舞うのを辞さない(6)。生理的機能(7)によって一時的に停止されることがあるものは、当然、病的過程によって障害を受けたりもするはずだ。病理学からは、自我の外界の境界が不確かになったり、境界が実際に正しく引かれなくなったりする状態が数多くあることが知られる。自分の身体の各部分だけでなく、自分の心の生活、知覚、思考、感情の個々の部分が何か疎遠で、自我に属さないように映る事例もあれば、他方で、明らかに自我の中で生じ自我が認知するべきはずのものを、外界に押しつける事例もある。要するに、自我感情も様々な障害をきたし、自我の境界は安定したものではないのだ。

さらに考えてみると、成人のこうした自我感情は、当初からそのようなものであったはずのないことが分かる。自我感情はひとつの発展を経て出来あがったものであるに違いなく、この経緯は納得のいくように立証はできなくても、まずはこうであったはずとしてかなりの確度で構成してみることができる。*3 乳児はまだ自分の自我を、自分の中に流入してくる感覚の源泉としての外界から区別していない。様々な刺激を受けて、この区別を徐々に学んでいく(8)。刺激による興奮を与えてくれる源泉のうち、そのいくつかは彼がのちにそれらを自分の身体器官として認識することになるものであり、これらが彼にいつでも感覚を送り届けてくれるのに対して、他方、何よりほしい母の乳房も含め、ときおり彼から遠ざかり、助けを呼ぶ泣き声を立てないかぎり引き寄せられない感覚源泉もあるという事実は、乳児に非常に強い印象を与えるに違いない。こうして初めて自我に向かいあうかたちで「対象」が、「外に」あるものとして、ある特段の活動(9)によって初めて出現させうるものとして立ち上がってくる。さらに多種多様な痛みや不快の感覚が頻繁に襲ってくるのが避けられず、これが、自我を感覚の塊から分離させるべく、つまりひとつの「外」、ひとつの外界を認知するべく駆り立て、快原理の無制限な支配を停止させ回避するように命じる。そうした不快の源泉となりうるものをすべて自我から遠ざけ、外へ投げ捨て、ひとつの純粋な快自我を形成しようとする傾向が生じる。この自我に、自分とは異質の怖い外部が対峙することになる。この原始的な快自我の境界線は、経験による訂正を免れえない。快の恵みをもたらすものとして放棄したくないもののうちのいくつかは、自我ではなく対象であり、追い出したい苦痛のいくつかは、自我の内に由来し、自我から切り離しえないことが明らかになる。感官活動を、意図的な操作と適切な筋肉活動とによって、内的なもの——自我に属するものと、外的なもの——外界に由来するものとを区別するすべを学び、これをもって人は、その後の発達を支配することになる現実原理の投入に向けた最初の一歩を踏み出す[10]。もちろんこの区別は、不快感が感知されたり、それが迫ったりしている場合、それに対して自分を防御するという実際的な意図に資するものである。自我が、自分の内部から来るある種の不快の興奮から自らを防御するのに用いる方法が、外から来る不快に対して使用する方法と別ものではないという事実が、やがて重大な病的障害の出発点になる。

このようにして自我は、自分を外界から引き離すわけである。もっと正確に言うなら、もともと自我はすべてを含んでいるのだが、後に外界を自分から排出する。つまり、われわれの今日の自我感情とは、かつて自我と環境とがもっと密接に繋がっていたのに対応して、今よりも遥かに包括的であった感情、のみならず一切を包括していた

425

＊3　自我の発達と自我感情については、フェレンツィの「現実感覚の発展段階」[11]（一九一三年）を始め、P・フェーデルンの一九二六年と一九二七年、およびそれ以降の論文など数多くの仕事があり、これらを参照されたい[12]。

感情が萎えしぼんだあとの残余にすぎない。仮にこうした本源的な自我感情が多くの人の心の生活において――規模の大小はあれ――なお存続していると想定してよいなら、この自我感情は、もっと細く鋭い境界線で区切られた成熟期の自我感情とは、一種の割符のように対をなして並び立つことだろう。また、こうした自我感情にふさわしい表象内容といえば、まさに私の友人が「大洋」感情を説明するのに用いたのと同じ、無窮、あるいは万物との一体感といった表象内容であろう。しかし、根源的なものが、それに由来する後発のものの傍らで生き残るなどと仮定するのは正当だろうか。

疑問の余地なく正しい。そうした事態は、心的領域でも他の領域でも何ら意外なことではない。動物の系統についてわれわれが堅持する想定では、最も発達した種は最下等の種から生じた。とはいえ、ありとあらゆる単純な生命形式が、今日もなお生きている。巨大な恐竜の種族は絶滅して哺乳類に席を譲ったが、恐竜の一族の正当な代表であるワニは、なおわれわれと共に生きている。この類推はあまりに突飛である上、今日、生存している下等種は、高度に進化した種の正当な祖先ではない、という事情も弱点である。中間項としてそれらを繋ぐはずの種はふつう絶滅しており、ただ再構成によって知られるにすぎない。一方、心的領域では、原始的なものが、そこから生成して変容を遂げたものと並んで存続しているというのはよくあることで、しいて例を挙げて証明するには及ばない。こうした事態は、大概、ひとつの発展分化の結果である。何らかの態度や欲動の蠢きのうち、一部の量は変化せずに存続するのだが、他の部分はさらに発達し続けるのである。

期せずして、われわれは、心的なるものにおける保存という、もっと一般的な問題に直面している。これは、従来まだほとんど論じられたことがないとはいえ(13)、はなはだ刺激的で重要な意義を持つ問題なので、今が最適の機会というわけでもないが、これにしばし注目してみることが許されよう。何かを忘れるというのはわれわれによく起こる馴染みの現象だが、それが記憶痕跡の破壊、すなわちその消滅を意味するという誤った考え方を克服してからというもの、われわれはこれとは逆の次のような想定に傾いている。いわく、心の生活においては、一度形成されたものは何ひとつ滅びず、すべてが何らかのかたちで保存されており、たとえばその時期にまで届く退行のような好適な機会に恵まれると、ふたたびおもてに現れてくることがある……。この想定が何を内容としているかを明らかにするために、試みに他の領域に例を取って比べてみるとよい。例としてわれわれが取り上げるのは、永遠の都ローマの発展である。[*4] 歴史家がわれわれに教えるところによれば、最古のローマはパラティウムの丘の上の、柵で囲った入植地、《ローマ・クァドラータ》〔Roma quadrata〕である。これに、個々の丘の上の居住地を統合した《七つの丘の町》〔Septimontium〕の時期、その後にセルウィウスの[(14)]城壁を境界とする都市が続き、さらにその後、共和制の時代や初期帝政時代の各種の変遷を経て、アウレリアヌス帝[(15)]が城壁をめぐらせた都市に至る。この都市の移り変わりを辿るのはひとまず措いて、歴史や地誌学に関して万全の知識を備えた人が、今日のローマの中に、以前の諸段階のうち何をなお目にすることになるかを問うてみよう。彼はまず、アウレリアヌスの城壁が、わずかの崩壊個所を除いておおむね往古の姿をとどめているのを見いだすだろう。場所によっては、セルウィウスの塁壁部分が発掘で地表に掘り出されたのを見かけたりもする。もし彼が、今日の考古学にも勝る十分な知識を持ちあわせているなら、この城壁の配置の全容とローマ・クァドラータの輪郭を市街図に書き入れることもできるかもしれない。

*4 『ケンブリッジ古代史』第七巻(一九二八年)、ヒュー・ラースト「ローマの創建」による。

かつてはこれらの古い区域に林立していた建物も、その姿はもはやなく、何もないかわずかな形跡が見いだされるのみである。共和制のローマについての最上の知識を備えていても、この時代の神殿や公共の建物が立っていた場所を述べるくらいがせいぜいのところであろう。今、これらの場所を占める廃墟も、元の建物の残骸ではなく、火災や破壊のあと後世に再建されたものの廃墟である。古代ローマのこうした遺物のすべてが、ルネサンス以後ここ数世紀間に成立した大都市の乱雑の中にちりばめられた模様となって現れることは、もはや特に言及するまでもない。きっと、様々の古いものが都市の地中や近代建築の下になお埋蔵されているはずだ。これが、ローマのような歴史的な土地柄で見かけられる、過去の保存の様態である。

さて、ここで仮にローマが人間の住む土地ではなく、同じように古くからの内容豊かな過去を持った心的存在であり、そこで一度成立したものは何ひとつ没落せず、最後の発展段階と並んで以前の段階がすべてなお存続していると空想的に仮定してみよう。それは、ローマで言えば、さしずめパラティウムの丘の上には皇帝たちの数ある宮殿やセプティミウス・セウェルス帝(16)の造営したセプティゾニウムが昔日のままの威容でそびえ立ち、サンタンジェロの要塞は、ゴート族による包囲までその鋸壁《きょへき》を飾っていた美しい彫像をいまなお上にいただいている、といったことを意味しよう。だが、それだけでない。パラッツォ・カッファレリの場所には、この建物を取り壊さずとも、カピトリヌスのユピテルの神殿が立っていよう。しかもそれは帝政時代のローマの人々が見ていたような最後の姿においてだけではなく、まだエトルリアの様式を呈し陶製の鐙瓦《あぶみがわら》で飾られた最初期の形で現れるのだ。そして、現在コロッセオが立つところには、消え去ったネロ(17)の黄金宮殿を讃えることができよう。パンテオン広場に見いだされるのは、ハドリアヌス帝(18)が残してくれた今日のパンテオンだけでない。その同じ土地にはマルクス・アグリッパ(19)

による元の建物も見られるはずだ。もちろん、マリア・ソプラ・ミネルウァ教会も、さらには、その教会が上に立つ前にあった古い神殿もやはり同じ場所に立っていることだろう。観察者としては、ここで視点や立つ位置を変えるだけで、あれこれの光景を呼び出すことができるのだ。

この空想をこれ以上引き伸ばしても、どうやら何の意味もあるまい。話は想像の及ばぬところに行ってしまい、不条理をきたすことになる。歴史的な前後の継起を空間的に描き出そうとしても、空間の中での配置に頼るしかない。同じ一つの空間を二つのもので満たすわけにはいかない。われわれの試みは閑人の慰み事の観を呈しよう。そこに何か意義があるとすれば、目に見えるかたちでの説明では、心の生活の特質など到底納得できないことを、われわれに示してくれている点だ。

考えられるひとつの異論に対して答えておくべきだろう。心の過去と比較するのに、なぜあえてひとつの都市の過去を選んだのか、という疑問である。いわく、過去のことはすべて保存されているという想定が心の生活にも当てはまるには、心の器官が無傷であり、心的組織が外傷を被ったり炎症に冒されたりしたことがないという条件が満たされなくてはならないはずだ。しかるに、こうした病因に匹敵する破壊的影響を知らない都市など歴史上どこにもない。ローマほどの波瀾に富む過去を持たない都市や、ロンドンのようにかつてほとんど外敵に襲われたためしのない都市であっても、その点は変わらない。都市がどれほど平和裡に発展したにせよ、建物の解体や建て替えが行われなかったわけではない。そうである以上、心の機構と比較するのに都市を持ち出すのはそもそも不適切ではないか。

この異議に対してはわれわれも引き下がり、印象深い対比効果を期待することはできないものの、動物や人間の身体という、とにかくもっと近縁の比較対象に目を転じることにしよう。しかし、ここでもわれわれは同じ事態に直面する。以前の発達段階は、いかなる意味でももはや保存されておらず、それらが素材を提供したもっと後の段階の中へ解消してしまっているのだ。胎児を成人の中に跡付けて検証することはできない。子供が持っていた胸腺は思春期の後には結合組織に取って代わられ、それ自体としてはもはや存在しない。私は成人男性の管状骨の中に子供の骨の輪郭を描き込むことはできるが、この骨自身は伸びて太くなり、最終的な形を獲得するにいたると消滅する。以前の段階がすべて保存されて最終形態と並存するということは、ただ人間の心の内でのみ可能なのであって、われわれはやはりまだこうした事態を分かりやすく目に見える形にすることができないでいる。

ことによると、この想定そのものの度が過ぎているのかもしれない。われわれとしてはただ、心の生活における過去のものごとは必ずしも破壊されるとは限らず、保存され続けることもありうる、と主張するのに甘んじるべきなのかもしれない。ともかく心的なるものにおいても、古いものの一部が——通例か例外的かはともかく——抹消されたり消耗したりして、いかなる手立てを尽くそうともそれを回復させることも蘇らせることもできないか、あるいは、一般に保存は一定の好適な条件を抜きにしては生じない、ということとてありうる。そうなのかもしれないが、これについては何ひとつ分からない。ただ、心の生活において過去のものごとが保存されるのはむしろ普通のことであって、とりたてて奇怪な例外的事態でないというのは、譲れぬ点として押さえておいてよい。

というわけで、われわれも、多くの人に「大洋」感情が存在していることを認めるのにやぶさかではなく、この感情を自我感情の早期の段階に引き戻して理解したいと考えるのだが、ここでさらにもうひとつ、この感情は、いったい何の権利があって、自分は宗教的欲求の源泉と見なされてしかるべきだと称するのか、という疑問が湧いてくる。

私には、こうした主張が、有無を言わせぬ説得力を持っているとも思えない。感情は、それ自身が何か強い欲求の表現である場合にしか、ひとつのエネルギー源とはなりえないからだ。宗教的な欲求は、寄る辺ないという幼児の思いとそれが呼び覚ます父親への憧れから説明されるべきであり、これについては譲れないと思われる。特にこの感情が幼児期の生活から単にそのまま引き継がれるのではなく、運命の威力に対する不安によって絶えず保守されているとなれば、なおさらだ。幼年期に由来する欲求のうち、この父による庇護への欲求ほど強いものを、私はほかに挙げることはできない。そうなると、無制限のナルシシズムの回復といったあたりを目指す大洋感情は、主役の座から追われる。宗教的態度の起源に関して、寄る辺ないという幼児の感情までは鮮明に辿っていける。その背後にはほかにまだ何か別のものが潜んでいるかもしれないが、それは当面なお霧に覆われている。

大洋感情が事後的に宗教と関係づけられるようになったと考えられなくもない。この感情の思想内容と言うべき万物との一体感は、何かまるで、宗教的な慰めを得ようとする試みの第一歩か、あるいは外界から危険が迫ってくるのを知った自我がそれを否認するために取るもうひとつの方策であるかのように思えてならない。繰り返すが、ほとんど捉えどころのないこれらの量と格闘するのは、私にとってはなはだ難儀な仕事であるのは認めざるをえない。私のもうひとりの友人で、抑えがたい知識欲に駆られるまま奇抜というほかない実験を企て、ついに開眼した人物(20)がいる。この友人が私に断言したところでは、ヨガの実践では、外界を遮断して注意を身体各部の機能に集中し、独特の仕方で呼吸を整えると、実際に清新な感覚や、自分は万物と通じているとの普遍感情を自らの中に呼び覚ませるのだという。彼によれば、こうした感覚は、遥か昔に埋もれた太古の心の生活の状態への退行として捉えられるべきであり、神秘主義の叡智の多くにいわば生理学的な基礎を与えるものだという。これがトランスや恍惚状態といった心の生活の様々な暗い様相に関係しているとは、誰もが考えるところである。ただ、私としてはついシラーの潜水夫の言葉を引いて一声叫んでみたくなる。

「バラ色の光の中で息する人よ、自らを喜ぶべし(21)」。

II

私の著作『ある錯覚の未来』において問題としたのは、宗教的感情の奥底の源泉というより、むしろ一般の人が自分の宗教と見なしているもの、教義や約束の体系であった。この体系は、一方ではこの世界の謎を溜め息が出るほど見事に解き明かすとともに、他方では心のこもった周到な摂理が彼の人生を見守っており、仮に何か不遇があっても、あの世の生で償ってやると請け合ってくれるのである。一般の人は、こうした摂理を、高座に祭り上げられた父という擬人化したかたちでしか思い描くことができない。そうした父としての存在だからこそ、世の人々の様々な欲求を知り、願いに耳を傾け、後悔の意を表せば怒りを鎮めてもくれる。こうしたことはすべて明らかに幼児的で現実離れしており、世の人々の大半がこの手の人生観をついぞ越えることはあるまいと思うと、博愛の志を奉ずる者としては胸が痛む。こうした宗教はそれに肩入れしたところでもはや長くは持たないが、これを見極めるべき現代人の多くが、惨めな退却戦を重ねながらわずかなりとも宗教を弁護しようとする様を見ると、いよいよ情けない思いがする。神の代わりに、人格を持たない影のような抽象的原理を出してくれれば、それで宗教の神を救えると信じる哲学者どもに対しては、信者たちの列に紛れ込んで彼らと一緒に、主の御名をみだりに唱えるなかれ、と叱りつけてやりたい。過去の傑物たちの中にも似たようなことをした者がいるからとて、ここで彼らを引き合いに出すのはよろしくない。知ってのとおり、彼らはそうするほかなかったのだ。

宗教という名に値するのは、世間一般の人々が信じる宗教だけであるが、今、彼らとその宗教に話を戻そう。まず、われわれの念頭に浮かぶのは、われらが偉大な詩人にして賢者たるゲーテが、宗教と芸術・学問との関係について述べた有名な言葉である。すなわち、

「学問と芸術を持つ者は、
宗教をも持っている。
無学無芸の者は、
宗教を持つべし。[*5]」

この箴言は、一方で宗教を人間による二つの最高の功績たる学問と芸術に対立するものとしながら、他方では宗教と学問・芸術の双方が人生にとっての価値という点で互いに代わりとなって補いあうことができると主張する。一般人[22]からも宗教を剝奪しようとしたところで、どうやらこの詩人の権威が味方についてくれることはなさそうだ。この言葉の真意に迫れるように、ひとつ特別の方策を試みてみよう。われわれが背負わされる人生は、あまりにも重く、あまりに多くの痛みや幻滅、解きようのない課題をわれわれに突きつける。この人生に耐えるのに、われわ

＊5　ゲーテ「温順なクセーニエン」第九集（『遺稿詩集』）。

れは鎮痛剤を欠かすことができない（テーオドール・フォンターネ[23]も、支えとなる仕掛けなしにはやっていけないと述べている）。この種の手段には、おそらく三様のものがある。自分の惨めなことなど眼中にないようにするだけの強力な気晴らし、惨めな思いをやわらげる代替満足、そしてこの惨めさを感じないですむようにしてくれる麻薬である。この種のもののうちいずれかひとつは欠かせない。[*6] ヴォルテールが自分の園を耕せという忠告を『カンディード』の結びに持ってきたとき、彼が言いたかったのは気晴らしである。学問的な活動もそうした気晴らしのひとつである。芸術が提供するような代替満足は、現実に比べれば錯覚にすぎないものの、心の生活の中で空想《ファンタジー》が守り通してきた役割のおかげで、心的な効果という点では引けを取らない。麻薬はわれわれの身体面に影響を及ぼし、その化学組成を変化させる。宗教がこの系列の中でどこにその位置を占めるかは容易には言えない。さらに調べてみなくてはなるまい。

　人間の生の目的については、従来、幾度となく問われてきたが、満足するに足る答えが得られたためしはない。そもそもそうした答えなど得られないのかもしれない。問いを提起した人の中には、もし人生には何の目的もないというのが結論となるなら、自分にとって人生はいかなる価値も失ってしまうだろうと付言する者もいた。しかし、そう脅してみたところで何も変わらない。むしろ、こうした問いは、それを端から拒否してよいのではないか。ほかでも何かと顔を覗かせ、われわれもすでによく知る、人間の傲りというのがこの問いの前提にあるのではないか。動物の生の目的など、誰も云々しないではないか。せいぜいのところ、人間の役に立つのが動物の使命だなどといった話くらいである。しかしこれとて、まともな裏付けのある話ではない。多くの動物については、記述や分類、研究する以外に手の付けようがないからだ。おまけに、人間が目にする以前に棲息し、死滅したために、研究に供されるという使命すら果たさなかった動物も無数にいる。生の目的についての問いに答えられるのは、またもや宗教だけだということになる。生の目的という観念は宗教体系と運命を共にする、と断じても、あながち間違いではあるまい。

そこで、われわれはもう少し慎ましやかな問いに取り組むことにし、人間たちの振る舞いからして彼らが何を自分たちの人生の目的や意図と見なしているのか、人生に何を求め、何を達成しようとしているのかを問いたいと思う。この問いなら答えを誤ることはほとんどない。人間は幸福を目指している。幸せになりたい、幸せであり続けたいと念じているのだ。この努力には、積極的目標と消極的目標という二つの面がある。一方では痛みや不快のないことを念じ、他方では強い快感を体験したいと念じている。狭い意味での「幸福」はこの後者だけを指す。目標がこのように二つに分岐するのに合わせて、人間の活動も、これらの目標のうち主としてどちらを、あるいはもっぱらどちらを実現しようとするか次第で、二つの違った方向に展開してゆくことになる。

お気づきのように、人生の目標を設定するのは、もっぱら快原理のプログラムである。この原理は心的装置の働きを最初から支配している。この原理が目的にかなうものであるのは疑いえないが、このプログラムは、ミクロコスモスもマクロコスモスも含め、全世界と敵対している。このプログラムを実行に移すことなどおよそできない相談であり、宇宙の仕組みや組織がこぞってそれに立ちはだかる。人間が「幸福」であるようにとの意図は、「天地

＊6　水準は低俗ながら、同じことをヴィルヘルム・ブッシュ(24)は『敬虔なヘレーネ』の中で、「悩みある人にアルコールあり」と述べている。

創造」の計画の中には含まれていないとさえ言ってよい。厳密な意味で幸福と呼ばれるのは、堰き止められて溜まった多量の欲求がむしろ突然に充足されるのに端を発し、その本性上、挿話じみた束の間の現象としてしかありえない。たとえ快原理が待望していた状況であっても、ひとたびそれが実現して長続きし始めた途端、そこにはただ何か気の抜けたような居心地のよさだけが漂う。われわれはそもそもの成り立ちからして、対比を通してしか強烈な快感を味わえず、持続した状態はほとんど楽しめないのだ。[*7] このように、われわれが幸福である可能性は、われわれの資質からして制限されている。不幸を経験するのは遥かにたやすい。苦しみは三つの方面から襲ってくる。まず自分の身体からやってくる。身体はいずれ衰え朽ち果てる定めにあり、苦痛と不安すら警報として欠かせない。第二は外界に由来する苦しみだ。外界は、時に、容赦ない圧倒的な破壊力をもってわれわれに牙を剝く。そして最後の苦しみは他人との関係からやってくる。この第三の源泉に由来する苦しみは、おそらく他のいずれの苦しみよりも痛切に感じられるのかもしれない。これをわれわれは、つい何か余分な付録のようなものと見なしがちだが、その実、振り払おうにも運命として逃れられないという点で、他に由来する二つの苦しみに引けを取らないのかもしれない。

快原理そのものでさえ、外界の影響下に自らを慎ましやかな現実原理に改造してみせたのだから、こうした苦しみの可能性の圧力を受けると、人間も、幸福でありたいとの要求を引き下げるのが常であったところで何ら怪しむに足らない。あるいはまた、不幸を免れたり苦しみを乗り越えたりしただけで自らの幸せを嚙みしめ、また一般に苦しみを回避する課題が快を獲得する課題を背後に押しやってしまうとしても、そこには何の不思議もない。考えてみれば、苦しみを回避するというこの課題の解決を試みるのには、各種各様の方途のあることが分かる。それら

83　II

の方途はいずれも、人生の知恵を説く各種の学派によって推奨され、人々もそれを実践してきた。あらゆる欲求を無制限に満足させるというのは、数ある生き方の中でも人の気をそそる点で図抜けているが、これは楽しみを優先して慎重を軽んじることを意味し、長続きせず、やがて報いを受ける。主として不快の回避を意図する別の方法の中にも、不快の源泉のうち特にどれに注意を向けるかによって違いが出てくる。極端なやり方もあれば、穏やかなやり方もあり、また一面的なやり方もあれば、いくつもの不快の源泉に同時に攻勢をかけるやり方もある。自ら望んで孤独になったり他人から距離を取ったりするのは、人間関係から生まれる苦しみから身を守るのに誰もが考える手近な方策である。容易に察しがつくとおり、こうしたやり方で得られる幸福は、平安の幸福である。恐ろしい外界から身を守るのには、しかもこの課題をもっぱら自力で解決しようとすれば、何らかのかたちで外界に背を向けるほかないのである。ただし、それとは別のもっとよい方策もある。人間共同体の一員として、科学が先導する技術の助けを借りて自然に対する攻撃に打って出て、自然を人間の意志に屈服させるのだ。それだと、万人の幸福のために万人と力を合わせることになる。しかし、苦しみを防ぐ方策のうち最も興味深いのは、何と言っても、自らの身体器官に影響を及ぼそうとする方法である。あらゆる苦しみといえども所詮は感覚にほかならず、われわれが感じるかぎりにおいてしか存在しない。そして、われわれがその苦しみを感じるのは、ひとえにわれわれの身体器官に備わるある種の仕組みのせいなのである。

＊7　ゲーテには、「麗しい日々が続くことほど耐えられぬものはない[25]」との警句がある。もっとも、これはいささか誇張であろう。

そうした影響を及ぼす方法のうち、最も粗野ではあるが、反面、最も効果のある方策は化学的な方法、すなわち中毒(26)である。中毒の機制がすっかり解明されているとは思えないが、身体にとって異物ながら、血液や組織の中に入ることでわれわれに直接に快感を与える一方、われわれの感覚活動の条件をも大きく変え、その結果、われわれに不快の蠢きを察知できなくしてしまう物質が存在するのは事実である。この二つの作用は単に同時に起こるだけでなく、どうやら互いに密接に繋がってもいるらしい。もっとも、われわれ自身の化学機制の中にも、似た働きをする物質があるに違いない。麻酔薬が体に入らずとも、麻酔に似たこの振る舞いが見られる病的な状態が少なくとも一つ躁病(27)として知られているからである。これに加えて、われわれの正常な心の生活でも、快の迸出《ほうしゅつ》の難易に変動が見られ、またこれに平行して快がたやすく迸出される段には不快に対する感受性が減じ、逆の場合には増大するという現象が認められる。心的過程が抱えるこうした中毒的な側面が、従来、科学的に探求されてこなかったのは、はなはだ遺憾である。幸福を追求し悲惨を遠ざけておくための闘争の中で麻薬の果たす役割は天恵として重宝され、個人も集団も自分たちのリビード経済の中でこれに確固たる地位を認めてきた。麻薬に頼ることで、直接に快が得られるだけでなく、願ってやまない外界からの独立もささやかながら果たすことができる。世間も知るとおり、「憂さを晴らすもの(28)」の力を借りれば、いつ何どきでも現実の重圧から逃れて、すべてがもっと都合よく感じられる自分の世界の中に逃げ込める。反面、この特性ゆえにこそ麻薬が危険で有害なのもまた周知の事実である。時としてこの麻薬のせいで、人間が巡り合わせた境遇の改善に費やされえたであろう大量のエネルギーがいたずらに空費されていくこともある。

しかし、われわれの心的装置の構造は複雑だから、これに影響を及ぼすすべは他にもいろいろある。欲動が満足させられるのが幸福である反面、外界がわれわれを困窮させ、われわれの欲求を満たしてくれないとなると、これは大いなる苦しみの原因となる。そうであってみれば、こうした欲動の蠢きに働きかけることによって、部分的にせよこの苦しみからの解放が期待される。苦しみに対するこの種の防衛は、もはや感覚装置を攻めるのではない。欲求の内的源泉を平定しようというのである。極端な場合、東洋で人生の叡智として説かれヨガが実践してみせるように、それは欲動を滅却するというかたちを取る。ただし成功すると、あわせて他のすべての活動も放棄する（人生を犠牲にする）ことになり、歩んだ道が先のとは別であっても、得られるのはやはりまた平安の幸福にほかならない。これと同じ道を行きながら目標がもう少し控えめであるのが、欲動生活の抑制だけを目指す場合である。この場合、主導権は、現実原理に服する高次の心的審級にある。ここでも満足を求める意図はけっして放棄されたのではない。同じく欲動が満足されないといっても、控えめに抑えられている欲動の場合だと、何の制約も受けない放縦な欲動の場合ほどには苦痛に感じられないことから、それが苦しみに対するある種の保護となるのだ。とはいえ、この放縦な欲動の場合に比べ、楽しみの可能性が減ってしまうのは否定できない。自我による拘束を受けない奔放な欲動の蠢きが満足させられる場合、それで得られる幸福の感情は、馴致された欲動の満喫による幸福感とは比べものにならないほど強烈である。倒錯的な衝動が持つ抗いがたい魅力、あるいは禁じられたもの一般が持つ魅力は、この点から経済論的に説明されるのである。

苦しみから自分を防衛するもうひとつ別の技法では、われわれの心的装置が許容する範囲でリビードの遷移という方策が用いられ、そうすることで、心的装置の機能の柔軟性は格段に増大する。ここで解決すべき課題とは、リビードの目標が外界に拒まれても直撃を受けなくてすむように、リビードの目標を移しかえることである。これには、欲動の昇華が助けとなる。心的作業や知的作業から得られる快を十分な量にまで増やすことができるなら、成果として言うことなしである。そうなれば、運命の不遇など何するものぞ。芸術家が創造を通して得る喜び、自らの空想《ファンタジー》が描く姿を具体的な形にする喜び、あるいは研究者の場合だと問題を解決し真理を認識する喜びなど、この類いの満足には、ほかにない特別な質が備わっている。この質は、いずれ必ずわがメタサイコロジーをもって解明される日がやって来よう。目下のところはただ、この手の満足は他に比べて「繊細で高尚」と映る、といった具合に視覚的に語ることしかできない。ただ、この満足の強度は、粗野な原初的欲動の蠢きが満たされることによる強度と比べると慎ましく、われわれの生身の身体性を揺さぶることはない。この方法の泣き所は、それが世間一般に広く適用できず、ごくわずかの人間しかここに足を踏み入れることができない点である。この方法は特異な素質と才能を前提としているが、実用に耐えるだけの規模でこれらを生まれ持つ人は、そうそうどこにでもいるわけではない。しかもこの方法は、そうしたまれな才能の持ち主を完全に苦しみから守ってくれるわけではない。運命の矢をも通さぬ鎧を与えてはくれず、いざ自分の生身の体が苦しみの源泉となった日には、この方法も用に足らないのが常である。*8

すでにこうしたやり方でも、満足を内的な心的過程に求めることによって外界から独立しようという意図が明らかになるが、次に来るやり方では、それと同様の傾向がいっそう強く立ち現れてくる。ここでは現実との繋がりが一段と薄まり、満足は錯覚から得られるようになる。それが錯覚であることは分かっているものの、それと現実との乖離が楽しみの邪魔になることはない。こうした錯覚が由来する領域は、空想生活の領域である。この領域は、以前、現実感覚が発達したときにも、現実味を吟味しようとする検証の目を堂々とすり抜け、たやすくは叶えられない欲望の成就を使命に授かり、そのために取っておかれている。こうした空想による満足の中でもその頂点に君臨するのが芸術作品の享受であり、自ら創作をたしなまぬ者も、芸術家を介してこの楽しみにあずかることが許される。*9 芸術が与える影響を感得しうる人にとって、この芸術の享受は快の源泉や人生の慰めとしてどれだけ高く評価しても足りない。とはいえ、芸術がわれわれにもたらす穏やかな麻酔は、数ある人生の窮境から束の間の逃避先

*8　生まれつき何か特段の素質があって、どう生きてゆくかについてもこの素質が有無を言わさず進むべき方向を描いてみせてくれるというのでもないかぎり、ヴォルテールの賢明な助言[29]が推奨するように誰をも拒まないありふれた職業上の仕事に専念するのがよいのかもしれない。労働がリビード経済に対して持つ意義を、簡略な概観の枠内で相応に検討するのはできない相談である。人に生き方を説く上で、個々の人間を現実にしっかり繋いでおく方策として、労働を強調するのに勝る手はない。労働は少なくとも、人間を一片の現実の中に、人間の共同体の中に確実に組み入れる。労働には、ナルシシズム的な要素や攻撃的要素、あるいはエロース的な要素といったリビード的要素のかなりの部分を、職業労働とそれに付随する人間関係に遷移できるという可能性が備わっている。これが労働に付与する価値は、誰にとっても社会の中で自らの存在を主張し正当化する上で労働が不可欠であるというのにも引けを取らない。昇華は、以前から引きずっているか、資質ゆえに強くなってきた欲動の蠢きを有益なものにしようとする傾向を持っており、職業活動が自由に選ばれるものである場合、この傾向にお墨付きを与えるわけだから、職業活動から得られる満足もまた格別である。とはいえ、幸福に辿り着くための道として労働が人々から評価されることはあまりない。満足を与える他の可能性と違って、皆が労働に群がるということはない。大多数の人間はただ必要に迫られて仕方なく働くのであり、労働を嫌がる人間のこの天性の性分からは、困難極まる数々の社会問題が生まれてくる。

*9　「心的生起の二原理に関する定式」(一九一一年)(GW-VIII)〔本全集第十一巻〕、および『精神分析入門講義』第二三講(GW-XI)〔本全集第十五巻〕参照。

を招き寄せてくれるだけで、現実の悲惨を忘れさせるに足る力は持たない。

もうひとつ別のやり方は、これより遥かに精力的かつ徹底的で、現実をひたすら敵視するというやり方である。あらゆる苦しみの源泉である現実とは共存しえず、それゆえ、何とか幸福であろうとすると、現実とは一切の関係を絶たねばならない。世捨て人は世間に背を向け、世間と全く関わろうとしない。しかし、それだけにとどまらず、世界の改造を目指してよい。現にある世界に代わる別の世界を打ち立ててよいではないか。忍耐の限界を超えた弊風の数々を根絶し、自分の願いや欲望にかなう別の気風がそれに取って代わる新たな世界の建設を目指そうではないか。絶望的な憤慨に駆られて、幸福へのこの道に分け入る者は、通常、何ひとつ達成するまい。現実は、到底、彼の力の及ぶところではない。彼は狂人になって自分の妄想を貫こうとするが、大概のところ誰も助けてくれない。しかし、われわれの誰もが皆、何らかの点でパラノイア患者と似た振る舞いをし、世の中で自分にとって我慢のならない側面をひとつの欲望形成によって訂正し、現実の中にこうした妄想を持ち込むのだという主張もある。相当数の人間が、妄想による現実の改造を通して、自らの幸福を確保し苦しみから身を守ろうと共同で試みることもあるが、このような事例は特段の注目に値する。人類が奉じる数々の宗教も、そうした集団妄想に数えねばならない。自ら妄想に与するかぎり、人はそれをけっして妄想であると認識しないのは言うまでもない。

人間が幸福を獲得し苦しみを遠ざけようと努める方法としては、以上に列挙しただけで完全だとは私も思わない。この主題には別のかたちでの整理が可能であるのも承知している。そうしたやり方のひとつで、まだ述べていないものがある。それをつい忘れたというのではなく、いずれまた別の文脈で取り上げることになるからである。人生を処する術策で、よりによってこの技法を失念するなどどうしてありえよう。この技法が際立っているのは、典型的な特質の数々を実に奇妙なかたちで統合している点である。この技法が目指すのも、もちろんやはり運命からの独立――そう呼ぶのがいちばんよい――なのだが、これを意図して満足を内的な心的過程のほうへ移しかえるのである。その際、先に言及した(30)リビードの遷移という方策が用いられる。もっとも外界に背を向けるのではない。それどころか逆に外界の対象にしがみつき、これらの対象への感情的な繋がりの中から幸福を獲得する。その際、この技法は、不快を避けるといういわば倦み疲れた諦めゆえの目標に甘んじるのでもなく、むしろこうした目標には目もくれず、積極的な幸福の成就に向けた本来の情熱的な努力を頑なに続ける。実際、他のいかなる方法にもましてその目標にいちばん接近するのは、私が今、念頭に置くこの技法なのかもしれない。それは言うまでもなく、愛を中心に据え、あらゆる満足を愛し愛されることに求める生き方のことである。そうした心的態度は、われわれの誰にとっても身近な馴染みのものである。愛の現象形態のひとつである性愛は、圧倒的な快感を何にもまして強くわれわれに経験させてくれ、そのためにわれわれの幸福追求の雛形となったほどである。われわれが、自分が初めて幸福に出会った道を外れず、ひたすら同じ道に幸福を追い求めるのは当然の成り行きであり、むしろこれほど自然なことは他にあるまい。人生を処するこの技法の泣き所は誰の目にも明らかだ。でなければ、誰もわざわざこの道で幸福を求めるのを見限って、他の道に乗り換えることなど思いつくまい。われわれは、人を愛する場合ほど苦しみに対して無防備であることはなく、愛する対象やその愛を失った時ほど不幸に対して非力となることはない。しかし、愛の幸福価値に基づいて人生を処するこの技法は以上で片づいたわけではない。これについては言うべきことがまだ山ほどある。(31)

ここでさらに、人生の幸福を主に美の享受に求めるという興味深い事例を付け加えることもできよう。人間の姿かたちや仕草に始まり、自然界の事物や景観、芸術作品、ひいては学問的な所産に至るまで、われわれの感覚や判断に対しわずかでも美が姿を現すや、そこに楽しみを見いだそうとするのである。人生の目標を美に求めるこうした態度は、迫り来る苦しみの脅威から身を守るのには大して役に立たないが、多くのものの償いにはなる。美の享受には、ささやかながら人を陶酔させる特別な感覚としての性格が備わる。美の効用は誰の目にも明らかというわけではない。文化にとって必要だというのも皆が納得するわけではない。だからといって、文化に美はなくてよいとは誰も思うまい。美学とは、美が感じられるための条件を研究する学問であるが、美の本性や由来についてこれまでいかなる解明も与えることができなかった。世の常として、高らかに響くが内容の乏しい言葉をむやみに書きつらねることで、成果のないのが糊塗される。遺憾ながら精神分析も、美についてはほとんど何も言うことができない。ただ一点、美が性的感覚の領域に由来することだけは間違いあるまい。美は、蠢きがその目的に関して制止されているという事態の典型的な例であろう。「美」や「魅力」[32]というのは、もともと性的対象に備わる特性である。性器が見えるのは常に興奮を呼び起こすのに、性器そのものが美しいと判定されることがほとんど全くないのは注目に値する[33]。その代わりとして、一定の第二次性徴に美という性格がまとわりついているように思われる。

以上で完全だ[34]というわけではないが、思いきって、ここですでにわれわれの考察の結びとなる点をいくつか述べておきたい。幸福になるというのは、快原理がわれわれに押しつけるプログラムである[35]。これは成就しようがないが、何とかして成就に近づけてゆく努力を放棄してはならない。いや、放棄しようにもできないのである。目標の積極的内容である快の獲得を優先するにせよ、消極的内容である不快の回避を優先するにせよ、プログラムの成就に向けては実に様々な方途が考えられる。それらの方途のうちどれを選択したところで、欲しいものすべてが手に入るということはありえない。自分にとって可能と考えられる範囲で、というささやかな意味での幸福は、個々人のリビード経済の問題である。ここには、万人に通用する策などない。誰もがそれぞれ独自の流儀で浄福にあずかるのを自ら試みるしかないのだ。(36) あれこれの要因が、選択の指針となるべく次々に浮上してくることだろう。肝心なのは、自分が外界からどれほどの現実的満足を期待できるか、どの程度まで外界から独立する気でいるかということであり、また最後に、自分の欲望に応じて外界を変えていく力が自分にどれほど備わっていると考えるか、という点である。すでにそこでも、外的な事情に加えて、個人の心的な資質が決定的となるだろう。性愛が優越する人間なら、他人との感情的な関係を優先させることになるだろう。むしろ自己充足的でナルシシズム的な者は、大半の満足を自分の内的な心的過程の中に求めるだろう。行動の人なら、外界は自分の力を試す場であり、それとの関わりを絶つことはあるまい。(37) これらの類型の中でも第二の類型では、本人の才能の種類や、欲動をこの才能のためにどれほどの規模で昇華できるかという点が、自分の関心をどこに振り向けるかを決める上で重要な要因となる。生を処する様々な技法のうちただ一つを選び取って他を顧みないというのは、あまりに偏した一面的な態度であって各種の危険を伴うが、個人もあまり極端な決定に走ると、報いとして必ずその種の危険にさらされることになるだろう。慎重な商人が自分の全資産を一個所に固定するのを避けるように、あらゆる満足をただ一つの努力から期待してはいけないというのは人生の知恵が説く助言である。成功の保証はどこにもない。多くの契機の巡り合わせに懸かっている。中でもとりわけ重要なのは、心的な資質が、自分の機能を環境に適応させ、快の獲得のために環境をうまく利用できる能力を持っているか否かであろう。とりわけ、不都合な欲動資質を生まれつき持っていて、後年、身を立てるのに欠かせないリビード成分の改造や再編を順当にやり遂げられなかった場合、自分の外的状況から幸福を獲得するのに苦労することになるだろう。相当に面倒な課題を前にした時などは、なおさらである。こういう人に少なくとも代替満足を約束する、人生を処する最後の技法として浮上するのが、神経症の中への逃避であり、それは大概のところすでに年齢的に若いうちに行われる。さらに後年に至って、幸福を求めた自分の努力が徒労に終わったのを思い知らされる者は、慢性中毒の快の獲得になお慰めを見いだすか、あるいは精神病という絶望的な反抗の試みを企てることになる。[*10]

宗教は、幸福を獲得し苦しみから身を守るための方途を誰かれの区別なく万人に等しいかたちで押しつけるから、この選択と適応が働く余地を損なうことになる。宗教の技法とは、人生の価値を引き下げ、現実世界の像を妄想で歪めることにあるが、その前提となるのが、威圧による知性の萎縮である。宗教はこのように心的幼稚症を無理やり固着させたり集団妄想に引き入れたりするが、その犠牲の代償として多くの人間は個人的な神経症にかからずにすむ。(38) しかし、それ以上はほとんど何もしてくれない。先に述べたように、あくまでその人間の手の届く範囲とはいえ、進んでいけば幸福に辿り着くかもしれない道は数多くあるが、確かな道は皆無である。宗教とて約束を守れないかもしれない。最終的に神の「究め尽くしえぬ定め(39)」を云々することを余儀なくされる信者は、苦しみの中で最後の慰めの可能性や快の源泉として自分に唯一残されているのが、無条件の帰依であるのを認めていることになる。ただ、そこに落ち着くのもやぶさかでないというなら、何もわざわざ回り道しなくてもよかったではないか。

III

われわれは幸福について考察してきたが、これまでのところ、たいてい周知のことばかりで、ほかに何か新たに分かったと言えるものは大してない。人間にとって幸福になることがなぜこうも難しいのかという問いをもって、考察をこのさき続けても、新しい知見が得られる見込みはあまり大きくなりそうにない。先にわれわれは、自分たちの苦しみの由来となる三つの源泉を挙げたが、それによってすでにその答えを出している。(40) 自然の威力、われわれ自身の身体のはかなさ、家族や国家、社会の中での人間関係を律する制度の不備がそれである。初めの二点に関しては、判断にさほどの迷いはない。これらの苦しみの源泉があるのは認めざるをえないし、避けられない以上、それに降参するしかないのだ。われわれが自然を完璧に支配することなどあるまいし、われわれの身体組織はそれ自体またこの自然の一部であるが、これもあくまでうつろいやすく、適応するにも力を発揮するにも限界ある存在であることに変わりあるまい。これを見極めたからとて、意欲が萎えることはない。逆に、われわれの活動はこれで方向が定まる。すべての苦しみを消すことはできないにしても、消せる苦しみもいくつかあるし、それらとは別のやわらげられる苦しみもある。何千年もの経験が、われわれにその確信を与えてくれるのだ。これが、第三の源泉、社会的な苦しみの源泉となると、話が違ってくる。われわれはその存在をそもそも認めようとせず、われわれ自身が作り出したはずの制度が、どうしてむしろわれわれ皆にとって保護や恵みとならないのか納得できない。も

＊10 〔一九三一年の追加〕以上に述べてきた中でこぼれ落ちたいくつかの論点のうち、少なくとも一点にだけは触れないわけにはいかない。人間の様々な幸福の可能性を考察するのであれば、ナルシシズムが対象リビードに対して持つ相対的な関係を検討することが欠かせまい。基本的に自分に頼るほかないという事態が、リビード経済にとって何を意味するのか、知りたいものである。

っとも、苦しみに対する予防策が、なぜよりによってこの点で功を奏さなかったのかを考えてみるとき、ここにもやはりあの無敵の自然の一部が、今回はわれわれ自身の心的特性の一部というかたちで、黒幕として後ろにいるのではないかという疑念がつのってくる。

この可能性に取り組んでゆくと耳にするひとつの主張は、実に驚くべきもので、しばらくこれについて検討しておきたい。この主張によると、われわれの悲惨な状態の大半は、われわれのいわゆる文化のせいであり、もしわれわれが文化を放棄し未開の状態に戻るなら、遥かに幸福になるのだそうだ。私がこれを驚くべきというのは、文化の概念をどう規定するにせよ、苦しみの源泉に由来する脅威に対して、われわれが自分の身を守ろうとする際の手立てはすべて、間違いなく、当の文化に属するからである。

いったいどういうわけで、これだけ多くの人たちが文化を敵視するこの奇怪な見地に立ち至ったのだろうか(41)。思うに、それぞれの文化の状態に対し長期にわたって深い不満が鬱積し、その地盤の上にやがて何らかの歴史的な機縁があってこのような弾劾の声が上がったのであろう。そういった機縁のうちここ最近の二つの出来事は、私にもそれと見極めがつくように思う。そういった機縁の連鎖を人類の歴史の奥深くにまで遡っていくに足る知識は、私にはない。キリスト教が数々の異教の宗教に打ち勝った際にはすでに、文化を敵視するそのような要因が関与していたに違いない。何しろ、この要因は、地上の生を見くだすキリスト教の教えとごく近いところに位置していたのである。われわれから見て最近のものから数えて二つめの機縁は、新世界発見の旅が進むにつれて、未開の民族や種族に触れることによって生じた。彼らの慣習や風習をただおざなりに観察し誤解したことから、ヨーロッパ人の目には、これら未開の民が、自分たちのような文化的に優越した訪問者がついぞ手にしえない、簡素にして欲のない幸福な生活を営んでいると映ったのだった。その後の経験によって、この種の判断のいくつかが修正された。彼らの生活が容易であるのは、大概のところ、自然が大らかであるのに加えて大事な欲求の満足が無造作に行われることに因るのに、往々それが間違って理解され、彼らには複雑な文化の要求などないからだと考えられていたのである。いちばん最近の機縁は、われわれにとってとりわけ馴染み深い。これは、文化人間のささやかな幸福を掘りくずしかねない神経症のメカニズムが知られるようになったことによって生じた。人が神経症になるのは、文化的な理想の実現のために社会が課す大量の欲望断念に耐えられないからだ、ということになり、それなら、こうした文化の要求を放棄するか大幅に引き下げさえすれば、それは様々な幸福の可能性への回帰を意味するはずだという結論が引き出されたのである。

そこにさらにもうひとつ、幻滅の契機が加わる。人類は過去数世代のあいだに、自然科学やその技術的応用において長足の進歩を遂げ、自然に対する支配も、かつては想像すらできないほどのかたちで揺るぎないものとした。こうした進歩の細部は周知のことであり、いちいち列挙するには及ばない。人々はこれらの成果を誇りとし、またそうする権利がある。しかし、時空を思いどおりにする力を獲得し、自然の諸力を服従させ、何千年来もの憧れを成就しても、人々は、自分たちが人生から期待する快の満足の程度が上向いたわけでもなく、自分が以前よりも幸福に感じられるようになったわけでもないのに気づいたと考えている。もっとも、こうした事実を確認しても、そこから引き出せる結論はせいぜい、自然を支配する力は、人間を幸福にする唯一の条件でもなければ、文化の努力の唯一の目標でもないということくらいであって、技術の進歩はわれわれの幸福の経済にとって価値がないなどと断定するには無理がある。各種の異論が出てくるはずだ。いわく、数百キロメートルの彼方に住む子供の声を何度も好きなだけ聞けたり、また上陸した直後の友人から、長くつらい船旅を無事に終えたという報せを受け取ることができたりすれば、それは積極的な快の獲得だし、まごうかたなく幸福感の増大ではないか。また医学の成果によって幼児死亡率や産婦の細菌感染の危険が劇的に低下し、文化人間の平均寿命が相当の年数分、延びたのにも、何の意味もないというのか。何かにつけ世間の非難を浴びる科学と技術の進歩の時代だが、それがもたらしてくれたこれらの恩恵は、数え上げれば切りがない……。――ここに及んで、悲観的な批判の声が聞こえてきて、そういった満足のほとんどは、ある小咄で称賛される「安価な悦楽」と同じ類いのものだと諭す。寒い冬の夜に裸の足を布団の外に出し、次いでまたそれを引っ込めてみれば、この悦楽が得られるのだ。距離を克服する鉄道がなかったなら、子供だって故郷の町を去ることはなかっただろうし、その声を聞くための電話も必要なかったはずだ。大洋を横断する航路が開設されていなければ、友人は船旅を企てなかっただろうし、私も、友人の安否を確認するための電報を必要としなかっただろう。幼児死亡率の低減にしたところで、まさにそのせいでわれわれは子作りを極端に抑制することを強いられ、その結果、子供の数は衛生が行き渡る以前の時代より全体として増えることはなく、しかもそれでいて夫婦の性生活をめぐる条件は困難となり、どうやら自分たちは、恵みのはずの自然淘汰に反する挙に出ているというなら、そこにいったい何の益があろう。最後に挙げられた長寿にしても、それが喜びも少なく苦しみに満ちたつらい人生であり、死をもっぱら救いとして歓迎するのであれば、われわれにとって何の値打ちがあるというのか。

今日の文化の中にあってわれわれが快適と感じていないのは確かなようだが、さりとて、以前の時代の人間がはたして自分たちのことをもっと幸福だと感じていたか、またどの程度そう感じていたか、さらには彼らの文化的諸条件がどの程度までそれに関与していたか、となると、これらについて判断を下すのははなはだ困難である。われわれは悲惨をあくまで客観的に把捉したいと思うのだが、それでどうするかといえば、自分たちの要求や感受性をそのまま持ち込むかたちで、かつての諸条件の中に自分を移し置き、その上で、幸・不幸の感覚を呼び起こすどのような契機がそこに見いだされるかを吟味しようとするはずだ。こうした観察方法は、主観的な感じ方が千差万別であるのを度外視するので、一見あたかも客観的であるかのように映るが、もとより、考えうるかぎり最も主観的な方法であり、他のあらゆる未知の心的資質の代わりにそこに自分の心的資質を据えることで成り立っている。ただ、幸福とは、あくまで何か主観的なものである。われわれは、ある種の状況、たとえば古代のガレー船の奴隷や三十年戦争に巻き込まれた農民、異端審問の犠牲者やポグロムに怯えるユダヤ人たち、こういった人々が置かれた状況に思いを馳せ、恐怖のあまり思わず後ずさりすることもあるかもしれない。だからといって、彼らに感情移入することはできない。もともと鈍感であったり、感覚が次第に鈍磨したりする、あるいはすでに予期していたり、精粗様々な方法によって麻酔をかける、こういったことで快・不快の感覚に対する感受性にどのような変化が引き起こされたか、われわれにはそれを言い当てることができない。苦しみが極端になるかもしれない際には、一定の心的な防護装置が発動されるものである。問題のこの側面をこれ以上、追究しても生産的ではあるまい。

文化の幸福価値が疑われる今、この文化というものの本質についてわれわれも思いをめぐらすべき時である。考察から何かが知られるまでは、この本質をわずかの言葉で表現するような定式を求めるのは慎もう。私はかつて、われわれの生活が動物的な先祖の生活と異なるのは、自然から人間を守り、人間相互の関係を律するという二つの目的に資するある種の活動や制度のおかげであり、「文化」という言葉はそういった活動や制度の総体を指す、と述べたことがある。[*11] 今はさしあたり、これを繰り返すだけで十分だろう。理解をさらに深めるために、われわれは、文化が持つ特徴を、それらが人間の様々な共同体に現れてくるままのかたちで取りあげ、集約してみたい。その際われわれは、ひるむことなく言語習慣、あるいは世間で言うところの語感に頼ることになるだろう。そうすることが、抽象的な言葉による表現にはなお馴染まない内的洞察に的確に対応できるものと信じる。

出だしは簡単だ。何が文化的かといえば、たとえば大地を利用可能にしたり自然の威力から人間を守ったりするなど、人間に役立つ活動や価値のすべてを、われわれは、文化的だと認定する。文化的なるもののこうした側面についてはほとんど疑いの余地がない。遥か過去に遡るなら、最初の文化的行為とは道具の使用や火の馴致、住居の建設であった。中でも火の馴致は、とりわけ傑出した前例のない偉業として屹立している。[*12] 残る二つが切り拓いた道だが、その後、人間はこれをひたすら前に歩み続けてきたのだった。どのような動機がこれら二つの行為へと駆り立てたかを言い当てるのはたやすい。道具とはそもそも、人間が、運動器官であれ感覚器官であれ、とにかく自分の身体器官を完全なものにする手立てである。あるいは器官の働きに立ちはだかる限界を取り除くものだと言ってもよい。モーターから得られる巨大な力を人間は、自分の筋肉と同じく思いのままの方向に向けることができるし、船や飛行機のおかげで、水にも空気にも妨げられることなく自由に移動できる。眼鏡によって眼の中のレンズの欠陥を正し、望遠鏡では遥か遠くを望み、顕微鏡をもってして、網膜の構造が画定した視力の限界を克服する。写真機で人間は束の間の視覚印象を固定する器具を手にしたが、同じくはかない聴覚印象に対しては蓄音機が同様の働きをしてくれる。どちらも要するに人間に備わる想起の能力、記憶力を物質化したものにほかならない。電話を使えば、おとぎ話の世界ですら乗り越えられない遠方の声が聞こえてくる。文字は元来、居合わせぬ者の言葉であり、住居は母の子宮の代替である。安全で心地よかったこの最初のねぐらは、どうやら今なお変わらぬ憧れの住まいなのである。

人間は、当初いかにも貧弱な動物種として地上に出現し、しかもまた、その種に属する個体としては今なお皆、寄る辺ない乳児として――《ああ自然のかけらよ》〔oh inch of nature!〕[42]――地上に出現してこなければならないが、その人間が科学と技術によってこの地上で作り出してきたものは、まるでひとつのおとぎ話のように響くばかりか、おとぎ話の願い事のすべてとは言わずとも、大方をそのまま成就したものである。これらすべての成果は、文化の

＊11　『ある錯覚の未来』（一九二七年）（GW-XIV 326）〔本巻、四頁〕を参照。

＊12　精神分析の素材としては不完全で確実に解釈できるわけではないが、人間のこの偉業の起源について少なくともひとつの――空想的と響くであろう――推測を試みることが許されよう。原始人は、火に出会うと、自分の尿で火を消すというかたちで、火に関する幼児的な快を満足させる習慣を持っていたのではあるまいか。ちろちろと舌を出し入れするようにしながら高く燃え上がる炎が、もともとファルスの象徴と捉えられていたことは、現存する言い伝えからして疑う余地がない。後に、リリパットの国に漂着したガリヴァーやラブレーのガルガンチュアなど後世の巨大児たちも、なお先人の例に倣って放尿による消火という行為に及ぶが、これは実は、男相手の性行為、同性愛的な競いあいの中で男性能力を誇示する楽しみだったのである。この快を最初に断念し、火を消すことなく大切に扱った者は、それを持ち帰って自分の利便に供することができた。彼は、自分の性的興奮の火を鎮めることによって、火が持つ自然の力を馴致したのである。してみれば、この偉大な文化的制覇は欲動を断念した報酬であるわけだ。さらに推測を進めれば、女が、家の竈に閉じ込められた火の守りを任されたのは、解剖学的な構造が女にそうした快の誘惑に屈することを禁じているからではあるまいか。また、判で押したように功名心と火と尿性愛とが互いに連関しあっているのは、分析の経験からも知られるところであり、これも注目に値する。[43]

賜と言ってよい。人間は遥か昔から、全能と全知の理想像を築き上げ、それを神々の姿に仮託してきた。自らの欲望には手が届きそうになかったり、禁じられたりしていたものをすべて神々に委ねてきた。つまり、これらの神々は文化の理想だったと言ってよい。そして、今、人間は自らこの理想にほとんど到達するまでになった。自身がほぼ神に匹敵するまでになったのである。もちろん、それは単に常識で、理想に到達した、と言うときの意味においてであって、完全に到達したというのではない。理想到達とは無縁の部分もあれば、道半ばという部分もある。人間はいわば一種の人工義神[44]になったのである。人工の補助器官をすべて装着すればなるほど大したものだが、それらは人間とうまく一体化しているわけではなく、ときにまだ面倒を引き起こすこともある。ちなみに人は、こうした発展が一九三〇年[45]という時点で完結しているわけでもあるまいということで、自らを慰めもできるし、その権利もある。遥か将来には、新しい、おそらく思いもよらない偉大な進歩が文化のこの領域にもたらされ、人間はいよいよ神に似た存在となることだろう。しかし、われわれの目下の考察の観点から離れぬためにも、今日の人間が神にも似た自分の在り方に幸福を感じないでいることも忘れてはなるまい。

だから、人間が大地を利用し自然の威力から人間自身を守るのに役立つもの、要するに人間にとって有用なものがすべてよく整備され、適切に手入れされているような国なら、われわれは、その国を文化水準が高い国と認める。そうした国では、氾濫する恐れのある河川については水の流れが調整され、水の不足する地域には運河で水が送られていなければならない。土地は念入りに耕され、その地に適した作物が栽培されているはずだ。地下の鉱物資源は熱心に採掘され、世間が求める道具や器具に加工されていよう。交通手段は充実し、快速かつ信頼性も高いとくる。野生の危険な動物は根絶され、飼い馴らされて家畜となった動物の飼育は盛んであることが必要だ。しかし、われわれは文化に対してはさらに別のことも求める。興味深いことに、われわれは、以上の条件を満たすのと同じ国々で、そういった要請が実現されているのを期待しがちである。最初に掲げた要求を否認しようとするかのようだが、およそ何の役にも立たず、むしろ無益と映る事柄にも心のこもった気持ちが向けられているのを目にするとき、たとえばある都市で、遊び場や休息地として必要な公園に花壇が設けられていたり、住居の窓辺が鉢植えの花で飾られていたりするのを見かけるとき、われわれはそれをまた文化的なこととして歓迎するのである。やがてわれわれは、自分たちが、文化なら大事にして当然と考えるこの無用のものというのが、美であることに気づかされる。われわれは、文化人間というからには、自然の中で美に出会えばそれを尊び、腕前にその力量があれば様々な対象の中に美を創り出して然るべきだと考える。もっとも、われわれが文化に求めるものは、到底これで尽きるわけではない。われわれはさらに、そこには見るからに清潔と秩序を示すものがなくてはならないと考える。ストラッドフォードのシェイクスピアの生家の扉の前に肥やしの山がうずたかく積んであったというのを読むと、われわれは当時のイギリスの地方都市の文化の程度が高かったとは考えない。またウィーンの森の道々に、投げ捨てられた紙くずが散らばっているのを見かけると、気分を害し、「野蛮」だと言って眉をひそめる。「文化的」の対極に位置するのがこの「野蛮」なのである。どのような類いであれ不潔はおよそ文化とは相容れないと思われる。人体もまた、清潔であれとのわれわれの要求の及ぶところであり、太陽王[46]本人が常々まわりに悪臭を放っていたと聞かされると驚き、イゾラ・ベッラ[47]で、ナポレオンが朝の身づくろいに用いた、いかにも小ぶりの洗面器を見せられると、つい首を横に振ってしまう。実際、誰かが、石鹸の使用こそがそのまま文化の尺度だ、とうそぶいたところで、われわれとしては別段驚くまい。秩序についても事情は同じで、これも清潔と同様、そもそも人間の手になるものである。もっとも、清潔を自然から期待するのは禁物だが、秩序はむしろ自然から学びとったものである。天体運動の見事な規則性の観察は、人間が自分の生活の中に秩序を導入する上で模範となっただけでなく、その最初の手がかりとなった。秩序は一種の反復強迫であって、何がいつ、どこで、どうなされるべきかを一度規則として決めてしまえば、同様の事態が生じてもそのたびごとにためらったり迷ったりせずにすむ。秩序の効用は明白で誰もそれを否定できない。秩序のおかげで空間と時間が最大限に活用できるし、心的諸力も空費せずにすむ。そうであるなら、秩序は当然、人間の営みの中に初めから難なく定着するものと期待してよいように思うのだが、驚いたことに実際はそうでない。人間の仕事ぶりからは、むしろ怠惰や不規則、粗略が天性の性分であることが窺え、天体の運行を手本としてそれに見習うまでには辛抱強い教育が必要なのだ。

美と清潔と秩序とは、様々な文化要請の中でもどうやら独特の位置を占めているらしい。これらが自然の力の支配や、今後なお知ることになるであろう他の諸契機と同じほどに死活に関わる重要な案件だとは誰も主張するまい。しかし、だからといって、それらを副次的な事柄としてないがしろにするのがよいとは誰ひとり思うまい。文化の期するところが単に効用だけにあるのでないことは、われわれから見て文化の関心からはずすわけにはいかない美の例が示している。秩序の効用は誰が見ても明白である。清潔は、衛生からも要請されているのを考慮するべきであり、両者の関連は、科学的な病気予防が行われる以前にも人間が全く知らなかったわけではないと推定される。とはいえ、清潔への努力が効用だけで完全に説明されるわけではなく、やはりそこに何かまだ別のものが作用しているのは間違いあるまい。

しかし、われわれが文化の最大の特質と考えるのは、それが知性や学問、芸術などの面での功績のほか、人生において先導的な役割を果たすのが期待される様々の理念など、高度な心的活動を重視し育んでいる点である。これらの理念のうち頂点に君臨するのが各種の宗教体系であり、私は別のところで(48)、その錯綜した構造に光を投じることを試みた。その傍らには哲学的思弁が並び、そして最後に人間の理想像と呼びうるもの、すなわち個々人や民族、人類全体のあらまほしき完全性についての表象と、これらの表象に基づいて人間が掲げる様々な要求が並ぶ。これらのものは互いに独立してあるのではなく、むしろ密接に絡みあっていることが、それらを叙述し、その由来を心理学的に解明することを困難にしている。しかし、今、仮にごく大雑把ながら、人間のすべての活動を駆り立てる動機が、利益と快の獲得という互いに関連しあう二つの目標に向けられた努力である、と想定するなら、その想定は、ここに挙げた文化の発露のうち学問や芸術の活動についてしか容易に見てとれないとはいえ、当然それらすべてに当てはまるものと考えなくてはならない。この二つ以外の活動も、人間の強い欲求、おそらく少数の者だけがつのらせるほどの強烈な欲求に起因するものであることは疑いない。加えて、われわれはまた、これら宗教と哲学の体系や理想のうち個々のものについての価値判断に惑わされてはならない。これらの体系や理想に人間精神の最高の功績を見ようとするにせよ、あるいはそれらを世迷い言として嘆くにせよ、それらが存在するという事実、とりわけそれらが権勢を誇っているという事実がその文化の高い水準を意味しているのは認めざるをえない。

最後になったが、ひとつの文化の性向を見定める上で、これまで挙げたものに劣らず重要な観点は、人間相互の関係がそこでどのように按配され調整されているかである。ひとりの人間は誰かほかの人からすると隣人でもあり、協力者や性の対象でもあり、さらにはまた家族や国家の成員でもあるが、それらはおのおのに違ったかたちでその人に関わってくる社会関係と言ってよい。これを見極めなくてはならないのだ。ここでとりわけ難しいのは、特定の理想要求に囚われず、そもそも文化的であるとは何かを把握することである。まず、文化的要素とは社会関係を律する試みが初めて行われたときに出現した、という説明から始めよう。仮にそういった試みがなかったなら、これらの関係は個人の恣意に任され、そうなれば腕力に勝る者が自分たちの関心や欲動の蠢きに利するようにそれらの関係を決定することになるだろう。こうした力に勝る者が、たまたま自分よりもさらに強い誰かに出くわしたところで、事態は何ら変わらない。人間らしい共同生活は、多数の者が集まり、それで出来た集団がどの個人よりも強く、またどの個人に対しても結束して対抗するときに初めて可能となる。このような共同体の権力は、今や「法」として、「粗野な暴力」の烙印を押された個々人の権力に対抗することになる。個々人の権力が共同体の権力に取って代わられることが、こと文化に関しては決定的な歩みである。この事態の本質は、個々人は欲動の満足について何の制限も知らなかったのに対し、共同体の成員はそれを自ら制限する点にある。そこで、文化の次なる要求は、正義の要求、すなわちひとたび生まれた法秩序が、個々の誰かひとりの都合でふたたび破られることがないとの保証である。このような法の倫理的な価値はそれでもって決まるわけではない。文化的発展の道はさらに、この法がもはや単に、カーストや階級、部族といった個々の小さな共同体の意志の表現にとどまらない、という事態を目指すものらしい。ひとつの小さい共同体は、他のそういった集団、時にはもっと大勢の集団に対してふたたび暴力的な個人のように振る舞うからである。万人——少なくとも共同体を構成する能力のある者全員——が自分の欲動を犠牲にすることで成立に貢献し、誰ひとりをも——ここでもやはり同様の例外はある——粗野な暴力の犠牲に供さぬ法、それが最終的な成果として求められるのである。

個人の自由は文化の賜ではない。この自由が盛栄を極めたのはいかなる文化もまだない時代であるが、もとより当時の個人にはこれを守るすべなどほとんどないに等しいから、自由にはまた大概何の価値もなかった。文化が発展すると、自由は制限されるようになる。制限を受けずにすむ者など誰ひとりいないというのが、正義の求めるところである。人間の共同体の中で自由の渇望としてうずくものは、既成の体制の不正に対する反抗となって、文化のさらなる発展に寄与しうるなど、文化との共存も不可能ではない。その一方で、それは、文化による籠絡を免れた原初の人格の残滓に由来していて、文化に対する敵意の基盤ともなるかもしれない。つまり、自由の渇望は、文化の特定の形式や要求に対して異を唱えることもあれば、文化全般と敵対することもある。人間に何らかの感化を与えることによって、その生まれつきの性分をシロアリの天性に変えさせるというわけにもいくまい。人間はいつまでたっても、集団の意志に対抗し個人の自由を当然の権利として主張し続けることだろう。人類の格闘のかなりの部分は、この個人的要求と集団の側からの文化的な要求とのあいだに、目的にかなった、すなわち双方にとって納得のいく幸福な妥協点を見いだすという、ほかに例のない課題に傾注されてきた。文化がある一定のかたちを取ればこの妥協点に到達できるのか、それとも抗争に和解はありえないのか。これは人類の運命に関わる問題のひとつである。

　人間の生活のうちどのような特質を文化的と呼ぶべきか、世間のその通念に耳を傾けることで、われわれには文化の全体像についてひとつ明快な印象が得られた。もっとも、さしあたり分かったのは、すでに周知のことばかりで、新しいものは何もない。ここまでわれわれは、文化とは完成と同じ意味だ、人間に予定されている完全性に至る道だ、といった先入観に与しないように努めてきた。しかし、ここで、どこかそれとは別の方向に通じているのではないかと思われるひとつの見解がしつこく浮かんでくる。文化の発展とは、われわれの目には人類に起こる独特の過程と映るのだが、この過程のいくつかはわれわれに馴染みのような気がするのだ。欲動資質を満足させることが、われわれの生の経済論的課題であったが、今ここで問題にしている文化発展というこの過程も、それはわれわれが知る人間の欲動資質にどのような変化を生じさせるのか、という点から特徴づけることができる。これらの欲動のうちのいくつかの場合、それらは消尽され、そのあとで代わりにそこに別のものが登場するのだが、この別ものというのが個々人だと性格特性と呼ばれるのである。この経過の最も注目すべき例をわれわれは、青少年の肛門性愛に見いだした。もともと排泄機能や排泄器官、排泄物に向けられていた関心が、成長過程の中で変化し、倹約癖や整理好き、きれい好きなどとして知られる一群の特性となる。これらの特性は、それ自体としては結構なことで歓迎されてしかるべきだが、昂じるとそのことだけがやたら目につく場合もあり、そうなると肛門性格と呼ばれるものが生じる。どうしてそうなるかはわれわれにも分からないのだが、この見解が正しいのは疑いない。[*13] さて、われわれは、秩序や清潔が生きる上でぜひ必要であるとも、楽しみの源泉となるのに向いているとも明言しえないにもかかわらず、文化にとって本質的な要求であるのを知った。この局面に至って、文化の過程と個々人におけるリビードの発達とは似ているということが初めて浮上し、われわれの関心を引かずにおかなかった。他の欲動(49)については、満足の条件を遷移させ、他の方途に乗り換えるように仕向けられる。大概の場合、それはわれわれがよく知る（欲動目標の）昇華と同じことになるが、中にはなお昇華とは違ってくる場合もある。欲動の昇華は、文化発展に備わるとりわけ顕著な特質であり、学問や芸術、イデオロギーなどの高等な心的活動は、昇華によって初めて文化生活の中でこれほどに重要な役割を果たしうるのである。第一印象に従うと、昇華とはそもそも文化によって強いられた欲動の運命である、とつい言ってみたくなる。しかしこれについては、もう少しゆっくり考えてみるほうがよい。最後にもうひとつ、最も重要と思われる第三の点(50)であるが、文化とはそもそも欲動断念の上に打ち立てられており、様々の強力な欲動に満足を与えないこと(抑え込み、抑圧、あるいは他にも何かあるかもしれない)こそがまさに文化の前提である。これはまさに圧倒的な規模と度合いにおいてそうだから、見逃すことなどそもそもありえない。この「文化ゆえの不首尾と断念(51)」は人間の社会関係の広大な領域を支配している。われわれはすでに、それが、あらゆる文化が直面し対決を迫られる敵意というものの原因であることを知っている。この断念はまた、われわれの学問の作業にも様々の困難な要求を課し、われわれもそこで多くのことを解明しなければなるまい。どうすることで、ひとつの欲動に満足を放棄させることが可能となるのか。これを理解するのはたやすくない。そう全く無難というわけではない。経済上の補償がなければ、重大な障害も覚悟してよいのだ。

しかし文化の発展を、個人の通常の成熟と比較しうるひとつの特別な過程として捉えるわれわれの見解に、いったいどのような価値があるのかを知ろうとするなら、われわれはどうやらもうひとつ、文化の発展の起源には何が影響したのか、どのようにしてその発展が生じ、何がその経過を規定しているのか、という問題を取り上げなくてはならないようだ(52)。

＊13　「性格と肛門性愛」(一九〇八年)(GW-VII)〔本全集第九巻〕、およびE・ジョーンズその他の数多くの論文を参照。

こうした課題はあまりに遠大であり、われながら気後れを覚えるのは認めざるをえない。ここではわずかではあるが、私が推測できたことを挙げておく。

IV

地上における自分の運命は、労働を通して改善できる。原始人が、まさに言葉どおりそれが自らの手中にあるのを発見して以後、他人が自分と協力するか敵対するかは、彼にとって一大事となった。他人は、彼にとって、一緒に暮らすことが利となる協力者としての価値を持つに至ったのである。原始人が家族を形成する習慣を獲得したのは、これ以前、まだ猿と似ていた太古の時代のことであり、原始人にとっては、どうやら家族の成員たちが自分に加勢してくれる最初の助っ人であったらしい。察するに、家族の形成というのは、性の満足への欲求がかつては、突然自分のところに現れ、立ち去ったあとは長いあいだもはや何の音沙汰もない客人のように登場していたのとは違って、個々人のもとに長期の間借り人として住み着くようになったという事情と関係していよう。こうして男には女を、あるいはより一般的に言えば性的対象を自分の身近に置いておくべき動機が生じ、一方、寄る辺なく幼い自分の子供たちと別れたくない女としては、その子らのためにも、自分より強い男のもとにとどまるしかなかった。[*14] もっともこうした原始の家族[53]には、文化の本質的特徴がなおひとつ欠けている。首長である父は何もかも思いのままで、その恣意には何の制限もなかったのである。『トーテムとタブー』で、私は、この状態での家族から、兄弟同盟というかたちを取った共同生活の次の段階に至るまでの道筋を明らかにするのを試みた。父を打ち倒した際、

＊14　性的現象が身体器官の点で周期的であるのはこれまでどおりで変わらなかったが、この周期性が心的な性的興奮に及ぼす影響はむしろ逆転した。この変化に最も大きく関わるのは、月経の現象が男の心理に及ぼすのに重要な役割を果たしていた嗅覚興奮の後退である。代わってその役割を引き継いだのが視覚興奮であり、こちらのほうは、間歇的な嗅覚刺激とは異なって、恒常的な作用の継続が可能だった。月経のタブー視は、この、すでに乗り越えた発展段階が回帰してくるのを阻む防衛としての「器質的な抑圧」[54]に由来しているのであり、それ以外の動機はおそらくすべて副次的な性質のものであろう（C・D・ダリー「ヒンドゥー神話と去勢コンプレクス」(*Imago*, XIII, 1927)を参照）。取り残された文化期の神々が妖魔となるのも、やはりこれと同じ現象が別の次元で反復されているのである。もっとも、嗅覚刺激の後退は、それ自体、人間が大地から離れて直立歩行する決心をしたことの結果であるように思われる。直立歩行となると、これまで隠れていた性器が丸見えで、覆いが必要になり、またそこで羞恥の念が呼び覚まされたのだった。だとすると、宿命的な文化過程の最初には人間の直立があったということになろう。ここからそれが連鎖となって、嗅覚刺激の価値の低落と月経周期の隔離を経て、視覚刺激の優勢や性器の可視化へと続き、さらには性的興奮の持続性と家族の設立、そしてついに人間文化の曙というかたちで進んでゆく。これは、理論的な思弁にすぎないとはいえ、それなりに重要で、人間に近い動物の棲息実態に即して精確に検証してみるだけの価値がある。

また、清潔さを追求する文化の努力も、衛生上の配慮などはそれを事後的に理由づける便法であり、そういった見地が芽生える以前にすでに現れており、そこに社会的契機が含まれていることは紛れもない。人を清潔に駆り立てる動因は、感覚知覚にとって不愉快になった排泄物を取り除こうとする圧迫に由来する。子供部屋では事情が異なることを、われわれは知っている。子供には、排泄物は何の嫌悪感も引き起こさず、自分の身体から離れたその分身として大切なものと映る。排泄物を、価値がなく吐き気を催させる嫌なもの、廃棄すべきものとする発達の行程が始動するのも遠くないが、ここで躾と教育がとりわけ精力的にこの歩みを加速させようと躍起になる。これほどまでの価値の転換は、身体から離れたこの物質がその強い臭気ゆえに、人間が大地から直立したあと嗅覚刺激を見舞った運命を共有する定めになかったとしたら、まずありえなかったであろう。このように、肛門性愛は、文化への道を切り拓いた「器質的な抑圧」にまず屈するの

息子たちは、力を合わせれば一人の者より強いこともあるのを知った。この新たな状態を維持するために、息子た 460
ちは互いに様々の制限を課さねばならなったが、そういった制限の上にトーテミズム文化は成立しているのである。タブーの決まりが最初の「法」[55]だった。してみれば、人間の共同生活は、ひとつには外的困窮から生まれた労働の強制、今ひとつには男にとっては性的対象としての女を引き止め、女にすれば自分の分身としての子供を離したくないという愛の力、この二つの要因を基礎としているのだ。エロースとアナンケー[56]はまた、人間の文化の生みの親ともなったのである。今や、大多数の人間が共同体にとどまることができるようになったのは、文化の最初の成果であった。それには二つの大きな力が協力したのだから、当然、その後の発展は円滑に行われ、外界の支配も改善され、共同体が抱え込む人間の数も増加の一途を辿るものと、誰もが期待しよう。この文化の仲間となって得られたものが幸福ではなかったなど、誰が容易に理解できよう。

　ここでさらに、その種の障害がどこからやってくるかを考察する前に、少し脇道にそれるが、愛を文化の基盤のひとつと認めることで、先の論究[57]の欠を補うことにしよう。われわれは先に、性的な(性器による)愛こそ人間に最強の満足体験を与え、本来、すべての幸福の原型となるものであるのを知ったがために、人間はえてして、人生における幸福の満足をその後もさらに性的関係の領域に求め、性器性愛を人生の中心に据えてしまう嫌いがある、と述べた。そして、この方途だと外界の一部、すなわち自分の選んだ愛の対象にあまりに安易に依存することになり、仮にこの対象に撥ねつけられるか、裏切りや死によってこの対象を失うかしようものなら、大変な苦しみに身をさらすことになる、と続けた。それゆえ、古今の賢者たちも、この種の人生街道をゆめ歩むなかれと、口を酸っぱく 461
して説いてきた。それでもなお、世の多くの人間にとってこの道の魅力は失せていない。

ごく少数ながら、その資質のせいで、愛という方途で実際に幸福を見いだすことができる人もいるが、その場合でも、愛の機能が心的に大きな変化をきたさざるをえない。これらの人たちは、主たる価値を、愛されることから自ら愛するほうに遷移させることによって、対象の同意への依存から脱却する。自分の愛を、個々の対象にではなく、満遍なく万人に向けることによって、愛の対象の喪失から身を守る。そして、性愛の目標から関心をそらし、欲動を、目標制止された蠢きに転換することによって、性器による愛には付きものの浮き沈みや幻滅を回避する。彼らがこのような仕方で自分の中に実現してみせる、穏やかに漂いわたる、迷いのない情愛に満ちた感覚の状態は、それが由来する嵐のごとく揺れ動く性器による愛の生活とは、外見的にはもはやそれほど似ていない。アッシジの聖フランチェスコは、内的な幸福感を得るのに愛を活用するということを貫いた人であり、この点で彼の右に出る者はいまい。快原理を成就する技法のひとつとしてわれわれが認めるこの愛については、たびたび宗教との関連が指摘されてきた。両者は、自我と対象との区別も対象相互の区別も念頭から消え去るあの遥か彼方の一連の領域で、

である。発展がどれほど進歩したところで、人間には自分の排泄物の臭気はほとんど気にならず、嫌悪の念を引き起こすのは常にもっぱら他人の排泄物の臭いだという事実は、肛門性愛を変遷させてゆくのが社会的要因であることを裏付けている。してみれば、不潔な者、つまり自分の排泄物を隠さぬ者は、他人を侮辱しているのであり、他人に対して何の配慮も示していないのだ。実際、他の何にもまして人が頻繁に口にする最も強烈な罵倒の言葉も、それが意味するところはやはり同じである。犬は排泄物に臆さない嗅覚動物であり、また自分の性的機能に羞恥を覚えない。この二つの特性ゆえに、犬は人間から見くだされるが、これ抜きには、人間が動物界の中で最も忠実な友の名を罵倒の言葉として用いるという事実はとても理解できまい。

互いに繋がりあっているのかもしれない。普遍的な人類愛や世界愛に開かれたこのような心の態勢こそが、人間が極めうる最高の徳性だと考える倫理的な見地もある。こうした見地を生む深い動機については、後ほどまたそれを明らかにする機会もあるだろう。(58)ここでもすでに、われわれが引っかかりを覚える主な点を二つ挙げておきたい。ひとつには、好悪の区別なき愛というのは、対象に対して不当であるから、愛としての自らの価値の一部を損なうように思われる。そしてもうひとつ、すべての人間が愛に値するということはない。

家族を形成した愛は、直接的な性的満足を断念しないもともとのかたちにおいてであれ、また目標制止された情愛という変容したかたちにおいてであれ、文化の中で作用し続ける。いずれのかたちでも、愛は、かなりの数の人間を相互に結びつけるという機能を継続している。その結束は、共同での労働の利害が生み出しうるのよりも強く緊密である。「愛」という言葉は無頓着に使用されているが、これはこの言葉の由来から説明がつく。性器的欲求に基づいてひとつの家族を築いた男と女の関係を愛と呼ぶが、家族の中の両親と子供たちのあいだ、兄弟姉妹のあいだに働く積極的な感情もやはり愛と呼ばれる。もっとも実は、こうした関係は、目標制止された愛とか情愛と呼ばれなくてはならない。目標制止された愛も、もとはと言えば全面的に官能的な愛であったし、人間の無意識においては今なおそうである。全面的に官能的な愛と目標制止された愛の両方とも家族の範囲を越え、これまで赤の他人であった者たちとの新たな絆を作り出す。性器による愛はやがて新たな家族を形成し、目標制止された愛は「友情」の形成に至る。友情は、性器による愛のいくつかの制限、たとえばその排他性を免れているがゆえに、文化的に重要なものとなる。しかし愛と文化の関係は、発展の経過の中でその一義性を失い、曖昧なものとなってゆく。愛が文化の利害に逆らう一方、文化は手痛い制限を課して愛を脅かすのである。

こうした不和は避けられそうにない。その理由はすぐには分からない。不和はまず家族と、個人が属するもっと大きな共同体とのあいだの確執となって現れる。われわれはすでに、人間をいくつかの大きな単位にまとめあげることが、文化の追求する主な眼目のひとつであることを見定めた。家族はしかし個人を手放そうとはしない。家族の成員の結束が緊密であればあるほど、他人に対してとかく閉鎖的になる傾向が強くなり、もっと大きな生活圏に入っていくのがそれだけ難しくなる。家族というのは、系統発生的には一段古く幼年期にしか存在しない共同生活の形式だが、これは後に獲得される文化的な共同生活の形式に取って代わられることに逆らうのである。家族から離れることが、すべての青少年にとってひとつの課題となる。この課題が果たされるに際しては、社会は元服や通過と歓迎の儀礼によって若者を支援する。これはいかなる心的発達にも、のみならず基本的にはいかなる器質的発達にもつきまとう困難であるという印象を覚える。

さらに、当初、愛の要求によって文化の礎を築いたあの同じ女たちが、やがて文化の流れと対立しはじめ、この流れを滞らせ押しとどめる存在として影響を行使するようになる。女たちが代表するのは家族や性生活の利害であり、文化の仕事は次第に男たちの用件となる。それは、彼らにいよいよ困難な課題を課すようになっていて、欲動の昇華を強いるのだが、女たちはその任にほとんど耐えない。人間は、利用できる心的エネルギーの量が無尽蔵ではないから、自分に与えられた課題をこなすためには、リビードを目的にかなった仕方で配分しなくてはならない。男が文化的目的のために消費するものも、その大部分は、元来、女や性生活に向けられていたのを奪い取ったものである。他の男たちと絶えず一緒にいて、彼らとの関係に多くを依存するので、夫や父親として果たすべき様々な課題さえ本人には次第に疎ましくなってゆく。そうなると女は、自分が文化の要求によって背後に押しやられていると感じ、文化に対して敵対的な関係に立つことになるのである。

文化の側からは、性生活を制限しようとする傾向が、文化圏を拡大しようとする今ひとつの傾向に劣らず顕著である。文化の最初の段階であるトーテミズムの段階にしてすでに、近親相姦的な対象選択の禁止を伴っているが、これはことによると人間の愛情生活がいくつもの時代の経過の中で経験した最も痛烈な断絶であるかもしれない。タブーや掟、風習によってさらに様々な制限が設けられたが、その束縛は男にも女にも及ぶものである。これに関しては、すべての文化の足並みがそろっているわけではない。社会の経済構造は、どの程度まで性的な自由が残存するかという点にも影響を及ぼす。文化は、その際いやおうなく経済[59]の必然性に従い、自分が消費する心的エネルギーの大部分を性生活から奪い取るしかないのを、われわれはすでに知っている。その際、文化が性生活に対して示す振る舞いは、ある部族なり階層なりが自らの支配下に置く別の部族や階層に対して示す振る舞いに似ている。抑え込まれている者らが反乱を起こすのを恐れるあまり、厳重な予防措置がとられる。こうした展開のひとつの頂点を示すのがわれわれ西欧の文化である。文化が子供の性生活の表出を厳禁することをもって始まるというのは、心理学的には当然至極である。成人の性的な欲情を封じ込めようにも、幼年期にその下地が準備されていなかったら、うまく行く見込みはないからである。しかし、文化社会が極端に走るあまり、その存在が容易に検証され、歴然としてさえいる現象を否認してかかるとなると、これはいかにしても正当化しうるものではない。性的に成熟した個人の対象選択は異性に限定され、性器外の満足はたいてい倒錯として禁じられる。こうした禁止に現れる、性生活は万人に一律たるべしという要求は、人間の性的資質は、それが生得的か後天的に獲得したものかを問わず、人によって異なるというのを無視しており、相当数の人間から性の享受の機会を奪い、その点で重大な不正の源泉となる。正常な者、すなわち資質からしてそうするのに何の引っかかりもない者の場合、開かれている公認の水路の中に性的関心が一滴たりとも漏れることなくすべて流れ込めば、それが制限措置の成果ということになるだろう。しかし、排斥を受けることのない異性間の性器による愛といえども、合法性や単婚性といった制限によって、さらに縛りがかかる。今日の文化からはその意向が明確に読み取れる。いわく、男女が互いに生涯で唯一の相手とのあいだに結ぶ、けっして解かれることのない絆、この基礎の上でのみ性的な関係を認めよう。性は、あくまで他に代わるもののない人間繁殖のための方策として許容されるのであって、自立した快の源泉となるのは好ましくない……。

これはもちろん極端な話である。周知のように、たとえ短期間ですらそれを徹底できないのは実証済みである。性的自由に対するこれほど由々しい侵害に服したのは臆病者だけであって、剛の者は、条件としてそれに見合うだけの代償がないかぎり従わなかった[60]。これについては、あとでまた論じる機会があるだろう。文化社会は、その規約からすれば成敗すべき侵犯の数々を黙って見逃すほかなかったのだった。とはいえ、先のとは逆のほうに振れて、文化の態度は、どうせ自らの意図をすべて叶えるわけではないから無害だ、などと高を括る愚を犯してはなるまい。文化人間の性生活ははなはだしく損なわれており、われわれの歯や毛髪が身体的器官としてはどうやら退化しつつあるのに似て、これも機能としては同じ道を歩んでいるとの印象すら、ふと覚えないでもない。幸福感の源泉として、つまりわれわれの人生の目的の成就という点で、性生活が占める意義は目に見えて低下してしまった、と想定してもおそらく不当ではあるまい[*15]。時として、これはきっと単に文化の圧力のせいばかりではなく、性的機能の本質には十分な満足を拒む何かがあり、それがわれわれにいずれか別の方途を取るように迫っているに違いないと思えてくる。見当違いかもしれない。断定するのは困難である。[*16]

＊15　かつて私は、繊細な感覚を持ち、今日、広く一般に認められているイギリスの作家J・ゴールズワージーの作品の中でも、『リンゴの木』と題された短い物語が好きだった。この小説は、今日の文化人間の生活の中には、ふたりの人間が単純で自然な愛を育む余地すらもはやないことを、切々と訴えるように描いている。

＊16　本文中に述べた推測の論拠となるべきことを、以下にいくつか述べておきたい。人間もまた、紛れもなく両性的資質を備えた動物である。個人とは、互いに左右対称である二つの半分が融合したものだと言えるが、研究者の中には、二つの部分のそれぞれ一方は純粋に男性的、他方は純粋に女性的だ、という見解に立つ者もいる。それを言うなら、この二個の半分のいずれもが、もともとそれ自体で両性具有的であったと見てもなんらおかしくない。性別というのはひとつの生物学的な事実で、心の生活にとってはこれがことのほか重要であるのに、心理学的には捉えにくい。われわれは普段、一人ひとりの人間が示す欲動の蠢きや欲求、特性の中には男性的なものも女性的なものもある、などと言ったりするが、男性的、女性的ということのそれぞれの性格が何であるかは解剖学では明言できても、心理学ではそれができない。心理学では、性の対立は鮮明な輪郭を失い、結局、能動と受動の対立に落ち着き、しかもそこでは、われわれはいたって無分別に能動的を男性的、受動的を女性的にそれぞれ重ね合わせてしまうが、これは動物界で例外なく確証されるものではけっしてない。[61]両性愛については理論的にまだ何もかもがはなはだ曖昧模糊としており、欲動論と繋がる手がかりも見当たらないのは、精神分析にとって重大な支障と見なさざるをえない。それはさておき、ひとりの者が性生活において男性的欲望も女性的欲望も満足させたいと思っているというのが事実だと想定するなら、これら二つの要求は同じ対象によっては充

足されず、これら両方を引き離して、おのおの蠢きをそれぞれにふさわしい個別の軌道にうまく誘導できなければ、両者は互いに妨害しあうかもしれないという可能性も視野に入ってくる。また、性愛的関係には元から特有のサディズム的な要素があるが、それ以外に、そこに往々かなりの量の直接的な攻撃傾向が加わることから、もうひとつ別の困難が生じてくる。夫はこの一週間、私をぶたないからもう愛してくれていないのだ、と言って嘆く農婦の話があるが、右のような合併症に対して、愛の対象がこれほどの理解と寛容で応えてくれるとは限らない。

しかし、最も正鵠を得ていると思えるのは、先の注[62]で述べたことを踏まえて成立する次のような推測である。いわく、人間の直立と嗅覚の価値の低落とに伴って、肛門性愛だけでなく性の営み全体が器質的な抑圧の犠牲となる恐れがあった、その結果、これ以後、性的機能には、ほかに理由が見当たらないひとつの抵抗が伴うようになり、これが十分な満足を妨げ、人を性的目標から昇華やリビードの遷移へと追い払うようになった……。私は、かつてブロイラー（「性的抵抗」（*Jahrbuch für psychoanalytische und psychopathologische Forschungen*, V, 1913））が、性生活に対するそうした根源的な拒絶的態度の存在を指摘したことを知っている。《われら尿と糞のあいだに生まれたり》〔Inter urinas et faeces nascimur〕という事実、神経症患者は皆これを厭い、その他の多くの人もそれに倣う。性器はまた強い臭気を生み出すが、多くの者にとってはこれが耐えがたく、性交がおぞましいものになる。そうすると、文化の発展とともに進行する性的抑圧の最も深い根とは、直立歩行によって獲得された新たな生活形式がそれ以前の動物的な存在形式に対して示す器質的な防衛である、ということになろう。ひとつの学問的な研究から得られた結論ながら、しばしば耳にする俗見の数々と一致するのが興味深い。ただし、これらも、目下のところまだ学問的に確証されたわけでもない不確かな可能性にすぎない。嗅覚刺激に価値の低落があったことは否定しがたいとしても、われわれにはあれほど厭わしい性器の強烈なにおいを性の営みの刺激剤として重宝し、手放そうとしない民族がヨーロッパにすらまだいるという事実も、忘れないでおきたい。（かつて、フリードリヒ・S・クラウス編『アントロポピュテイア』誌に、何年かにわたってイーヴァン・ブロッホが「性生活における嗅覚について」と題して、アンケートによる民俗学的な聞き取り調査の結果を掲載していたが、これを参照されたい。[63]）

466 V

われわれは精神分析の作業から、性生活が何かとうまくいかないというこの不首尾こそが、いわゆる神経症患者にとって耐えられないのだということを学んできた。神経症患者は症状というかたちで代替満足を自ら調達するのだが、この代替満足そのものが患者に周囲や社会との軋轢を生むので、それ自体、患者自身にとって苦しみとなる
467 か、苦しみが生まれる源泉になる。このうち後の点は話として分かりやすいが、もうひとつのほうは、われわれにまたひとつ新たな謎を課す。しかし、文化は性的満足のほかにも、さらになお別の犠牲をも要求する。

われわれは、文化発展の困難とはおよそ発展というものに一般的に伴う困難であり、その原因が、古い境遇を放棄し新たな境遇に移るのをいやがるリビードの惰性にあると捉えた[64]。性的な愛はあくまでふたりの人間のあいだの関係であって、第三者は単に余計であるか邪魔者であるかしかないのに対し、文化は相当多人数のあいだの関係に基づくが、この事実から、文化と性の対立を説明するなら、言わんとすることは右の話とほぼ同じである。愛の関係の極みでは、周囲を気にする余地もなくなる。愛する者同士は自分たちだけで満ち足りており、幸福になるためにふたりのあいだに子供がほしいとすら思わない。複数から一を作る、このエロースの本質の核心と意図とが、ここほど鮮明に立ち現れてくる局面はほかにない。ところが、世間でもよく言うように、ふたりの恋というかたちでそれに辿り着くと、エロースには、そこを越えていく気はもはやない。

これまでなら、ひとつの文化共同体の構成要素として、このようにそれぞれ互いにリビード的に満足を覚え、共

通の労働や利害の絆によって互いに結ばれた二人連れを想定しても、特に支障はなかった。そうした具合だと、文化はしいて性生活からエネルギーを奪い取る必要もあるまい。しかし、こうした望ましい状態は現状としてあるわけではないし、かつて一度として存在したためしもなかった。現実がわれわれに示すとおり、文化は、従来、自分の力が及んできた範囲での拘束では満足せず、共同体の成員をリビード的にも互いに拘束するべく、そのためとあらばあらゆる手段を講じ、彼らのあいだに強力な同一化による一体感を打ち立てるためならどんな方途も辞さず、共同体の絆を友情関係によって強化するべく、目標制止されたリビードを最大規模で動員する。これらの意図を成就するためには、性生活を制限するのは避けられない。それなのに、われわれには、どうして文化がこうした方途を取らざるをえないのか、性の営みに敵対せざるをえないのか、その必然性が納得できない。そこには、われわれがまだ発見していない何らかの阻害要因が絡んでいるのは間違いない。

ここで文化社会のいわゆる理想要求のひとつが、(65) われわれの手がかりとなる。いわく、隣人を汝自身のように愛せよ。世に知られるこの要求が、それを自分たちの最も誇らしい要求として掲げるキリスト教より古いのは確かであるものの、たいへん古いというわけでもない。歴史時代に達してからも、この要求は人間たちにとってなお未知のものだった。今、試みにわれわれは、この要求を初めて聞いたかのように、それに素朴に向かいあってみよう。そうすると、われわれは何か意表を突かれて訝しいと感じるのを抑えきれない。なぜわれわれは、そうするべきなのか。それが、われわれにとって何の役に立つというのか。とりわけ、それをどのようにして実現したらよいのか。どうすれば、そんなことがわれわれにできるのか。私の愛は私にとって貴重であり、見境なくばらまくわけにはいかない。愛が課す義務には、犠牲を厭わないだけの覚悟が必要だ。私が誰か他人を愛する以上、その人は何らかのかたちで私の愛に値しなくてはならない（私は、その他人が私にもたらすかもしれない利益も、私にとって性的対象として持ちうる意義も、度外視する。これら二様の関係は、隣人愛の教えに関しては検討の対象外である）。どのような場合に、他人は私の愛に値するのか。たとえば、その人がいくつかの重要な点で私にとても似ていて、その人を通して私が自分自身を愛せる場合だ。あるいは、その人が私よりもずっと完璧であって、私自身がこうでありたいと思う理想をその人の中に見いだし、それを愛することができる場合も、やはりその人は私の愛に値する。また、その人が私の友人の息子であるなら、私はその人を愛さずにはおれない。というのも、もしその息子の身に何か災難でも降りかかろうものなら、友人の痛みはまた私の痛みとなろうし、私はその痛みを分かちあわずにおれないからだ。しかし、その人が赤の他人であり、その人自身の価値によっても、また私の感情生活の中ですでにその人が占めるにいたった意義によっても、彼が私の心を捉えることができないのであれば、彼を愛することは私には難しくなる。だいいち、そんなことは不当でさえある。私の身内の者は、皆、私の愛を自分たちだけの特典として大切にしているからだ。私がよその他人を自分の身内と同列に扱えば、身内に不当な仕打ちをすることになる。ところが、私に、おまえはその他人を愛すべきだ、その人だって昆虫やミミズ、ヤマカガシのようにこの地上に生を持つ存在なのだから、例の世界を包む愛でもってその人を愛するのが正しい、などと言われても、せいぜいほんのわずかの愛しかその人に割り振れないのではないか。理性の判断からしても、私の愛のいくぶんかは自分のために残しておいてよいはずだが、それと同じほどの分を、この誰とも知れぬ他人に割り振ることなど到底できない。理性の立場からは実践するのが勧められないような教えが、なぜこうもおごそかに説かれるのか。

仔細に検討してみると、困難はこれに尽きないことが分かる。この他人は総じて愛するに値しないというだけではない。率直に言えば、彼は、私の敵意を、それどころか憎しみをさえかき立てて然るべきなのだ。この他人はどうやら私にはいささかの愛も抱いておらず、わずかの配慮の気配すら示さない。自分の利益になるなら、ためらうことなく私に損害を与えるが、その際、自分が得る利益の量が私に加える害の大きさに見合うかどうか、自問することすらない。そもそも彼はそこから利益を得る必要もない。何らかの快を満足させることさえできれば、私を嘲り、侮辱、中傷し、どれだけの力を私に及ぼせるかを見せつける。自分のほうが安全と踏めば、また私のほうが寄る辺ないと睨むや、いよいよもってその人物は私を相手にこの種の挙に出てくると見て間違いない。仮にこの他人の態度がそれとは異なり、他人である私に配慮や思いやりを示すなら、私のほうでも、何もいちいち例の尊い教えがなくても、同様の態度でもって彼に報いるのにやぶさかではない。あの高邁な命法が、汝の隣人が汝を愛するのと同じように汝の隣人を愛せ、と言うなら、私だって別に何の異存もない。ところが、実はもうひとつ、私にはいよいよもって理解しがたく、いっそう激しく私の気持ちを逆撫でする第二の命法がある。いわく、汝の敵を愛せ。よく考えてみると、われわれに一段と無理なことを要求していると称して、これを突っぱねるのは正しくない。二つは、基本的に同じことを言っているのだ。[*17]

と、そのとき、どこからか、いともおごそかな戒めの声が聞こえてくる。いわく、隣人は愛するに値せず、むしろ汝の敵であるからこそ、汝は汝自身と同じように隣人を愛するべきなのだ……。ここで私は、それがかの《不条理ゆえにわれ信ず》[66]〔Credo quia absurdum〕に似た事例であることに気がつく。

さて、もしこの隣人も、自分自身と同じように私を愛せよと求められたなら、彼もやはり私と全く同じように答え、また同様の理由から私を拒絶すると見てまず間違いない。私は、彼が、そうするのに私と同じだけの客観的権利を持ってはいないのを望むが、彼のほうでもまた同じように思っているだろう。それはともかく、人間といってもその態度は様々で、倫理は人間各自を彼らが置かれた条件を無視して「善」や「悪」に分類する。否定しようのないこうした相違があるのをそのままにして、高邁な倫理的要求に従うならば、それはとりもなおさず悪であることに褒美を出して優遇するのと同じで、文化の意図を傷つけることを意味する。ここでついひとつの出来事を想起してしまう。それはフランスの議会で死刑について審議されていたときに起こったもので、ある議員が熱心に死刑廃止を主張し、満場の喝采を勝ちえたとき、議場から叫び声が上がったのだ。「まずは、殺人者諸氏に始めてもらおうじゃないか[67]」。

これらすべての背後には、あまり認めたくない一片の事実が潜んでいる。人間とは、誰からも愛されることを求める温和な生き物などではなく、生まれ持った欲動の相当部分が攻撃傾向だと見て間違いない存在なのだ。そのために、人にとって隣人とは、ときに助っ人や性的対象ともなる存在であるだけではなく、こちらの攻撃性を満足させるように誘惑する存在でもある。隣人を見ると、人はつい見返りもなしにその労働力を搾取し、同意も得ぬまま性的に利用する、その所有物を奪い取り、侮辱し、苦痛を与え、虐待し、殺したくなるのである。《人間は人間にとって狼である》[68]〔Homo homini lupus〕。人生と歴史で各種の経験をした後でなお、どこの誰にこの命題を否定してかかる勇気があるだろう。通常、この残酷な攻撃性は、好機の到来をじっと窺っているか、あるいは、もっと穏やかな手段によっても達せられる目標を持つ別の様々な意図に使役されている。普段は制止的に作用する心的な対抗力がなくなって自分に好都合な状態になると、攻撃性がおのずと姿を現し、人間というのが自らと同じ種に対しても容赦しない野獣であることをさらけ出す。民族移動やフン族の侵入、チンギス・ハンやティムールの率いるいわゆるモンゴル人の侵攻、敬虔な十字軍によるエルサレムの征服などの際の蛮行の数々、あるいはつい先般の世界大戦の残虐非道を想い起こすなら、こうした見地が事実であるのが痛感され、面目ない思いにうなだれるほかない。

こうした攻撃傾向は、われわれも自分のうちにその存在を感じとることができるし、当然、他人も持っていると想定してよいが、われわれと隣人との関係を阻害し、文化にも大変な支出(69)を強いる要因となっている。人間はこのようにもともと相互に敵意を抱いており、そのせいで文化社会は絶えず崩壊の危機に瀕している。労働共同体の利害の関心によって文化社会を束ねておくことはできまい。欲動に駆られる情熱は理性的な利害の算定よりも強力なのだ。人間の攻撃欲動に枠をはめ、それが発現するのを心的な反動形成によって抑えておくために、文化は持てるすべてを動員しなければならない。だからこそ、各種の方法を動員して、人間を集団に一体化させることや目標制止された愛情関係へ駆り立てることが画策されるのだ。性生活が制限されたり、隣人を汝自身と同様に愛せという

＊17　偉大な詩人となると、口外無用の心理学的真理であっても、少なくとも冗談のかたちで口にしてみせる。たとえばH・ハイネはこう漏らす。「私の心立てときては至って円満温厚。願いと言えば、粗末な小屋に藁葺きの屋根。でも、ベッドはやわらかで食事もうまいのがいい。ミルクとバターはとびきり新鮮なのに限る。窓辺には花、扉を開けたら立派な木が何本か立っているのも悪くない。そしてもし神様が私を本当に幸せにしてくださるお積もりなら、これらの木に私の敵が六、七人ばかり吊るされて、私を大いに喜ばせてくださるはず。そうしたら、私も感極まってこやつらが死ぬ前に、連中が人生で私に加えたあらゆる仕打ちを赦しましょう。敵を赦せというのは世間の教え。ただしそれは、奴らが縛り首になってから。」(ハイネ『随想』)

理想の命法が発せられたりするのも、すべてそのためだと言ってよい。この命法が説かれる本当の意義は、これほどまでに人間のもともとの性質に背馳するものはほかにない、という点にある。これだけ懸命に努力しながら、文化は従来さほど多くの成果を挙げていない。犯罪者に向かって暴力を行使する権利を自らに付与することで、文化は、野蛮な暴力のやみくもな暴発を抑止できるつもりでいる。しかし、人間の攻撃性がもっと慎重かつ巧妙なかたちで現れてくるなら、もはや法律で取り締まることはできない。われわれの誰もが、かつて自分が青年時代にまわりの人々に抱いた期待をいつか錯覚として打ち棄て、彼らの悪意のせいで自分の人生がどれほどまでに困難と苦痛に満ちたものになるかを思い知らされる日がやって来る。もっとも、人間の営みから争いや競争を排除しようとするからといって、文化を非難するのはお門違いだろう。なるほど争いや競争を欠かすことはできない。しかし対立が必ずしも敵対関係であるとは限らない。ただ、敵対関係を生むきっかけとして悪用されるだけのことだ。

共産主義者たちは悪から脱却する道を見つけたと信じている。いわく、人間はひとえに善であり、隣人を善く思ってもいるのだが、私的所有の制度が人間の本性を堕落させてしまった。私的な財を所有することになったほうの者は権力を得るとともに、隣人を虐待する誘惑に駆られることになる。他方、所有から閉め出された者は抑圧者を敵に回して反抗の狼煙《のろし》を上げずにおれない。私有財産を廃止しあらゆる財を共有化して、万人がその享受にあずかることができるようにするなら、人間相互の悪意や敵意は消え去るだろう。すべての欲求が充足されているので、他人を自分の敵と見なす理由がなくなるし、必要な労働には万人が進んで従事することになる……。私は共産主義の体系を経済の面から批判するつもりはないし、私有財産の廃止が目的実現に役立つ有益なものであるかどうかを考察することはできない[*18]。しかし、この体系の心理学的前提が何の裏付けもない錯覚であるのを見極めることはで

472　473

きる。私有財産を廃止することで、人間の攻撃欲から道具のひとつが取り上げられることにはなる。これが強力な武器であるのは間違いないが、最強の武器ではないのもまた間違いない。攻撃性は、権力や影響力に差のあるのを自らの意図のために悪用するのだが、この力の差に関しては、何ひとつ変わっていないし、攻撃性の本質にも変化はない。攻撃性は、財産所有によって創り出されたものではなく、財産所有がまだはなはだ乏しい原始時代にあってもほとんど無制限に荒れ狂っていた。攻撃性はすでに、子供がまだ幼いうち、所有というのがその原初の肛門形式を放棄するかしないかという時期に現れ、人間相互のあらゆる情愛的な関係や愛情関係の底に澱《おり》を形成する。ひとり母親が自分の息子に対して持つ関係だけは唯一の例外かもしれない(70)。物的な財に対する個人の占有権を撤廃したところで、性的関係に対する特権は残り、他の点では平等となった人間たちのあいだに激しい妬みと猛烈な敵意を生む源泉となるに違いない。性生活を全面的に解放することによってこの特権も廃棄する、つまり文化発現の原点としての家族を廃止するなら、文化の発展が今後どのような新たな道を辿ることになるかは予測できないものの、ひとつ、人間本性の不壊の特質とも言うべき攻撃性が文化の行く末に付き従っていくであろうことだけは今から見当がつく。

＊18　若い時分に貧しさの悲惨を舐め、持てる者の冷淡や傲慢を経験させられた身である以上、まさか人間同士のあいだでの所有の不平等やそれに由来する様々な事柄をなくそうという努力に対して、無理解であるとか好意的でないというような疑いをかけられる心配はあるまい。もちろん、そういった闘いが、万人の平等を説く抽象的な正義の要求を引き合いに出すようでは、当然、自然は、個々人に各種各様の身体的な資質と知的天分とを与えることで、手の施しようがない様々の不正を働いているではないか、といった異論が出てこよう。

どうも人間にとって、持ち前のこの攻撃傾向の満足を断念するのは容易ではなさそうだ。なにぶん気分が晴れない。文化圏が比較的小さい場合、外部の者らと敵対することによってこの欲動を放出させてやることができる。この利点はあなどれない。攻撃性を振り向けるための他者さえいれば、いつ何どきでも相当多くの人間たちを愛で結束させることができる。かつて私は、隣接しあうだけでなく、その他の点でも互いに近似する共同体に限って互いに敵対し馬鹿にしあうという現象に取り組んだことがある。[71] スペイン人とポルトガル人、北ドイツ人と南ドイツ人、イングランド人とスコットランド人などがそうである。私はこの現象を「小さな差異のナルシシズム」と命名したのだが、この名前がさほど説明の役に立つわけではない。この現象は、攻撃傾向を比較的害のないかたちで手軽に満足させ、そうすることで共同体の成員にとって結束しあうのが容易になるのだと言える。世界各地に離散したユダヤの民は、彼らが身を寄せた民族の文化に、こうした仕方で目に見える貢献をしてきた。残念ながら、中世であれほどユダヤ人が殺戮されても、この時代を、キリスト教の同胞たちにとってもっと平和で安全な時代とするには十分ではなかった。使徒パウロが普遍的な人類愛をキリスト教会の基礎として以後、教会の外にとどまる者たちに対してキリスト教が極端に不寛容になったのは、避けがたい帰結であった。ローマ人にあっては宗教は国家の案件であり、国家は宗教色に染めあげられていたとはいえ、彼らは国家の制度を愛の基礎の上に打ち立てることはなく、宗教に関する不寛容とは無縁だった。ゲルマンの世界制覇の夢が、その不可欠の要素としてユダヤ人の排斥を声高に叫んだのも、何ら不可解な偶然ではなかった。ロシアに新しい共産主義の文化を樹立しようとする試みが、ブルジョワの迫害をその心理的な支えとするのも納得がいく。ただ、ソヴィエトが自分たちのブルジョワを根絶した後に、いったい何を始めることになるやら、気がかりで頭をひねらざるをえない。

文化が人間の性欲ばかりか、攻撃傾向にも多大の犠牲を強いるとなれば、文化の中で人間が自分を容易に幸福と感じられないということが、前にもまして納得のいくものとして頷ける。原始人は欲動を制限することをまだ知らなかったわけだから、実際この点でずっと幸福だった。その代わり、そうした幸福を長期的に享受するための安全の見込みはごくわずかだった。文化人間は幸福の可能性の一部を放棄する代わりに、一定の安全を得たのである。しかし、原始家族においては、ただ家長だけがそのような欲動の自由を楽しんでいて、他の者たちは奴隷的な抑制の下に生活していたのを忘れないでおきたい。だから、文化の恩恵を享受する少数者とこの恩恵を奪われている多数者のあいだの対立は、文化誕生から間もない原始の時代においては実に苛烈であった。かなり周到な調査のおかげで、われわれは、今日生存している未開の民の欲動生活が、自由で羨しいと思うようなものではないことを知った。彼らの欲動生活は、現代の文化人間の欲動生活とは別種の制限、おそらくもっと厳しい制限に服している。

今の文化状態では、人を幸福にする生活秩序を求めるわれわれの期待はおよそ不十分にしか叶えられておらず、また避けられたであろうはずの多くの苦しみも放置されている……。こう言って、文化の現状にわれわれが異を唱え、容赦ない批判でその不全の因って来るところを暴き立てようと努めるとき、われわれはあくまで自分たちの当然の権利を行使しているのであり、文化の敵として振る舞っているわけではない。われわれは、自分たちの欲求をもっと満足させて右の批判を免れるように文化の漸次的変更を着実に行いうるものと期待してよい。他方、われわれはまた、文化の本質にはいくつかの困難がまとわりついており、それらはいかなる改革の試みにも頑なに逆らう、という発想にもできれば親しんでおきたい。われわれはすでに欲動の制限に関わる一連の課題には心の用意ができているが、それらに加えて、「集団の心理的貧困(72)」と呼べるような状態が、危険として浮上してきている。社会的な結束が主として構成員相互の同一化による一体感を通して作り出されているのに、指導的な人物たちのほうは、集団形成に当たって自らに課される要としての役割を果たしえない場合、こうした危険はとりわけ切迫したものとなる。[*19] 現在のアメリカの文化状態は、危惧されるこの文化の害悪を研究するためのよい機会かもしれない。しかし、アメリカ文化の批判に立ち入りたいという誘惑には乗るまい。あたかも自分自身がアメリカ的方法を用いようとしているかのような印象を呼び起こすのは、私の望むところではない。

VI

自分が書き記しているのは周知のことばかりで、本来分かりきったことを語るために、紙にインク、さらに組み版の作業に印刷用の黒インクを大量に消費している……。これまでのどの仕事と比べても、今回ほど、この思いを強くしたためしはかつてない。だから、独立した特別な攻撃欲動というものがあると言えば、それだけであたかも精神分析の欲動論に変更を加えるかのように映るなら、私もそれに飛びつかない手はない。

しかし、まもなく実はそういうことではなく、これが、ずっと前に起こった方向転換の輪郭を鮮明にし、その帰結をいくらか先まで辿っていこうとするにすぎないということが分かるだろう。どの部分を取ってもなかなか順調に発展しなかった分析理論の中でも、欲動論についてはとりわけ難渋し、手探りしながら進められてきた。とはいえ、欲動論は分析理論全体にとっては何としてもなくてはならず、欲動論が確立する以前は、それに代わる何かがその位置を占めなくてはならなかった。当初、全く途方に暮れていた頃、「飢えと愛」が世の中の仕組みを束ねているという詩人哲学者シラーの言葉が、最初の手がかりとなった[73]。飢えとは、個体を保存しようとする諸々の欲動を代表するものということになるだろうし、愛は対象を得ようとする努力である。何かにつけ自然から優遇される愛の主な機能は種の保存である。というわけで、まず自我欲動と対象欲動とが対峙しあうものとして浮上した。後者のエネルギーを表すために、そしてもっぱらそのために、私はリビードという名称を導入した[74]。こうして、一方に自我欲動があり、他方にそれに対立するものとして、最も広い意味での愛の欲動たる[75]、対象に向けられた「リビード的」欲動があるという構図が出来上がった。このような対象欲動のひとつであるサディズム的欲動は、その目標におよそ愛がこもっていないという点でなるほど際立っていたし、いくつかの点で、明らかに自我欲動と繋がっており、リビード的な意図を持たない征服欲動と親近性があることは覆い隠しようがなかったが、この齟齬はなんとか切り抜けることができた。サディズムはやはりどう見ても性生活の一部であり、ここでの残酷は情愛に代わるものであったのだ。神経症は、自己保存の関心とリビードの要求のあいだの闘争の結末と思われた。この闘争では、自我は勝利したものの、大きな苦しみと断念という代償を払うことを余儀なくされていたのである。

分析家なら誰しも、今日なおこうした見方がとうの昔に克服された謬見であるとは思えないことを認めるだろう。だが、われわれの研究が抑圧されたものから抑圧するものへ、対象欲動から自我へと歩みを進めたとき、どうしてもひとつ変更が必要になった。ここで決定的であったのは、ナルシシズムの概念を導入したこと、すなわち、自我自身がリビードを備給されている、それどころかリビードのもともとの居所であり、いわばその本拠地であり続け

＊19　『集団心理学と自我分析』(一九二一年)(GW-XIII)〔本全集、第十七巻〕参照。

るのが分かってきたことである。[76]このナルシシズム的リビードは、対象に向かうことで対象リビードになるが、その後の変容でまたナルシシズム的リビードへ戻ってくることもある。ナルシシズムの概念を持ってくることで、外傷性神経症、各種の精神病に近似した多くの疾患、さらに精神病そのものを分析的に把握することが可能となった。転移神経症とは自我が性から身を守ろうとする試みである、との解釈を放棄する必要はなかったが、リビードの概念は危険に瀕した。諸々の自我欲動もリビード的なものであったから、しばらくは、C・G・ユングが以前からすでに主張していたとおり、リビードと欲動エネルギー全般とは結局のところ重なりあうと見なすことが避けられないかに見えた。しかし、何かしらすっきりせず、言ってみれば、理由を説明できないながら、欲動がすべて同種のものでありえようはずがないという確信のようなものが残ったのである。私が次の一歩を踏み出したのは『快原理の彼岸』[77]（一九二〇年）においてであり、このとき初めて反復強迫や欲動生活の保守的な性格が私の注意を引いたのだった。生命の始まりについて思いをめぐらし生物学上の類似を辿ることから出発して、私は、生命実体を保存しこれを次第に大きな単位へ統合しようとする欲動のほかに、*20それと対立して、これらの単位を溶解させ原初の無機的状態に連れ戻そうと努めるもうひとつ別の欲動が存在するに違いない、との結論を引き出した。つまり、エロースのほかに死の欲動というものがあり、この二つの欲動が一緒に作用したり互いに対立して作用したりすることから、生命の様々な現象が説明できると考えたのである。ところが、そこで想定したこの死の欲動の活動を挙げるのは容易ではなかった。エロースが外に出てくるのは何かと目につき、やたら騒がしい。死の欲動は生命体の内部でその溶解に向けて黙々と働いていると想定できたが、もちろんそれでは何の証明にもならない。次いで出てきた考え方が、この欲動の一部は外界に向かい、そうすると攻撃や破壊への欲動として表面に現れるというものであった。その場合、生命体は自分自身の代わりに、生物であれ無生物であれ、他のものを破壊することになり、その点で死の欲動はエロースへの従属を強いられさえする。逆に、攻撃性が外に向かうのを制限される場合、そうでなくても着実に進行している自己破壊はいよいよ勢いづかざるをえない、というわけだ。それと同時に、この例から、これら二様の欲動がそれぞれ別個に現れてくることはごくまれ――ことによると皆無――であり、両者は互いに混晶化[78]し、しかもその比率が様々で非常に幅があるので、われわれにはなかなか判別がつかないのだと推測された。そうすると、ずいぶん以前から性欲の部分欲動として知られているサディズムとは、愛の努力と破壊欲動とがとりわけ強く混晶化したものなのであり、またそれとは対をなすマゾヒズムでは、内に向けられた破壊と性とが結合しており、そのせいで、普段なら知覚されることのない努力がいやでも目につき感じられるようになるわけである。

死の欲動や破壊欲動を想定するのに対しては、精神分析に従事する者の中でさえ抵抗があった。愛において危険なもの、敵意を含むものはすべて愛そのものの本質に元から備わる双極性に起因すると見なしたがる傾向が多々あるのは私も承知している。ここで展開した一連の見解は、私も当初ただ試みに主張していたにすぎないが[79]、時とともに、この見地が次第に私を強く捉え、今ではもはやそれ以外には考えることができなくなった。つまり、これらの見解は、他のいかなる見解よりも理論的に遥かに有効で、事実の黙殺や歪曲に走ることなく、学問的作業が本旨とする単純化を実現することができるのである。サディズムやマゾヒズムとは内外に向かう破壊欲動が多分に性愛

＊20　ここにおいて、総じて保守的な欲動の本性と、絶え間なく拡大しようとするエロースの傾向とのあいだに認められる対照は顕著であり、ここから先の問題設定の出発点となりえよう。

と混晶化したものである、というのが常にわれわれの視野にあったことは認めざるをえない。しかし自分たちが、性愛的でない攻撃性や破壊性が遍在するのを見逃し、生命を解釈する上でこの点に相応の位置を与えるのを怠ってしまったなどというのは、今の私にはもはや理解できない(内に向かう破壊欲は、性愛的色合いを持たないときには知覚されにくいものではある)。私自身、破壊欲動の観念が精神分析の文献に初めて出現したとき[(80)]、承服しがたいという気がしたもので、これを受け入れることができるまでにずいぶん時間を要したことが想い起こされる[(81)]。他の人がこれと同じ拒絶的な態度を示したこと、あるいは今なお示していることは、私にはさほど不思議でもない。人間には生まれつき「悪」への性向、攻撃と破壊に向かう、それゆえまた残酷性に向かう性向が備わっているといった話を、子供らは聞きたがらないからである[(82)]。彼らは、自分たちは、完全な存在としての神が自らの似姿として創りたもうたのだと考え、悪の存在という──クリスチャン・サイエンス[(83)]が何をどう断言しようと[(84)]──否定しえない事実と、神の全能や限りない恩寵とを両立させることがいかに困難であるか、などと説かれるのは面白くないのである。あえて神を弁護し放免しようというなら、殺し文句は悪魔に限る。その場合、悪魔は、アーリア人の理想の世界でユダヤ人が果たすのと同じく、経済論的に負担軽減の役割を引き受けることになるだろう[(85)]。しかしその際にも、悪魔の存在と、悪魔が体現する悪の存在について神に釈明を求めていいはずだ。こういった数々の困難がある以上、誰であれ適当なところで、道徳に関する人間本性の立派すぎる出来栄えに脱帽するのが得策だ。そのほうが、世間の人に好かれるし、またその分、何かと目をつぶってもらえるというものだ[*21]。

リビードという名称はさらにまた、エロースの力の発現を表すのに用いて、これを死の欲動のエネルギーから区別することができる[*22]。もっとも、そうすることで死の欲動の把握はいよいよ格段に難しくなり、いわば残滓としてエロースの背後にその存在を推定するほかないわけで、エロースと混晶化することによってその姿を露呈しないかぎり、われわれにはそれを捉えるすべがないのを認めなければならない。サディズムでは、死の欲動がエロースの目標を自分の意図に沿って歪めるとはいえ、性的追求を全面的に満足させるが、このサディズムの中に、われわれは、死の欲動の本質と、それとエロースとの関係を最も鮮明なかたちで見てとることができる。しかし、死の欲動

＊21　ゲーテの描くメフィストフェレスで、悪の原理が破壊欲動と一体となっているのは実に説得力がある。

「なにしろ生じきたる一切のものは、
滅びに値するもの。
（…）
という次第で、あなた方が罪だの破壊だの、要するに悪と呼ぶものは
これすべて、私の本領です。[86]」

悪魔自身は自分に敵対する存在として神聖や善ではなく、自然が持つ生殖力や生命を繁殖させる力、要するにエロースを挙げている。

「空から、水から、大地から、
幾千もの芽が吹く。
乾いた湿ったも頓着せず、熱い寒いの別もない。
炎を手もとに残しておかなかったら
私には何の取り柄もないということになりかねない。[87]」

＊22　われわれの現在の見解を一文で表現すれば、リビードはどの欲動表出にも関与しているが、どの欲動表出もそのすべてがリビードというわけではない、ということにおおむねなるだろう。

が性的意図を持たずに登場する場合でも、たとえ逆上した破壊熱が見境なく荒れ狂うのであっても、この欲動の満足が、年来の万能欲望の充足を自我に示す点で、際立って大きなナルシシズム的な享受と結びついていることは、見まごうべくもない。抑制されて温和になった、いわば目標制止された破壊欲動は、対象に向けられ、自我に何か生活欲求の満足と自然の支配をもたらしてやらねばならない。破壊欲動の想定は、本質的に理論的根拠に基づくものであるから理論上の異議に対しても万全だ、というわけではないのは認めざるをえない。しかし、現在のわれわれに分かっている範囲では、以上のようにしか考えられないが、今後、研究と考察が進めば、決定的な解明が与えられることになるだろう。

これより先、私が述べるところはすべて、攻撃傾向が人間にもともと宿る独立した欲動資質だという立場に立ち、文化にとってはこの傾向が最大の障害となるという前に述べた見地(88)を拠り所としている。本編の考察を進めてくる途中のどこかで(89)、文化の発展とは、人類に起こる特別な過程であると見なす見地が浮上したが、この考えは今なおわれわれを捉えて放さない。今、これに加えて、文化とは、互いにばらばらだった複数の個人を、後には複数の家族を、さらには部族や民族、国をひとつの大きな単位へ、人類へと包括していこうとするエロースに従属する過程だ、と言っておこう(90)。こうしたことがなぜ起こらなければならないかは、われわれには分からない。分かるのは、これがまさにエロースの働きだということである。こうした人間集団をリビードによって互いに結びつけようというのである。労働共同体の利点といった必要性だけでは、人間集団を束ねておくことはできまい。しかし、文化のこうしたプログラムに逆らうのが人間の自然な攻撃欲動、すなわち一人が万人に、万人が一人に対して抱く敵意である。この攻撃欲動は、エロースと並び立ち、これと世界支配を分けあうと考えられる死の欲動から派生したその蘖《ひこばえ》であり、その主たる代理者である。これで、文化発展の意味は、われわれにとってもはや謎のヴェールに包まれたものではなくなったと思われる。文化とは、人間という種において演じられるエロースと死とのあいだ、生の欲動と破壊の欲動とのあいだの闘いをわれわれに示しているに違いない。この闘いは生一般の本質的内実であり、それゆえ文化の発展は、端的に、人間という種による生死の闘いと呼ぶことができる。*23 この巨人たちの闘いを、なんとわれらが乳母たちは「天上の子守歌」(91)で鎮めようというのだ。

VII

われわれとは縁続きである動物たちにこのような文化闘争が見られないのはなぜなのか。これが、そもそもわれわれには分からない。どうやら、動物のうちでもいくつかの種、たとえばミツバチやアリ、シロアリなどは、何十万年にもわたる格闘のはてに、われわれが今日、思わず見とれる国家制度や分業、個の制限を実現してきたに違いない。われわれの感性からすれば、こうした動物国家のどの住民になろうと、あるいはまたそこで個体に割り振られる役割のうち何を割り当てられようとも、われわれは自分を幸福だとは感じまい。そこに現在のわれわれの状態の特徴がある。他の動物種では、環境の影響と、その動物の中で互いに覇を競いあう欲動とのあいだに一時的な和

*23 それが何であるかまだ不明で今後の解明を要するある種の出来事以後に形成されねばならなかった闘い、とでも言えば、より厳密を期することになるだろう。

解が成立し、発展が静止するにいたったのかもしれない。原始人では、リビードの新たな進撃を開始したせいで、破壊欲動のほうもあらためてこれに対抗するように焚きつけられたのかもしれない。ただこれについては問うべきことが実に多く、それらに対する答えはまだない。

それよりも前に考えるべき別の問題がひとつある。文化は、自分に向けられる攻撃を抑え、無害化し、ひいては一掃するのにどんな方策をもってするのか。われわれはすでにそうした方法のうちいくつかを知ったが、最も重要とおぼしきものにはまだ出会っていない。個人の発達史を辿ることで、その方法を見ていきたい。個人の攻撃欲を無害化するために、どういうことが行われているのだろうか。それは、なかなか思いつかない実に奇抜な方法なのだが、それでいてまた、どうということのない身近な方法でもある。攻撃性を内に取り込み、内面化するのだ。それは本来、攻撃性をそれが由来する元の場所に送り返すこと、要するに自らの自我に向けることである。帰ってきた攻撃性を自我の一部が引き受け、これが超自我となって自我の残りの部分と対峙し、さらに良心となって、ちょうど自我が別の疎遠な個人に向けて満足させたかったであろう同じ厳しい攻撃性を、自我に対して行使するのである。厳格な超自我とそれに服属する自我とのあいだの緊張は、罪の意識と呼ばれ、懲罰欲求(92)として現れる。このように、文化は個人を弱体化、武装解除し、占領した町で占領軍にさせるように、内部のひとつの審級に監視させることによって、個人の危険な攻撃欲を取り押さえるのである。

罪責感の成立について、精神分析家は普通、心理学者が考えるのとは違った考えをしているが、納得のいく説明は分析家にとっても容易ではない。さしあたってまず、人はどうして罪責感を持ったりするのかと問うなら、反論しようのない答えがひとつ返ってくる。自分でも「悪い」と分かっていることをしたら、自分のせいだ、自分には責がある（信心深い人なら、罪がある、と言う）と感じる、というのである。しかし、この答えがほとんど答えになっていないのはすぐに気がつく。それで、少しためらうかした後に、悪いことは何もしていないが、自分にそれをする意図があるのに気づいただけの人も、自分に責があると見なすこともある、と付け加えるだろう。その場合、ここではどうして意図するのと実際に行うのとが対等に扱われるのか、という疑問が投げかけられるだろう。しかし、いずれの場合とも、悪は唾棄すべきこと、けっして行ってはならないと分かっている、というのが前提となっている。どうしてそう断定するのか。善悪を区別する能力が人には元から、いわば自然に備わっているなどという発想は斥けてよいだろう。悪はしばしば自我にとって全く有害でも危険でもなく、それどころか逆に、自我にとって望ましく、楽しかったりもする。してみれば、そこには何か外からの影響が一枚嚙んでおり、それが、何が善で何が悪と呼ばれるべきかを決めているのだ。人間は、自分の感覚に頼るかぎりこれと同じ道に誘導されることはなかったはずだから、こうした外からの影響に従う動機が何かひとつあるはずである。この動機は、人間が非力で寄る辺なく他者に依存せざるをえないという点に容易に見いだされる。それは、愛の喪失に対する不安と呼ぶのがいちばんよいだろう。人間は自分が依存する他者の愛を失えば、様々な危険に対する庇護を失うことにもなり、とりわけ、自分より強力なこの他者が自分に対して懲罰というかたちでおのれの優越性を示してくるという危険にさらされることになる。だから、悪とは、元来、それを行えば愛を失いかねないもののことであり、愛の喪失に対する不安から、人は悪を避けなければならないのである。悪いことをすでにやってしまったか、それともこれからやろうとしているのかに大した違いがないのはそのためだ。いずれの場合でも、権威を持つ目上の者にそれが見つかった場合に初めて危険なことになる。見つかれば、この目上の者は、どちらの場合でも同じように振る舞うはずだ。

こうした状態は、「良心のやましさ」と称されるが、本来この名前に値するものではない。というのも、この段階では、罪の意識は明らかに愛の喪失に対する不安、「社会的」不安にすぎないからだ。小さい子供の場合はそうであるよりほかにはおよそありえないが、多くの大人でも、父親や両親がもっと大きな人間共同体に取って代わられる以外には、事情はほとんど変わらない。それゆえ、大人たちは、権威の持ち主に全く知られずにすむか見とがめられないのが確かでさえあれば、自分たちに楽しみを約束してくれる悪に、決まったように手を染める。彼らにとって唯一の不安は見つかることである。[*24] 今日の社会は一般にこうした状態を想定してかからねばならない(93)。

超自我というものが樹立され、そのことによって権威が内面化されるに及んで、初めてひとつの大きな変化が訪れる。これをもって、良心に関わる諸々の現象はひとつ新たな段階に引き上げられ、基本的にここで初めて良心や罪責感を云々できるのである。[*25] もはや、見つかりはしないかという不安もなくなり、悪事を行うのと悪事をしようと欲するのとの区別もすっかり消え失せる。心中の考えも含め、何ごとも超自我の目を盗むことはできないからである。もっとも、状況が実際に緊迫していたのはすでに過去のことである。われわれの見るところ、超自我という新たな権威には、自分と緊密な一体関係にある自我をしいて虐待する動機がないからである。とはいえ、成立経緯は後あとまで尾を引き、過去となったもの、克服されたものは途絶えてしまうのではなく、基本的にそれが当初あったままであり続ける点に、この経緯の影響が現れている。超自我は罪を犯した自我を同じ不安感でさいなみ、外界を介して自我を罰する機会を窺っているのである。

この発達の第二段階で、良心は、第一段階にはおよそ認められなかったある特性を示すようになるが、これはもはや容易には説明がつかない。すなわち、有徳の人であればあるほど、良心はいよいよ厳格で疑い深くなり、挙句の果てには聖徳の極みに達した人に限って、自分のことを全く下劣な罪深い人間と責めさいなむことになる。そうなると、せっかくの人徳も、約束されていた見返りの一部はふいになり、超自我の言うままに従順と節制に努めてきた自我は、師の信頼に浴することなく、それを勝ち得るべく骨折ったところで、どうやら徒労に終わりそうである。ここで早速、それが分かりにくい、などと言うのはいかにもわざとらしく、ためにする議論ではないか、との異論が上がりそうだ。いわく、人一倍厳格で警戒心の強い良心というのは、まさに道徳的な人間の際立った特徴であり、聖人が自らを罪深いと称するのも、彼らが、衝動を満足させたいという誘惑に特に強くさらされていることを考えれば、一概に不当だとも言えない。周知のように、誘惑は、折にふれて満足させられると、少なくとも当座のあいだは鎮まるのに対し、絶えず禁じられるか断念してばかりいると、いよいよつのってくるからだ……。何かと問題の多い倫理学の領域のもうひとつ別の事実は、運に恵まれない、つまり外的に事がうまく運ばず断念に追い込まれると、超自我における良心の威力が大いに促進・増強されることである。人間は事がうまく行っているかぎり、その人の良心も穏やかであり、自我も大概のことは気に留めない。しかし、ひとたび不幸に見舞われると、自らの中に閉じこもり、自分が罪深いのを認め、自分の良心の要求を増大させ、自らに節制を課し、償いによって自

＊24　ルソーの有名な中国の役人のことを考えられたい。

＊25　以上はあくまで全体の構図を概説しただけであり、実際には互いの区別は流動的で境界も定まらずに進行していくものが明確に区分されていること、またここでの問題は単に超自我の存在だけではなく、むしろ超自我の相対的な強さや影響範囲であることは、明敏な読者ならどなたも理解し斟酌してくださることだろう。良心や罪についてこれまで述べてきたことは、すべて一般によく知られ、ほとんど議論の余地のないことばかりである。

らを罰する。[*26] どの民族もこぞってこのように振る舞ってきたものだし、今もなおそのように振る舞っている。しかしこうしたことは、良心の原初的な幼児的段階から造作なく説明される。この段階は、超自我の内への取り込みの後にも捨て去られることなく、取り込みと並んで、また取り込みの背後で存続する。運命は両親の審級に代わるものと見なされ、不幸な目に遭うと、それは自分が最高の権力からもはや愛されていないことを意味する。そして、この愛の喪失を恐れて、幸福なときには顧みることもなかった超自我という両親の代理に対して、あらためて身を屈するのである。これがとりわけ明らかなのは、厳密に宗教的な意味で運命の中に神の意志の表現だけを見てとる場合である。自分たちを神の特段の寵児と見なしてきたイスラエルの民は、偉大な父がこの自らの民の上に不幸に次ぐ不幸を降りかからせたときにも、神とのこの関係について迷うことも、神の威力と正義に疑いの目を向けることもなく、ただ、この民にその罪深さを責め立てる預言者たちを生み出し、民族の罪の意識から彼らの祭司宗教のまことに厳格な戒律を創り出したのだった。(97) 未開人の場合、全く違った振る舞いをするのは注目に値する。災いが起これば、それは自分のせいではなく、どうやらその責務を果たさなかったらしい呪物に罪を着せ、自分自身を罰する代わりにこの呪物を打ちのめすのだ。

要するに、罪責感の源泉としては、まず権威に対する不安と、後に生じる超自我に対する不安という二つの源泉が知られるのである。前者は欲動の満足を断念するように強い、後者はこの満足の断念に加えて、禁止された欲望が存続しているのを超自我には隠しようがないから、懲罰をも迫る。われわれはまた、超自我の厳しさ、つまり良心の要求をどのように理解できるかということも学んだ。超自我の厳しさは、外の権威の厳しさに取って代わり、部分的にその代替であり、その意味でそれをひたすら継続するだけのものである。こうなると、欲動の断念が罪意識とどのような関係にあるかがよく分かる。もともと、欲動の断念は外の権威に対する不安の結果である。人は、この権威からの愛を失わないために、様々な満足を諦めるのである。この断念を行ってしまえば、権威に対してはいわば何らやましいところはなくなり、罪責感は残らないはずである。しかし、超自我に対する不安だと話は違ってくる。ここでは欲動の断念はあまり役立たない。欲望は消えることなく残っており、超自我に対して隠しておくことができないからだ。こういうわけで、欲望の断念がうまく行った場合にも、何らかの罪責感は生じるだろう。これは超自我の設立、言うなれば良心の形成が抱える大きい経済論的な欠点である。欲動の断念にはもはや全面的な解放的効果が伴わない。有徳の禁欲的な振る舞いに対しても、もはや愛の確保という見返りはない。外的な権威の愛を喪失したり懲罰を受けたりするという、外からやってくる不幸の代わりに、人は、罪の意識の緊張という絶えざる内的な不幸を背負い込んだのである。

この間の事情ははなはだ錯綜していると同時に極めて重要だから、繰り返しになるのを恐れず、これを今ひとつ別な面から検討してみたいと思う。要するに、時間的な順序はこうなるだろう。まず、外の権威からの攻撃に対する不安の結果としての欲動断念があり、愛の喪失に対する不安もやはり同じ結果を生む。愛は懲罰というかたちでのこの攻撃から守ってくれるものであるからだ。次に、内的な権威が確立され、この権威に対する不安の結果とし

＊26　マーク・トウェインは、このように道徳が不運によって促進されるのを、「私が盗んだ最初の西瓜」と題する秀逸な短編の中で取り扱っている。この最初の西瓜はたまたま、まだ熟していない。私はマーク・トウェインが自らこの短編を朗読するのを聞いたことがある。彼はこの題名を読み上げたあと、一呼吸おいて、首をかしげて「あれが最初だったかな」と自問した。これで彼はすっかり暴露してしまった。最初の西瓜は、盗んだ唯一の西瓜ではなかったのである。[98]

て欲動断念が生じ、さらに良心の不安[99]へと続く。第二の場合には、悪を行うのと悪を意図するのとは等価のものと見なされ、それゆえに罪意識と懲罰要求とが生じる。良心の攻撃性は権威の攻撃性を保持する。たぶんこの点までは十分明らかになったであろう。しかし、そうなると、不幸(外部から課せられる断念)が良心を強化する影響力を持つというのと、この上なく善良で温順な人に限って良心が極端に厳格になるというのとが入り込む余地はいったいどこに残っているのか。われわれは、良心の二つの特性についてはすでに説明したが、どうやらこうした説明では、事柄の根本に達していない、まだ何かが説明されずに残されている、という印象を払拭できなかったと思われる。ここでついに、人々の通常の考え方には馴染みがなく、精神分析に固有と言えるひとつの考え方が割って入る。この考え方を取ることで、対象がどうしてこれほどにも混乱し不透明なものと映らざるをえなかったかが理解されるのである。どう考えるかといえば、当初は確かに良心(より正確には、後に良心となる不安)が欲動断念の原因であったが、後に関係が逆転する、と見るのだ。そうなると、欲動がひとつ断念されるたびにそれは良心の力動的な源泉となり、新たにひとつ断念されるごとに、良心は厳しさと不寛容をつのらせる。仮にこれを、われわれがすでに知る良心の発生史ともっと綺麗に整合させることができさえすれば、われわれとしては、ひとつ逆説的な命題を提起してみたくなったことであろう。いわく、良心とは欲動断念の帰結である、あるいは、(外部から課せられた)欲動断念は良心を創り出し、この良心がさらに欲動断念を要請する……。

本来、右のこの命題は、先に述べた良心の成立とそれほど大きく矛盾するものではないし、この矛盾をさらに縮小する方途も分かっている。話を少し簡単にするために、攻撃欲動を例に取り、目下の文脈に関連するところでは常に攻撃の断念が問題となっていると想定してみよう。もとよりこれは単に暫定的な想定のつもりである。そう考えれば、欲動断念が良心に作用を及ぼすというのは、われわれが攻撃欲動を満足させないと、その一々が超自我によって引き受けられ、(自我に対する)超自我の攻撃性が増大する、というかたちで行われることになる。しかしこれだと、良心のもともとの攻撃性とは外の権威の厳しさを引き継いだものであり、それゆえ断念とは何の関係もないというのと話がうまく繋がらない。しかしこうした不整合は、超自我が最初に攻撃性を備えるにいたる経緯について、われわれがその筋道を違ったかたちで考えるなら解消することができる。自分にとって最初の、しかも最も重要ないくつかの満足を権威によって阻止される子供は、求められる欲動断念の種類の如何にかかわらず、この権威に対して、少なからず攻撃性向をつのらせたに違いない。復讐の念に燃えるこの攻撃性を満足させるのを、子供は不本意ながら断念しなければならなかった。子供がこうした困難な経済状況から抜け出す方法は、よく知られたメカニズムである。攻撃しようにも歯の立たないこの権威を自分と一心同体と見なし、自分の中に取り込む。こうして権威は超自我となり、子供がこの権威に向けたかったはずの攻撃性をすべて保有することになる。子供の自我は、屈服した父としての権威という悲しい役割に甘んじなければならない。これはしばしば起こる状況の逆転である。「もしぼくが父さんで、父さんが子供だったら、ぼくは父さんをひどい目にあわせてやる……」。超自我と自我との関係は、いまだ未分化の自我と外の対象とのあいだにあった現実の関係が、欲望によって歪められた上で回帰したものなのである。これもまた典型的である。本質的な相違は、超自我のもともとの厳しさは、一概に、外の対象としての父から経験した厳しさ、あるいは父に備わっていると思われた厳しさというわけではなく、むしろ自分が父親に対して抱いた攻撃性の厳しさの代理だ、という点である。これが当たっているなら、実際のところ、良心は、初めにひとつの攻撃性が抑え込まれることによって生じ、その後の経緯の中でそうした抑え込みが繰り返されることによって強化されるのだ、と主張することが許されるだろう。

では、どちらの見解[100]が正しいのだろうか。成立の説明という点で非の打ちどころがないかに見える第一の見解か、それとも、理論をものの見事にまとめ上げた第二の見解か。直接の観察からも裏付けられるとおり、明らかに両方とも正しいのである。二つの見解は互いに矛盾せず、ある個所では符節が合ってさえいる。復讐の念に燃える、子供の攻撃性は、父が仕掛けてくると予想される懲罰的な攻撃の程度の如何によっても左右されるからである。ところが経験から知られるところでは、子供が発達させる超自我の厳しさは、彼自身が被った取り扱いの厳しさをけっして再現するものではない。[*27] 超自我の厳しさの程度の如何については受けた扱いの厳しさの程度に必ずしも左右されないようで、いたって穏和な中で育てられた子供でも、極めて厳格な良心を獲得することもある。ただ、両者が互いに無関係であるのを誇張するのも見当違いだろう。どれほど厳しく育てられるかが、子供の超自我の形成に強い影響を及ぼす、というのを納得するのにさほどの困難はない。結論としては、超自我が形成され良心が成立する上で、持って生まれた資質的要因と現実の周囲の環境の影響とが協働して作用する、ということになる。けっして意表を突くものではなく、この種の過程全般の原因についてはこれが一般的な条件である。[*28]

当初、欲動が、禁止と断念のせいで幾度かにわたって大きく不首尾をきたすのに対して、子供が過度に強い攻撃性と、それに匹敵する超自我の厳しさで反応するなら、それは系統発生上の模範に従ったもので、今どきの正邪の観点による判断の及ぶところではないとも言える。太古の父は確かに恐るべき存在で、攻撃的になると何をしでかすか見当もつかなかったからである。そうだとすると、個体の発達史から系統発生上の発達史に転じるなら、良心の発生についての二つの見解の相違はいよいよ小さなものになる。その代わり、これら二つの過程にひとつ重要な相違が新たに現れてくる。われわれは、人類の罪責感がエディプスコンプレクスに由来し、兄弟たちが結束して父親を殺した際に得られたものだという想定を脱却することができない[101]。当時、攻撃性は抑え込まれることなく実行されたのだが、この同じ攻撃性が子供では抑え込まれることが、罪責感の源泉になるというのである。ここでひとりの読者が苛立って声を張り上げ次のように言ったとしても、私が別段驚くことはあるまい。「父親を殺そうと殺すまいと、どちらでもよいと言うのですか。どのみち、人は罪責感を持つと言うのですね。そうだとすると、当然いくつかの疑問が湧いてきます。罪責感とは攻撃性が抑え込まれたことに由来するというのが間違っているか、それとも父親殺しの話はすべて作り話にすぎず、原始人の子供たちによる父親殺しも今日より特に頻繁にあったわけではないか、そのどちらかになりませんか。ちなみに、もしそれがただの作り話ではなく、信憑性のある史実だとしても、続いて起こることといえば、要するに、釈明の余地のないことを実際にしてしまったのだから、自分に罪

＊27　この点は、メラニー・クラインや他のイギリスの研究者たちによって正しく強調されているとおりである。
＊28　Fr・アレクサンダー[102]は『全人格性の精神分析』（一九二七年）の中で、放任による不良化についてのアイヒホルンの研究に依拠して、病因となりうる育て方の二つの主要な類型、すなわち過度の厳格さと甘やかしとについて的確な評価を与えている[103]。「過度に柔和で寛大な」父親は、子供に過度に厳格な超自我を形成させる誘因となるだろう。というのも、子供は、自分に愛が強く注がれているのを感じて、自らの攻撃性の捌け口として、それを内に向けるほかないからである。愛されないまま放任されて育ち、ぐれてしまった子供では、自我と超自我のあいだの緊張が欠落し、攻撃性はすべて外に向けられることにもなる。そうすると、資質上の要因も想定されるが、これをひとまず度外視するなら、厳格な良心は、欲動の断念と愛の経験という、生に影響する二つの要因の協働から生じる、前者は攻撃性を解き放ち、後者はこの攻撃性を内に向け、さらに超自我にそれを委ねる、と言えよう。

責感を覚えるというだけのことで、世間の常識からいえば当たり前のことです。いずれにせよ、連日起こっているこうした事件について、精神分析から説明してもらったためしはありません。」

　これはなるほどそのとおりで、遅きに失するとはいえ、その埋め合わせをしておきたい。そこに何か特別な秘密があるわけではない。人が何かあるまじき行為をした後、そのために罪の意識を持つなら、この感情はむしろ後悔と呼ばれるべきだろう。それはひとつの行為に関わるだけのものであって、当然、良心、すなわち自分に罪があると感じる心の用意が、すでにその行為に先だって存在していたことを前提としている。それゆえ、そうした後悔は、良心や罪責感全般の起源を見いだすのには何の助けにもならない。日常のありふれたこうした事例は、通常、次のような経過を辿る。ある欲動の欲求が一定の強さに達すると、良心のほうも強さには限界があるから、それを押しとどめることはできず、欲動欲求は自分の満足を果たす。満足したことで欲求はおのずと弱まり、そうすると以前の力関係が回復する……。だから、後悔に由来する罪責感の事例は頻繁に起こり、実際にそれなりに重要だとはいえ、精神分析としては、目下の研究対象からはずしておくのが適当である。

　しかし、人間の罪責感が原父の殺害に起因するのであれば、これとてやはり「後悔」の一例だったということになるが、当時は、先の前提からして、この行いの前には良心と罪責感が存在していなかったはずではないのか。この事例の場合、後悔はいったいどこからやって来るのか。当然の疑問である。この事例は罪責感の秘密を解明し、われわれの困惑に決着をつけてくれるに違いない。実際、そうしてくれていると私は考えている。この後悔は、父に対する原初的な感情の両価性《アンビヴァレンツ》の結果であった。息子たちは父を憎んでいたが、また愛してもいた。憎しみが攻撃性によって満足されると、行為に対する後悔というかたちで愛が前面に現れ、この愛が父との同一化を通して超自我を樹立し、あたかも父に向けてなされた攻撃の行いに対する懲罰のためとでも言うように、超自我に父親の権力を与え、こうした行為がふたたび繰り返されるのを防ぐための制限を設けたのだった。父に向けられた攻撃性向はその後に続く世代でも繰り返されたので、罪責感も消えることなく存続し、攻撃性が抑え込まれ超自我に委ねられるたびに、新たに強化されていった。これでようやくわれわれは、良心の成立には愛が関与しており、罪責感は宿命的なものであって避けることはできないという、二つのことを実に明確なかたちで捉えることができたと思われる。父親を殺したのか、それともその行為に及ぶのを差し控えたのかは、実際のところ決定的ではない。いずれの場合とも、人は自分に罪があると感じる。というのも罪責感は、両価性の葛藤、つまりエロースと破壊ないし死の欲動とのあいだの永遠の闘いの表現だからである。共同生活という課題が人間に与えられるやいなや、すぐにこの葛藤に火がつく。この共同体が家族という形式しか知らないかぎり、葛藤はエディプスコンプレクスとして現れ、良心を設立し、最初の罪責感を創り出さなければならない。この共同体を拡大するのが試みられるようになると、同じ葛藤が過去に依存した様々なかたちで継続され、強化され、その結果、罪責感をいよいよ増進させることになる。文化は、人間たちを緊密に結束した集団に統合するように駆り立てるエロースの内的な推力に従っているので、罪責感をさらにいっそう強化するという方途によってしか、この目標に到達することができないのである。父に関連して始まったことが、集団に関わるかたちで完成する。文化というのが家族から人類に至る必然的な発展の歩みであるなら、この文化には、持って生まれた両価性の葛藤の結果として、あるいは愛と死の追求との永遠の争いの結果として、個々人が耐えがたいと感じるほどの罪責感の増進が切り離しがたく結びついている。偉大な詩人が「天上の力」に対して行った感動的な告発が思い出される。

「あなたはわれらを人生に導き入れ、
貧しき者を罪ある者とし、
ついでその者を苦悩にゆだねられる
何しろあらゆる罪に報いのあるのがこの世の習い。[*29]」

世の中には、自分の感情の渦の中からこれだけ深遠な洞察を造作なく引き出してみせる才能を授かった人もいる一方で、そうした洞察に達するのに、われわれ凡人となると、苦労が絶えず覚束ない中をたゆまぬ手探りによって道を拓くしかないのを思い知らされ、つい溜め息も漏らしたくなる。

VIII

そのように歩んできたこの道の終わりに臨んで、著者は、自分が読者にとって巧みな案内人ではなく、荒れた道のりや面倒な回り道に付き合わせてしまったことを詫びなくてはならない。もっと容易な道があったはずであるのは間違いない。遅まきながら、少し埋め合わせをしたい。

さしあたり私は、罪責感について論じるのにあまりにも多くの紙面を割き、それとは必ずしも密接に関連しない他の内容を周辺に追いやることになったため、読者はこの考察が本編の枠に収まりきらないとの印象を持たれたことと推察する。確かに論文の構成がそのせいで歪んだかもしれないが、もとよりそれは、罪責感が文化の発展の上で最も重要な問題であることを示し、文化の進歩には罪責感の増大による幸福の減失という代償が払われねばならないことを明らかにしようとする本編の意図に添うものであった。[*30] 本編の考察の最終的な結論と言うべきこの命題に関して、まだどこか奇異な感じがするのは、おそらく罪責感とわれわれの意識との関係がはなはだ特異であって、今にいたってもおよそ理解しえないでいることに起因するものであろう。正常と見なされているありふれた後悔の事例において、罪責感は、意識にはっきり知覚できるかたちで現れる。ただ、通常はこれを罪責感とは言わず、「罪の意識[104]〔後ろめたさ〕」と呼んでいるだけのことである。神経症の研究からは正常ということを理解する上でも極めて貴重な示唆が得られるが、この神経症研究によってまことに矛盾に満ちた事態が判明してきた。神経症疾患のひとつ、強迫神経症では、罪責感が意識に声高につきまとい、患者の生活も病状も罪責感に支配され、他の何ごと

＊29　ゲーテ『ヴィルヘルム・マイスター』の中の竪琴弾きの歌。[105]

＊30　「このように、良心のせいでわれわれは皆、臆病になってしまう。[106]（…）」青少年に対して、性愛が各自のこれからの人生の中でどのような役割を果たすことになるかを隠しだてしているというのだけが、なにも今日の教育の唯一の難点ではない。ほかにも、各自が必ず他人の攻撃性の対象となることに対して、青少年に心の用意をさせていないという点も、また手抜かりである。まるで見当違いの心理学的な案内と指導を与えて青少年を人生行路に送り出すのだから、教育の振舞いは、極地探検に出かける人に、装備として夏服と北イタリアの湖水地方の地図を与えるのと変わりない。ここでは、倫理的要求がいくらか誤用されているのは明らかである。倫理的な要求が厳格なことを言っても、教師が、たしかに人間は、自分が幸福になるためにも、他者を幸福にするためにもこうであるべきだ、ただ、人間は実際にはそうではないことも考慮に入れておかなければならないよ、と述べるなら、倫理の要求の厳しさも大した害はあるまい。ところが、そうする代わりに、他の人はみなこの倫理的な規則を守っている、だから有徳の人なのだ、と青少年に信じ込ませる。これを論拠に、おまえもそうなるべきだと求めているのだ。

もほとんど付けいる隙がない。しかし、同じ神経症でも他の大半の症例や形態では、罪責感は全く意識されないままにとどまるのだが、だからといって、そのせいで現れてくる影響がもっと小さいというわけではない。われわれが患者に、あなたには「無意識の罪責感」がありますと言っても、彼らは信じようとしない。いくらかでも理解してもらうために、彼らに罪責感の現れである無意識の懲罰欲求について話してみたりもする。しかし、神経症の形態との関係を過大評価してはならない。強迫神経症でも、罪責感を感じなかったり、あるいは、特定の行動を実行しようとするのを妨害されて初めて、何か苦痛を伴う居心地の悪さや一種の不安として罪責感を感じたりする患者のタイプもいる。こうした事柄は、いずれきっと理解できるようになるはずだが、今のところまだできないでいる。ここでひとこと、罪責感は根本的には不安の局所論的な一変種にすぎない、後の局面では、罪責感は超自我に対する不安と全面的に重なりあって一つになってしまう、と断っておくのも悪くはないかもしれない。そしてこの不安にも、意識との関係に関して、罪責感と同様、とてつもなく多種多様な形態が認められる。不安は、何らかのかたちですべての徴候の背後に潜んでいるが、ある場合には騒々しく意識のすべてを占有するかと思えば、ある場合には完全に姿を隠してしまうので、われわれは無意識の不安ということを――あるいは不安はさしあたりあくまでひとつの感覚にすぎないのだから、心理学の良心に照らしてもう少し綺麗な言い方をするなら――不安の可能性という(107)ことを語らねばならなかったりもする。それゆえ、文化によって生み出された罪の意識もまた、罪の意識としては認識されず大部分は無意識的なままにとどまるか、あるいは居心地悪さや不満として現れ、その動機が別のところに求められたりする、ということも十分に考えられる。少なくとも宗教は、文化の中で罪責感が果たす役割をけっして見誤ることはなかった。別のところでは論じ尽くせなかったが[*31]、罪責感のことを罪と呼ぶ宗教は、自分には、この罪から人類を救済できるのだと触れまわっている。キリスト教では、ひとりの個人が自ら犠牲となって死ぬことで万人に共通する罪を一身に背負い受け、それによってこの救済が得られることになっているが、この筋立てから、われわれは、文化の端緒ともなったこの原罪が、最初どのようなきっかけで得られたのかについて、ひとつの推論を引き出したのだった。[*32]

超自我、良心、罪責感、懲罰欲求、後悔といったいくつかの言葉の意味を解説しておくのは、特に重要というわけではないにしても無駄ではあるまい。これらの用語を、われわれは往々、互いに区別しないままずいぶん粗雑に使ってきたかもしれない。これらの言葉が指しているのはすべて同じ事態であるが、それぞれ、その事態の違った側面を言い表している。まず超自我とは、われわれがその存在を明らかにしたひとつの審級であり、良心とは、この超自我に備わると見られる数ある機能のひとつで、自我の行動や意図を監視し判断し、一種の検閲活動を行っている。そうすると、罪責感、つまり超自我の厳格さとは、良心の厳しさと同一のものであり、自分はこのように監視されているのだという、自我に割り当てられた知覚であり、また自我が、自分の努力と超自我の要求とのあいだの距離を評定する働きであることになる。そして、こうした関係全体の基礎にある、批判的審級に対する不安、すなわち懲罰欲求とは、サディズム的な超自我の影響のもとでマゾヒズム的となった自我の欲動の現れである。自我が、自らの内に存在している内的破壊への欲動の一部を、超自我に性愛的に拘束される結びつきに用いようとする

＊31　私が念頭に置くのは、[108]『ある錯覚の未来』（一九二七年）のことである〔本巻所収〕。
＊32　『トーテムとタブー』（一九一二―一三年）（GW-IX）〔本全集第十二巻〕。

のを、マゾヒズム的になったというのである。良心については、超自我の存在が証明されるまでは云々するべきでないだろう。罪の意識については、それが超自我よりも前から、したがってまた良心よりも前から存在していると認めなければならない。その場合、罪の意識とは、外的権威に対する不安の直接的な表現、あるいは自我とこの権威とのあいだに距離があることの承認であり、また、この権威の愛を得たいという欲求と欲動を満足させたいという(制止されると攻撃性への性向を生み出すことになる)衝迫とのあいだの葛藤から直接に派生した蘖《ひこばえ》である。罪責感では、外的権威に対する不安と内的権威に対する不安のそれぞれから成る二つの層が重なりあっているせいで、良心が持つ様々な関係を窺い知ることが多くの点で困難であった。後悔とは、自我が罪責感を覚える場合に示す反応の総称であり、その中に、背後に作用する不安の感覚素材をほとんど元のままのかたちで含んでおり、それ自体が懲罰であって、しかも懲罰欲求を含むこともあり、またそれゆえ良心よりも古いのかもしれない。

ここで、われわれの考察をしばし混乱させたいくつかの矛盾をあらためて検分しておくのも、悪くはないだろう。罪責感は一方では、攻撃性が差し控えられたことの結果だとされた。しかし他方では、とりわけその歴史的な端緒である父親殺しに際しては、攻撃性を実行に移したことの結果だとされた(109)。われわれはこの難点から抜け出す方途も見いだした。内的な権威である超自我の設立は状況を根本から一変させたのである。これ以前には、罪責感は後悔と同一のものと見なされていた。ここでわれわれは、後悔という名称は攻撃性が実際に行動に移された後の反応に取っておくのがよい、ということに気づかされる。後になって、超自我には何もかもお見通しであることの結果として、意図されただけの攻撃性と成就された攻撃性との区別はその効力を失った。こうなると、実際に実行された暴力行為は、誰もが知っているように罪責感を生むが、単に意図されたにすぎない暴力行為も、精神分析が認識したようにやはり罪責感を生み出しうるのである。心理的状況に変化はあっても、二つの根本欲動のあいだの両価性の葛藤は同様の結果を残すのである。[110] ここで、誰もがつい、意識に対する罪責感の関係が一様でないという点から、この謎を解きたいという誘惑に駆られるだろう。悪い行為についての後悔に由来する罪責感は必ず意識されるはずだが、悪い衝動が自分の中にあるのに気づいたことに由来する罪責感は意識されないままにとどまることがある、というわけだ。しかし、事はそれほど単純ではない。強迫神経症がこれに強く異を唱える。第二の矛盾は、超自我に備わっていると考えられる攻撃的エネルギーに関することで、ひとつの見解によれば、このエネルギーは、外の権威の懲罰エネルギーを単に継続し、心の生活のために維持しているだけなのだが、[111] 別の見解によると、自らの攻撃性であり、制止的に働く権威に矛先を向けながら、実際には用いられなかったものだというのである。[112] 第一の見解は罪責感の歴史に、第二の見解は罪責感の理論にそれぞれ向いていると思われた。もっとも、少し立ち入って検討してみると、一見互いに相容れないと思われた矛盾も、ほとんど拍子抜けするほどにたやすく消え去ってしまった。洗い出してみると、内に向けて遷移された攻撃性であるというのが双方に共通する本質的な点として浮き彫りになったのである。やはり臨床観察からすると、超自我に帰される攻撃性には実際のところ二つの源泉が区別できる。個々の事例では、どちらか一方が他より強く作用するのだが、一般的には両者は協働している。

先に暫定的な想定として勧めた見解がひとつあるが、[113] ここはそれを真剣に主張すべきところである。最近の精神分析の文献に見られる傾向として、いかなる類いであれ禁止や断念による不首尾がひとたびあれば、あるいは欲動満足がひとたび妨げられるなら、その結果、罪責感が増大する、あるいは増大する可能性がある、とする見解が支持されている。[*33] これは攻撃的欲動についてのみ言えると考えるなら、理論面で全体が整理されて分かりやすくなり、また、この想定に反するものもさほど多く見当たらないだろうと思われる。性愛的な要求が満たされず、それに代わって罪責感の増大が現れるという事態は、力動論や経済論の立場からどう説明すればよいのか。ここは、どうやらひとつ回り道をするしかないようで、要するに性愛の満足が阻止されると、この満足を妨害する人物に対していくらか攻撃性向が呼び起こされるのだが、この攻撃性そのものはふたたび抑え込まれなければならないのである。しかしその場合には、やはり、抑え込まれ、超自我に押しつけられる攻撃性だけが罪責感に転換するということになる。私は、罪責感の由来について精神分析が得た所見を、攻撃的欲動に限定すれば、多くの過程についてもっと単純で見通しのきく叙述が可能になると確信している。ここで臨床的素材を参照しても、一義的な答えは得られない。なぜなら、われわれの前提によれば、二種の欲動が純粋に、互いに分離されて別々に現れてくることはほとんどないからである。しかし極端な事例に即して考えると、それが指し示すのは私が期待する方向であろう。私は、さらに厳密を期したこの見解を抑圧過程に適用することで、最初にその恩恵にあずかりたいという誘惑に駆られる。われわれはすでに、神経症の症状が本質的に満たされない性的欲望の代替満足であるということを知っている。分析作業を進める中で、われわれにとっても意外なことに、おそらくいかなる神経症も一定の無意識的な罪責感を隠し持っており、それがさらに懲罰として用いられることによって症状を固定することが分かってきた。そうすると、ある欲動の努力が抑圧を受けると、そのうちでリビードから来る分は症状に転換され、その攻撃的な要素は罪責感に転換される、と定式化したくなる。この命題には平均的な近似値としてしか妥当性がないとはいえ、検討に値する。

本編の読者の中には、エロースと死の欲動との闘いという定式には聞き飽きたとの印象を持たれる向きもあるかもしれない。この定式は、人類に起きた文化過程の特質を表そうとするものだが、[114]個人の発達を語るのにも用いられ、[115]その上さらに有機的生命全般の秘密を暴いたとされた。[116]この三つの過程の相互の関係をぜひとも調べてみる必要があると思われる。さて、人類の文化過程も個人の発達も同じく生命現象であり、その結果、いずれもが生命の最も普遍的な性格を分かち持たざるをえないのを考えれば、この定式が繰り返されるのにはなんら不都合はない。逆にそうであればこそ、こういった普遍的特質があるのを証明しても、この特質を個別の条件によって絞り込まないかぎり、これら二つの過程を区別するのにはなんら役立たない。われわれとしては、次のように定式化してみることによって初めて納得がいく。いわく、文化過程とは、個々の人間たちをリビードによって互いに結びついた共同体へ統合するという、エロースが提起し、現実の困窮たるアナンケーによって督促される課題に影響されて生命過程が被る変容のことである……。しかし、人類の文化過程と個人の発達過程ないし教育過程とのあいだの関係を注視するとき、われわれは、この両者がただ別種のものを対象としているだけで同一の過程だ、とまでは言わないにしても、それぞれの性質が互いに酷似しているのを認めるのにさほど迷うことはあるまい。もとより、人類の文化過程は個々人の発達よりも抽象度の次元が高く、それゆえまた直観的に捉えるのもいっそう難しい。両者の類似点を挙げていくにしても、度を越して無理をするのは禁物である。しかし、前者では多くの個々人から集団として

155　VIII

＊33　特にE・ジョーンズ、スーザン・アイザックス、メラニー・クラインがそうである。私の理解では、ライクやアレクサンダーもここに含まれる。

の統一を作り出そうとし、後者ではひとりの個人を一個の人間集団の中に組み込もうとしていて、その点で互いに類似した目標を持つことを考えるなら、それぞれで用いられる手段や生じる現象が似ているのは意外でも何でもない。実は双方の過程を区別する特徴がひとつあり、これはことのほか重要であるから、この先ずっとこれに触れないでおくわけにはいかない。個人の発達過程では、幸福の満足を見いだそうという快原理のプログラムが主たる目標として堅持されており、自分をひとつの人間共同体の中に組み入れそれに適応するのは、こうした幸福目標の達成のために満たされるべき、ほとんど避けることのできない条件であるように見える。仮にこうした条件がなくてもうまく行くのであれば、それに越したことはあるまい。言い換えれば、個人の発達とは、われわれが通常「利己的」と呼ぶ幸福への努力と、「利他的」と呼ぶ、他者と一体となって共同体を生み出そうとする努力、この二つの努力の相互干渉の所産であるように思われるのである。この「利己的」と「利他的」という両方の名称には、表面的な意味以上のものは特にない。個人の発達においては、右に述べたように、幸福を追求する利己的努力に主眼が置かれるのに対して、もう一方の「文化的」と呼ぶべき努力のほうは、通常、制限としての役割に甘んじる。しかし、これが文化過程の場合となると話が違ってくる。ここでは、個々人からひとつの統一体を作り出すという目標が断然主要な案件であり、幸福実現という目標は消失したわけではないにせよ、背後に押しやられて影が薄くなっている。ひとつの大きな人間共同体を創出するには、いちいち個人の幸福を顧みる必要などないに限ると思われるほどだ。このように個人の発達には、人類の文化過程には見いだされない独自の特徴が備わっているのかもしれない。ただ、この個人の発達過程も、それが共同体との連結を目標とする以上、やはり文化過程と符節を合わせなくてはならない。

惑星は自身の軸のまわりを回転しながら、また中心に位置する天体のまわりを旋回するが、それと同様、個々の人間も自分固有の人生の道程を歩むとともに、人類の発展の歩みに与してもいる。しかし、この天上で演じられる力くらべは、われらが短見には、永遠に変わることのない硬直した秩序と映る。一方、有機体の生命現象では様々な力が争いあい、その抗争の結果が絶えず変わっていく様が見られる。こうして、個人的な幸福を求める努力と人間相互の連結を目指す努力という二つの努力も一人ひとりの個人の中で互いに闘わなければならず、個人の発達と文化の発展という両過程は互いに敵として遭遇し、それぞれ相手の領土を奪いあわねばならない。もっとも、個人と社会とのあいだで繰り広げられるこの闘いは、エロースと死という二つの根源的欲動とのあいだの和解不可能とおぼしき対立からその蘖《ひこばえ》として派生したのではなく、リビードの家計のやりくりの中での確執を意味し、自我とその対象とのあいだのリビードの配分をめぐる争いに喩《たと》えられるべきものである。そして、この闘いのせいで現在のところ個々人の生活はなおはなはだ困難であるとはいえ、個人においては、また望むらくは文化の将来においても、いつかはこれが最終的な和解に達するのが不可能なわけではない。

文化過程と個人の発達行程との類似には、さらにもうひとつ重要な一点が付け加わる。共同体もまたひとつの超自我を形成し、その影響下に文化が発展すると断じてよい、というものだ。両者の類似性を個々に追跡するのは、人間文化の識者にとっては魅力ある課題であろう。ここでは、めぼしい点をいくつか拾い上げるにとどめておきたい。ある文化期の超自我は個々人の超自我と似た起源を持っている。それは、偉大な指導者たちが残していった印象に根ざしている。彼らは、圧倒的な精神力を備えた人々であり、また人間が何かを求めて行う様々な努力のうちひとつが極度に強く純粋に、それゆえまた極端に一面的に形成された人たちだと言ってよい。多くの点で、類似がさらに挙げられる。ちょうどあの原父がやはり無残に殺害され、ずっと後になってようやく神格に上りつめたのと同じように、これらの人物たちも皆が皆ではないにせよ、往々、他の者らから嘲笑され、あるいは虐待され、時には残酷な仕方で亡き者とされることすらあった。そうした運命の結節を示す例の中でも、われわれを最も捉えて放さないのが、ほかならぬイエス・キリストという人物である。もっともそれとて、彼が、あの原初の事件への微かな想い出の中でこのような人物を創作した神話に属するというのでなければ、の話である。もうひとつの符合は、文化の超自我も個人の超自我と全く同じように厳格な理想要求を掲げており、この要求に従わないと「良心の不安」によって罰せられるという点である。(117) 実際、ここでは、それに関連する一連の心的過程が、個々の人間の場合よりも集団の側から見るほうが、われわれに馴染み深く、意識しやすいという注目すべき事態が認められる。個々人では、要求とのあいだに隔たりがある場合、超自我の攻撃だけが声高に非難となって聞こえてくるものの、要求そのものは背景にあって、しばしば意識されないままにとどまる。そういった要求を意識的な認識に引き上げてみると、それらが各時代の文化の超自我が指図するところと一致していることが分かる。集団の文化的発展の過程と個人の固有の発達過程という二つの経路は、決まってこの地点で互いに絡みあうのである。それゆえ、超自我のいくつかの表現や特性は、個人におけるよりも文化共同体における超自我の振る舞いに注目するほうが、見極めやすい。

文化の超自我も従来、固有の理想を形成してきたところであり、また今も固有の要求を掲げている。これらの要求のうち、人間相互の関係に関わるものが集大成されたのが倫理である。いつの時代にも、人は、それに何か特段の働きでも期待するかのように、倫理に最大限の価値を置いてきた。実際、倫理とは、どの文化にせよ、その最大の泣きどころと容易に知れる部分に対処するものだ。つまり、倫理とはひとつの治療的な試み、これまで他の文化作業によっては達成できなかったあることを、超自我の命令によって達成しようと努めるものだと捉えることができる。ここで問われているのが、文化の最大の障害、すなわち人間が素質として生まれ持った互いに攻撃しあう傾向をどのようにして取り除くか、ということであるのをわれわれはすでに知っている。文化的超自我の発した命令のうちでどうやら最も新しいものとおぼしき、「汝の隣人を汝自身と同じように愛せ(118)」という命令が、とりわけわれわれの関心を引くのもまさにこのためにほかならない。われわれは神経症の研究やその治療の中で、個人の超自我に対して二つの点で非難せざるをえなくなった。超自我は、もっぱら厳しい命令や禁止を出すだけで、それに服従しようにも、エスの欲動の強さや周囲の現実の様々な困難など、様々な抵抗があるのを十分に考慮せず、自我の幸福についてはおよそ頓着しない。それゆえわれわれも、治療の立場から、しばしば超自我を叩くことを余儀なくされ、その要求を低下させるように努めている。文化の超自我の倫理的要求に対しても、それと全く似通った異論を向けることができる。文化の超自我も、人間の心的資質の事実を十分に顧慮しておらず、命令を出すものの、人間には、その命令に服従することが可能かどうかは問わない。むしろ、人間の自我には、課せられたことがすべて心理学的に可能であり、自らのエスを無制限に支配する権限がある、と決めてかかっている。これは間違いで、いわゆる正常な人間であっても、エスを支配することは一定の限界を超えると不可能になる。それ以上のことを要求すると、個々人に反抗や神経症を引き起こさせたり、本人を不幸にしたりする。「汝の隣人を汝自身と同じように愛せ」という命令は、人間の攻撃性を撃退する最強の防衛であるとともに、文化の超自我がいかに人の心理というものを理解しないかを示す見事な例である。この命令では実行しようがない。愛をこれほど気前よく大盤振る舞いすれば、その価値が下がるだけで、これでは人の苦境を救えない。文化はこの手のことにはおよそ目もくれず、言いつけはそれを遵守するのが難しければ難しいほどありがたいのだ、と言い含めるだけである。しかしながら、現代の文化の中でそのような言いつけを守れば、それを無視する者に比べて損をするだけだ。攻撃性を防衛することがこの攻撃性そのものと同じように人を不幸にしうるとなると、攻撃性が文化に及ぼす障害のなんと大きいことか。いわゆる自然な倫理が提供してくれるものといえば、せいぜい、おまえは自分を他人より善い人間であると見なしてよい、というナルシシズム的な満足くらいのものである。宗教に依托する倫理だと、ここで、よりよい来世の約束を登場させるはずだ。しかし徳が地上で報われないかぎり、倫理が何を説こうがむなしいと思われる。ここで、所有に対する人間の関係を現実に変革することができれば、どのような倫理の命令よりも害悪の軽減に役立つであろうことは、私にとっても疑いようがないように思う。ただ、せっかくのこうした洞察も、社会主義者たちの場合、人間本性を見誤る近頃の理想主義的な妄念のせいで霞がかかり、実行に移すだけの価値を持たなくなっている[119]。

文化発展の様々な現象の中に超自我が果たした役割を追跡しようとする考察の方法は、これ以外にも様々な事柄の解明の糸口を約束するように思われる。結論を急ぎたいが、ひとつの問いについてはこれを避けてすませることができない。いわく、文化の発展が個人の発達とかなりの点で類似していて、同じ手段を使って作業するのであれば、いくつかの文化ないしは文化時期が、あるいはことによると人類全体が、文化追求の影響下に「神経症」になっているという診断を下してよいのではないか[120]。このような意味での神経症を精神分析の手法によって分析すれば、それを治療に向けた提案に繋げることもできようし、そうすれば、当然、実践面で大いに関心を引くことになるかもしれない。精神分析をそのように文化共同体に転用しようとする試みが愚劣で、所詮、不毛に終わる定めにあるとは言い切れまい。ただし、ここは大いに慎重を期し、これが所詮、類似にすぎないこと、そして人間の場合だけでなく概念の場合も、それぞれが生まれ発展してきた領域から切り離すのが危険であることを忘れてはなるまい。また共同体の神経症の診断には独特の困難が立ちはだかる。個人の神経症の場合、患者は「正常」と見なされるその周囲から浮き上がり、この対比が当面の手がかりとなる。しかし、ひとつの集団で皆が同じように病んでいる場合、対比の基準となるべき背景がなく、これをどこか別のところから借りてこなくてはなるまい。また、納得のいく診断がついてそれを治療に応用しようというとき、誰ひとり集団に治療を迫るだけの権威を持ちあわせていないとなれば、せっかく社会の神経症を見事に分析したところで、それがいったい何の役に立とう。難問山積である。にもかかわらず、いつの日にかこのような文化共同体の病理学をあえて企てる人が現れることを期待してよいだろう。

人間文化の評定などというのは、諸般の理由からしてそもそも私の意図とは無縁である。われわれの文化とは、われわれがこれまでに獲得したもの、獲得しうるものの中で最も貴重なものであり、文化の道を進んでいけば、われわれは必ず、およそ想像もつかない完成の高みに辿り着くはずだ、などといった夜郎自大な先入観には私は染まらぬように努めてきた。文化が追求する目標やその実現のために用いられる手段を直視すれば、こうした努力はまるきりその労力に値せず、その成果も、個人にとっては耐えがたいと映ろうはずの状態かもしれない、などと批判を口にする者がいても、私は、少なくともその話に向かっ腹を立てずに拝聴することができる。総じてこの辺りについて私はほとんど知識がないが、人間の価値判断というのは幸福を願う欲望にどうしても引きずられるもので、所詮、自分の錯覚を各種の議論で補強しようとする試みにすぎないという点だけは確実にわきまえており、おかげで、右のような論点についても偏することなく公平な立場をたやすく維持できるのである。仮に誰かが、人間文化の歩みが否応なしの性格のものであるのを力説し、性生活を制限するとか、自然淘汰を犠牲にしてでも人間性の理想を徹底しようという傾向は、それを阻止したり向きを変えたりすることのできない発展の方向であり、これには自然の定めよろしく従うに限る、と言ったにしても、私は、それにあえて異を唱える気にはなるまい。反対に、かつては揺るぎないと見なされていた目標やその実現に向けた努力も、長い人類の歴史の中ではしばしば道端に打ち棄てられ、別の理想がそれに取って代わったではないか、という異論のあることも私は承知している。という次第であるから、世間を向こうに預言者として立とうなどという気力は失せてしまう。何の慰めも与えてくれないという彼らの非難にも、私はしいて逆らうまい。所詮、彼らはこぞってこの慰めをほしがっているのであり、血気にはやる革命家も従順至極の敬虔な信者もその点に径庭はない。

人間の共同生活は、人間自身の攻撃欲動や自己破壊欲動によって攪乱されている。人類は、これを自らの文化の発展によって抑制できるのか。どの程度までそれが可能なのか。私には、その成否が人間という種の運命を左右する懸案ではないかと思われる。この点で、まさに現代という時代は、特段の関心を向けられてしかるべき時代と言えるかもしれない。人間は今や、こと自然の諸力の支配に関しては目覚ましい進歩を遂げ、それを援用すれば人類自身が最後のひとりに至るまでたやすく根絶しあえるまでになった。人々にはそれが分かっており、現代人をさいなむ焦慮や不幸、不安の少なからぬ部分は、これが分かっているという事実に起因する。「天上の力」(121)のもう一方、永遠のエロースには、ひとつ奮起して意地を見せてくれることを期待しようではないか。だが、その成否や結末はいったい誰に予見できよう(122)。

論　稿（一九二九—三二年）

テーオドール・ライク宛書簡抜粋
Auszug eines Briefs an Theodor Reik

一九二九年四月十四日

【……】私のドストエフスキー論についてのあなたの批判的な論評を大いに楽しく読ませていただきました。あなたが論難されていることはすべて傾聴に値し、ある意味で的確であると認められるべきでしょう。ただ私としては自分の論旨をご理解いただくために、いくつか申し述べたいことがあります。最終的に誰が正しいか正しくないかに、白黒をつけようというのではありません。

私は、あなたがこの小品にあまりに高い規準を当てはめておられるように思います。この一文はある人[1]からぜひともと依頼され、心ならず執筆したものであります。このところ何につけ、ものを書くのがたいへん億劫になっています。あなたは試論のこの性格にきっと気づかれたことでしょう。もっともこう言いますのは、仮そめの判断や間違った判断を正当化しようというのではなく、単に全体の構成がぞんざいであるのを弁明したいだけです。ツヴァイクの分析を付け加えたことで構成が不調和であるとの印象を与えていることは否定できません。これに少し立ち入っておきますと、その理由もいくらか納得していただけるかもしれません。論文が掲載される場所を考慮しなくてよかったならば、私はきっと次のように書いたことでしょう。いわく、これほどの重い罪責感を伴った神経症の症例史においては、自慰との闘いが特段の役割を果たしていると予想してよい。ドストエフスキーの病的な賭博癖は、こうした予想を全面的に裏付けている。というのも、ツヴァイクの短編小説から知られるように、云々。この小説が取り上げられる空間は、ツヴァイク‐ドストエフスキーの関係に対応したものではなく、自慰‐神経症という別の関係に対応したものなのです。ただ、結果的にそれがうまくいかなかったのは確かです。

私は、倫理をあえて客観的かつ社会的に評価しようとするのが正しいと考えますし、それゆえ実直な俗人に対しては、本人がさほど克己に犠牲を払ったわけではないにしても、操行の成績に「良」を与えるのにやぶさかではありません。(2)その一方で、あなたが主張なさる倫理の主観的心理学的考察も、もちろん結構なことだと考えます。私は、世の中や今日の人類についてのあなたの判断については納得しますが、将来がもっとよくなることなどありえないというあなたの悲観的な見地は、ご存知のとおり、私には正しいとは思えないのです。

もっとも私は、心理学者としてのドストエフスキーは詩人としてのドストエフスキーに包摂されると考えています。また彼の洞察があまりにも異常な心の生活に偏しているのも、私には難点のように思えます。こと愛という現象になると、彼が驚くほど寄る辺ないのを考えてみてください。彼はもともと粗野な欲動的情慾やマゾヒズム的な服従、同情からの愛しか知らないのです。あなたはまた、私がドストエフスキーの徹底性や卓越性を称賛してはいても、本来あまり好きではないと推定されていますが、お察しのとおりです。これは、病的な性情の人々に対する私の忍耐力が分析活動の中で尽き果てているためです。芸術や生活の中では、私は彼らに対して寛容ではありません。他人に対して愛想がよくないというのは、私の個人的な性格の特質なのです。

あなたはこの論文をどこで発表なさるおつもりでしょうか。(3)私はこれをたいへん評価しています。無前提でなくてはならないのは、唯一学問的な研究のみです。それ以外で、ものを考察する段には、ひとつの立場を選択するこ

とは避けられませんし、またそうした立場はもちろんいくつか存在します。【……】

（嶺　秀樹　訳）

アーネスト・ジョーンズ五十歳の誕生日に寄せて

Ernest Jones zum 50. Geburtstag

GW-XIV 554

精神分析が第一の課題としたのは、今日生きるすべての人間に共通する、それどころか今日生きる者が先史時代や原始時代の人間たちと共通して持つ欲動の蠢《うごめ》きを発見することである。だから、複数の人種や言語、国が存在するゆえに地球上に住む者のあいだに生じた様々な差異を乗り越えることなど、精神分析には特に努力を要するほどのことでもなかった。精神分析は最初から国際的であり、その支持者たちが他の誰にもましていち早く、世界大戦の影響による不和や反目を乗り越えてきたことは、よく知られている。

一九〇八年の春、ザルツブルクの第一回精神分析会議に集まった人々の中で、ひとりの若い英国人の医師が「日常生活における合理化」という短い論文を読み上げ、注目を浴びた。この第一作の内容は今日でもなお屹立している。私たちの若い学問は、この作品のおかげで重要な概念と不可欠の術語をひとつ手にし、その分、豊かになったのである。

以来、アーネスト・ジョーンズはもはや休むことがなかった。最初はトロントの教授の立場で、ついでロンドンの医師として、また地方支部の創始者や指導者として、出版社の主宰者や雑誌の編集者として、さらには研修所の所長として、倦むことなく精神分析のために活動し続けた。彼はまた、公開講演によって精神分析のそのつどの知の現状を世間に知らせる一方、秀逸で、手厳しいが公平な批評によって精神分析をその反対者による攻撃と誤解から守った。さらに、業界が突きつける様々な要求や難題に才腕と節度をもって立ち向かい、英国における精神分析の難しい地位を守りぬいた。そして、外に向けられるこうした活動のかたわら、忠実な協力者として、大陸における精神分析の発展に学問的な貢献を果たしたのだった。その成果は、とりわけ『精神分析論文集』や『応用精神分析論集』から窺えるところである。今、彼は、人生の盛期にあって、英語圏の精神分析家の中でも異論の余地なき第一人者であるばかりでなく、精神分析全般の最も卓越した代表者のひとりとして認められ、友人たちの支えにして、今なお私たちの学問の将来の希望である。

この雑誌の編集を担当する身としては、高齢ゆえに沈黙しているよりほかない、というより――沈黙しているのが許されるところを、習いを破って友人に挨拶を送らせてもらったのだが、この一文を祝いや願いの言葉をもって結ぶのではなく――私たちは思いが全能でそのまま実現するとは信じない――、自分には、アーネスト・ジョーンズが五十歳の誕生日を迎えた後も、それ以前と同じく熱心で行動力があり、果敢でしかも節を曲げない人物としてしか思い描けない、という胸の内を明かすことで締めくくらせていただきたい。

（嶺　秀樹　訳）

マクシム・ルロワ宛書簡――デカルトの夢について
Brief an Maxim Leroy über einen Traum des Cartesius

デカルトの夢をいくつか調べてほしいと懇請していらっしゃるお手紙(1)を拝見して、私が最初に感じたのは、ある種の不安の印象でした。なぜかと申しますと、それらの夢を互いに結びつけたり、あるいは夢を外界に繋げたりする手がかりとなる様々な関係や事情について、夢を見た本人から、何の示唆も得られないままに夢について考察するとなりますと――実際、今回の場合、歴史上の人物の夢を取り上げようというのですから、その例に入ります――、大方そこからは貧しい成果しか得られないからです。ところがほどなくして、この考察は、思ったより容易であることが分かりました。もっとも、私の研究成果は、当然、期待しておられるのに比べ、はるかに貧寒なものと映ることでしょう。

私たちが取り上げる哲学者デカルトの一連の夢は、「上からの夢(2)」と呼ばれるもの、すなわち覚醒状態のあいだでも睡眠状態のあいだでも同様に創られうる観念形成のことであり、この夢は、特定の部分でだけ、その実質を十分に深い心の状態から引き出してきます。これらの夢は、また大概のところひとつの内実を何か抽象的、詩的、あるいは象徴的な形式で呈示します。

この種の夢を分析してみますと、きまって、私たちにはこの夢を把握することができないのに、夢を見た本人、あるいは患者には、夢の内容が本人の意識的な想念ときわめて近い場合、すぐに難なくその夢を翻訳することができるという事態に立ち至るものです。そのような場合にも、夢のうち、それが何を主題とするものであるのかが夢を見た本人にも分からない部分がいくらか残ります。これこそがまさに無意識に属する部分であり、多くの点で最も興味深い部分です。

条件が特によい場合には、夢を見た当人がこれらの部分に付け加えた諸々の観念を手がかりに、この無意識のものが解明されます。

当然、デカルトの夢についても、「上からの夢」を判断する(この用語は、それを神秘的な意味においてではなく、心理学的な意味で解さなくてはなりません)この流儀に従うべきであります。

デカルトはこれらの夢を自分で解釈していますから(3)、私たちも、これらの夢の解釈の規則に従い、彼の説明を受け容れなくてはなりません。とはいえ、私たちには、それを越えたところにまで行けるような道筋がないのだということを申し添えなくてはなりません。

彼の説明を認めつつも、私たちは、デカルトが自由に動くのを妨げる足枷が何であるかは正確に分かっているつもりです。夢がひとつの内的な葛藤を表象している、ということです。左側は悪と罪の表象であり、風は「悪霊」(アニムス)の表象です。

夢に現れる様々な人物について、デカルトに尋ねれば、それぞれ誰であるかを彼もきっと言えるでしょうが、私たちには、当然、それらが誰であるか分かりません。数は少ないものの、奇妙な、ほとんど馬鹿げた要素、たとえば「異国のメロン」、あるいは小さな肖像画などは、解き明かすことのできないものとして残ります。

メロンについては、夢を見た本人は、「純粋に人間的な誘惑によって呈示されているとはいえ、孤独の魅力」といった具合に解する（独創的な）見解を持っていました。これはまず正しくはないでしょうが、正確な解釈の道に通じるであろうひとつの連想だということはありえます。彼の罪の状態との相関関係で言えば、この連想は、孤独な若者の想像力を虜にしたひとつの性的な表象を表すものであるかもしれません。

これらの肖像について、デカルトは何の解明も与えていません。

（高田珠樹　訳）

一九三〇年ゲーテ賞
Goethe-Preis 1930

アルフォンス・パケ博士宛書簡

グルンドルゼー＝レーベンブルク、一九三〇年八月三日(1)

拝啓

私はこれまで公の顕彰に浴することはなく、また、かねがねそのようなものを欲しがらないように努めてまいりました。とはいえ、フランクフルト市のゲーテ賞を授与していただくことが、私をたいへん喜ばせたことは否定いたしません。この賞には空想をことのほか暖めてくれるような何かが含まれており、とかくこの種の表彰に伴いがちな卑屈感も授与規定のひとつが打ち払ってくれました。

お手紙を頂戴して感動するとともに驚きもいたしました。特段の感謝を申し上げます。私の仕事の性格について深く掘り下げていただき、まことにかたじけない思いですが、それはひとまず措きましても、私がこの仕事に込めた密かな個人的意図を、あなたのように明瞭に認識していただいたためしはかつてなく、どのようにしてそれをご存知なのか、お伺いしたい思いです。

私の娘に宛てられたお手紙によれば、近々あなたにお会いできそうにないとの由、残念です。延期というのは、いずれにせよ私のような年齢では考えものです。もちろん私のほうでは、お知らせくださった方（ミヒェル博士）にご足労いただけるならありがたく存じます。

残念ながら、式典への出席のためにフランクフルトに出向くことはかないません。あまりにも体が弱っており、この種の企てに耐えられないのです。私が欠席することで式典に何らかの損失があるとも思えません。私より娘のアンナのほうが見てくれもよく、話をお聴きいただくのにも快適なはずです。娘に読ませる一文では、ゲーテと精神分析との関係を論じ、精神分析家たちがゲーテに分析を試みることで、この偉人に示すべき畏敬の念を損ねたなどという非難が当たらないことを明らかにするつもりでおります。私が頂戴した主題は「ゲーテにおける人間と研究者の内的関係」でしたが、これをこのように曲げてよいものでしょうか。それはやめたほうがよいということでしたら、恐れ入りますが、どうぞその旨お伝えください。

フランクフルトのゲーテハウスにおける挨拶

私は生涯、ただ一つの目標に向けて仕事をしてまいりました。健康な人や患者たちにおける心の働きの微妙な障害を観察し、そうした徴候から、そういった働きに供される装置はどのような構造をしているのか、またその装置の中でどのような力が互いに協働したり反発しあったりしているかを解明しよう――あるいはもし別の言葉をお望みなら、突き止めよう――としてまいりました。私たち、つまり私や友人、協力者たちがこの途上で学びえたことは、正常な過程も病的な過程も同じ自然現象の部分として理解することを可能とする心理学の構築に有意義と映ったのです。

このような心理学の狭い範囲に閉じこもっていた私を呼び戻したのが、今回の思いがけない受賞の栄誉です。賞は、この家で生を享け、これらの部屋で幼少の日々を生きた偉大な普遍人の姿を呼び寄せるものであり、そうすることで、いわばこの人物の前で自分について申し開きするように求めます。学問のいかなる革新にも注意を怠らなかった彼の眼差しが、仮に精神分析にも向けられたなら、彼はどのように振る舞っただろうという問いを投げかけるのです。

才能が多彩であるという点で、ゲーテはルネサンスの巨匠レオナルド・ダ・ヴィンチにも匹敵します。レオナルドもまたゲーテ同様、芸術家であると同時に研究者でもありました。しかし、人物像がふたたび繰り返されることはありえず、ふたりの偉人のあいだには深い相違があるのも事実です。レオナルドの天性の中では、研究者が芸術家と折り合うことはなく、芸術家を妨げ、おそらく最後には押し潰してしまいました[2]。ゲーテの人生にあっては、二つの人格はそれぞれ互いの邪魔をすることなく並び立ち、時に代わるがわる一方が優勢となりました。レオナルドに見られるこの障害は、彼の発達の中で、性愛的なもの一切を、そしてそれとともに心理学を遠ざけることになった制止的要因と関連があるのではないかと推測されます。この点においては、ゲーテの人となりにはもっと自由な展開が許されたのでした。

私は、ゲーテであれば、私たちの同時代の多くの人々がするように、精神分析を頭ごなしに拒絶するということはなかっただろうと思います。彼はいくつかの点で精神分析に近づいており、私たち後世の者が確認できたことの多くを、すでに自らの洞察によって認識していました。私たちに批判と嘲笑をもたらしたいくつかの見解を、彼はあたかも自明の理であるかのように主張しています。たとえば、人間の子供にとって最初の情動的な結びつきは、他とは比べられない強い拘束になるというのは、彼が熟知するところでした。この結びつきの強さを称える『ファウスト』の「献《ささ》げの詞」の中の言葉は、私たちが行うどの分析についてもそのまま繰り返せそうなものです。

「かつて、私の曇った眼の前に姿を現した
ゆらめく幻影たちよ、ふたたび近づいてきたな。
このたびはおまえたちをしかと捉えてみようぞ。」
……
「なかば消え去った古い言い伝えよろしく、
初めての恋や友情もよみがえってくる。」

成熟した男性となって経験した強烈な愛の魅惑を自らに説明するために、ゲーテは、恋人に次のように呼びかけます。「ああ、きみは前世でわが妹か妻であった(3)」。

このように彼は、うつろいゆくことのないこの最初の好意が、自分の家族の範囲の中の人物を対象とすることを、否定しませんでした。

夢の活動の内容を、ゲーテは次のような情趣豊かな言葉で書き換えています。

「人知れず

また思いもよらざること、
胸の迷路をたどり、
暗夜に彷徨す。[4]」

この魔法のような言葉の背後に、私たちは、夢とは私たちの心の活動が睡眠状態において継続されることだとする、アリストテレスの厳粛にして、議論の余地なく正しい言葉が、無意識の承認という精神分析によって初めて付け加えられた洞察と一体になっているのを見て取ることができます。ただ、ここではまだ夢の歪曲の謎が解かれていないだけです。

『イフィゲーニエ』は、ゲーテの作品の中ではおそらく最も崇高なものですが、この中で彼は、悩む心を罪の重圧から解放する贖罪のひとつの感動的な例を私たちに示しています。[5] このカタルシスを、彼は、愛のこもったいたわりで感化され心も和らいだところで、情熱的な感情が噴き出してくる、というかたちで生じさせています。事実、ゲーテは自ら何度も心的な施療行為を試みました。たとえば、手紙の中でクラフト[6]と呼ばれている不幸な男性に対して、あるいは、『フランス陣中記』の中で語られているプレッシング教授[7]に対してなどがそうです。彼が用いた流儀は、カトリックの告解のやり方を超えて、いくつかの注目すべき点で私たちの精神分析の技法と合致しています。ゲーテが「冗談めかして」と呼ぶ心理療法的な感化の例をここで詳しくお話したいと思いますが、それは、このことがあまり知られていないものの、きわめて独特のものであるからです。次は、フォン・シュタイン夫人[8]に宛てた手紙(第一四四四信、一七八五年九月五日付)からの一節です。

「昨晩、私はまことに心理学的な芸当を行いました。あのヘルダー夫人[9]がカールスバートで出会った不快な出来事について、あいかわらず心気症的状態で苛立っていたのです。それは特に同居している女性に関してでした。私はすべてを語らせ、告解してもらいました。他の人が行った不作法[10]や自分の誤りを、ごく些細な事情や結果を含めてすべて語らせたのです。そして最後に彼女を放免し、冗談めかして、さあ、これらのことはもう片づいた、海の奥深くに投げ込んでしまった、と言いくるめて彼女に得心させてやりました。彼女自身もそれを面白がり、実際に治りました。」

ゲーテは常々エロースを尊び、その力を軽視してみたりもしませんでした。彼はエロースが原始のままに、あるいは奔放にすら表れてくるのにも、高度に昇華されて表れてくるのと変わらぬ敬意をもってそれに従い、エロースのすべての現象形式を貫く本質的統一の存在を、その昔、プラトンがしたのに劣らず、断固として主張したように思えるのです。『親和力』[11]で、ゲーテが化学の発想の範囲から得たひとつの観念を愛情生活に適用しましたが、この関係は、実は精神分析という名称についてもやはり言えることであり、これは単なる偶然の一致ではないでしょう。

私たち分析家は、ゲーテ自身に分析の適用を試み、この偉人を分析的研究の対象に貶めたことで、おまえたちは彼に払うべき畏敬の念を傷つけたのだから、彼の守護をあてにする権利などすでに喪失している、という非難を受けそうですが、これには私も心の用意ができております。しかし、さしあたっては、そうした私たちの試みがゲーテを貶めるつもりであるとか、またそうしたことを意味するというのについては、そうではないと断言いたします。

私たちゲーテに敬服する者は皆、現在にまで残る報告や手記から彼の生涯を再構成しようとする伝記作家たちの努力を、さほど目くじらを立てることもなく容認しています。けれども、こうした伝記は私たちにいったい何をもたらしてくれるのでしょうか。知るに値すると思われるのはただ二つの問いですが、完全無比で最良の伝記といえどもこれらに答えてくれそうにありません。

仮にそのような伝記があったにしても、彼を芸術家たらしめるすばらしい才能の謎は解明されないでしょうし、彼の諸々の作品の価値や影響がもっとよく捉えられるということもないでしょう。とはいえ、そうした伝記が私たちの中にある強い欲求を満足させてくれるのは疑いありません。そういった欲求を私たちが強く感じるのは、たとえばシェイクスピアの場合のように、歴史的伝承が不十分でこの欲求が満足させられないようなときです。シェイクスピアの喜劇や悲劇、ソネットをいったい誰が書いたのか、本当にストラッドフォードの小市民の無学な息子で、ロンドンで俳優としてささやかな地位を得た男なのか、それとも高貴な生まれで立派な教育を受け、こと情感については節度に欠け、いくぶん零落した貴族で歴代、英国侍従長を務めるオックスフォード伯爵家の第十七代目当主エドワード・ド・ヴィアーだったのか、これが今もって分からないというのは、私たちの誰にとっても情けないことであるのは否定できません(12)。ひとりの人物の作品が私たちにとってはなはだ重要となったからには、その人の生きていた境遇について知りたいという欲求は、何を根拠に正当化されるのでしょうか。一般にそれは、そのような人物を人間的な面でも自分にとって身近なものにしたいという願いであると言われます。それについてはあえて異を唱えません。それは、そうした人物たちとの情動的関係を獲得し、自分たちが知っている、あるいはすでに私たちに影響を及ぼした父親たちや教師たち、模範的人物の列に彼らを加えたいという欲求であり、またそこには、私たちが彼らから授かった作品と同じく、彼らの人となりも偉大で賛美に値するものだろうという期待も作用しているのです。

ともかく私たちは、そこに今ひとつ別の動機が働いているのを認めたいと思います。伝記作家の存在を正当化する要因にはまた、ある種の傾倒も含まれます。なるほど伝記作家は彼が主人公として描く人物を貶めようというのではなく、私たちに身近な存在にしたいだけです。しかしこれは、所詮、その人物と私たちとを隔てる距離を縮めることであり、やはり彼の地位を低下させる方向に働くのです。そして、偉人の生涯についていろいろ多くのことを知るようになると、私たちはどうしても、その人物が実際には私たちよりうまく立ち回ったわけではなかったり、人間的な面で実際に私たちに近づいたりする様々な機会について聞き及ぶことにもなります。しかしそれでもなお、私たちは、伝記を書き記す努力はやはり正当であると宣言することになると思います。父親たちや教師たちに対して私たちが取る態度は、所詮、両価的《アンビヴァレント》です。というのも、私たちが彼らに向ける尊敬の念の下には、ふつう、敵対的な反抗の要素が覆い隠されているからです。これはひとつの心理学的な宿命であって、真実を力ずくで抑え込まないかぎり変えることができません。そして、私たちが生涯の歴史を探ろうとする偉人たちと私たちとの関係にも、これが累を及ぼさずにはおれないのです(13)。

精神分析が伝記の役に立とうというなら、精神分析には当然、伝記そのものよりも過酷な扱いを受けずにすむ権利があるはずです。精神分析は、他の方途では得られない、いくつかの解明をもたらすことができ、芸術家の欲動素質や体験、作品のあいだに広げられた機織りの仕事(14)の中に、新たな連関を浮かび上がらせることができます。私たちの思考の主要な機能のひとつは外界の材料を心的に処理することであり、それゆえ、精神分析が偉大な人物に適用され、彼の偉大な功績を理解するのに貢献するなら、精神分析は世間から感謝されてしかるべきだと思われます。ただ、正直なところを申しますと、ことゲーテについては、私たちはまださほど進捗しておりません。これは、ゲーテが詩人としては、何かと自分について語る偉大な告白者であっただけではなく、あれだけ自伝的な手記を数多く残しながら、自らを丹念にヴェールで覆う人でもあったことに由来するものです。私たちは、ここでメフィストの言葉に想いを致さずにはおれません。

「おまえが知りうる最上のことは、
小僧どもに言ってはならぬ。(15)」

（嶺　秀樹　訳）

ジュリエット・ブトニエ宛書簡
Brief an Juliette Boutonier

一九三〇年四月十一日
ウィーン九区、ベルクガッセ十九番

謹啓

ドイツ語でお返事を差し上げることをお許しください。フランス語で書くとなると、私には難しすぎることになりそうです。どなたかあなたのためにこの手紙を翻訳してくださる方が容易に見つかることを願っております。

哲学の問題や表現方法は私にはおよそ馴染みがなく、それらについては全くお手上げです。その点、スピノザの哲学についても同様です。時間があり調子がよければ、私の見解をあなたに分かりやすく説明できるのかもしれませんが、今はそういう状態にありません。ここはひとまず、自分は、心的世界と並んで物的世界が存在し、心的世界が物的世界の部分領域であることを認めるのになんら困難を見いださない、と言うだけにとどめておきます。物的なものと心的なものとの関係の問題は、もっぱら後者(心的なもの)にとってのみ考慮に値します。物的世界が心的側面を持つのは、物的世界もまた心的知覚を通してのみ私たちに認識されるというかぎりにおいてです。一方、私たちの心的知覚は、心の生活の背後に物の実在を想定せざるをえないように、私たちに迫ってきます。このような文言が何かあなたのお役に立つかは、よく分かりません。無意識的というものを確立することによって、これまでの問題の立て方がすべてひっくり返されたのです。

敬白

フロイト

（嶺　秀樹　訳）

S・フロイト／W・C・ブリット共著『トーマス・ウッドロー・ウィルソン』への緒言(1)

Einleitung zu S. Freud und W. C. Bullitt, *Thomas Woodrow Wilson*

ふつう、ある著者が歴史上の人物についての判定を世間に呈示しようとする場合、たいてい前置きとして、党派性や感情的先入観に囚われないように努めたこと、美しい古典的な格言に言うように《好き嫌いなしに》〔sine ira et studio〕調査したことを、読者に請けあうのを怠らないものである。しかし、トーマス・ウッドロー・ウィルソンについての心理学的研究に寄せる本稿の冒頭で、私は、ヨーロッパ人の視界にこのアメリカ大統領の姿が現れた当初から、自分がこの人物に共感を持てず、また続く歳月の中で彼のことが次第に知られ、自分たちの運命に彼が干渉したゆえに生じた帰結に人々が悩むにつけ、彼に対する嫌悪の念がひたすらつのったことを、まず打ち明けておかなくてはならない。

様々なことを知るにつれて、自分のこうした感情的な態度をしっかりした根拠で裏打ちすることが難しくなくなった。ウィルソンが新しく大統領に選出された際に、彼に向かってひとりの政治家が当の選挙で自分の果たした功労についてうっかり口を滑らせたところ、ウィルソンは「私が次期合衆国大統領になるのは神の思し召しだ。君であれ、また他の誰であれ、死すべき定めにある人間が妨げられるものではなかった」[*1]と言って、それを払いのけたと報告されている。私としては、宗教の建前を文字どおりに受け取り、自分と神とのあいだに特別な個人的関係があると確信しているような人は、他の普通の人々とまともな関係を持つことができないと判定せざるをえない。周知のように、戦時中、互いに敵対する二つの陣営の一方には、自分は神の摂理によって特別に選ばれた寵児だと称する者がいた。(2) あとになって他方の側にも、その焼き直しが現れたのははなはだ遺憾である。どちらも神の好意にあずかることなく、また神の力の威厳を高めることもできなかった。

大統領には、誰もが感じ、本人も認める一風変わった特性がもうひとつあり、われわれが大統領の人柄に当惑を覚え、言わばわれわれの世界に入り込んだ異物のように感じる主たる理由はここにある。われわれは、長く労苦の多い発達を経て、自分たちの心的な内部世界を現実の外部世界から画することを学んできた。われわれは、現実の外部世界と出会うためには、この外部世界を観察し、研究し、それについての様々な経験を集めるしかない。こうした作業において、われわれの欲望を充足し錯覚に確証を与えてくれるも同然であるものをすべて断念することは、容易ではなかった。しかしこうした克服は報われ、予想だにしなかった自然支配への道を切り拓くことになった。最近になってわれわれは、自分の心的な内部世界の内容に対して同じやり方を適用し始めた。その際、われわれに課される自己批判と事実性の尊重に関する規準はいよいよ高くなっている。この領域でも、われわれは、外部世界と同様の成果を期待している。心の生活についてのわれわれの知識が次第に包括的で的確なものとなるにつれて、根源的な欲動の蠢きをわれわれのほうで制御し誘導する力が強まることになる。

これとは対照的にウィルソンは、自分にとって単なる事実は何の意味も持たず人間の心情や意図だけを高く評価すると、繰り返し断言している。現実の外部世界の事実が自分の期待や願望に反するとなると、彼はそれを自分の思考の中で振り払って否認したが、それは彼のこうした態度からして当然の成り行きであった。それゆえ、彼には、一定の事柄について知識を得ることによって自分の無知を減らそうという気概が全くなかった。肝心なのはひたすら高邁な意図であり、ほかに何もなかった。戦争で引き裂かれたヨーロッパに恒久的な正義の平和をもたらすべく大西洋を渡ったウィルソンは、病人の視力を回復させたいと思ってはいるものの、眼の構造を知らず、また目的にかなう手術の方法を習得するのも怠った慈善家のような嘆かわしい立場に自分を追いやることになったのである。

ウィルソンには、他の人間との関係において不誠実で信頼が置けず真実を否認する傾向が認められるのも、おそらく同様の考え方のせいであろうと思われるが、いずれにしてもこうした特徴はやはり理想主義者としては奇異に映る。真理を語らなければならないという義務感は、倫理による裏打ちが必要であろうが、事実の尊重に根差すのも確かである。

688

私はまた、世間に背を向けるウィルソンの傾向と彼の敬虔な信心とのあいだには密接な関連があるという見解にも一理あると思う。彼の公的活動には、まるでクリスチャン・サイエンスの方法を政治に転用しようとするかのような印象を与えるものが少なくない。神は善である。病気は悪である。病気は神の本質に矛盾する。ゆえに、神はあるのだから病気はない。病気というものは存在しない、といった具合である。こうした方向の治療家に、症状学や診断への関心を期待する人が誰かいるだろうか。

さて、ウィルソンに対する私の反感を告白した本稿の出発点に戻り、この反感に正当な理由があるのを納得して

＊1　この発言には完全に信憑性があると、ブリットが明言している。当該の人は〔ウィリアム・F・〕マッコムであり、民主党全国委員会の委員長であった。

いただくために一言述べさせていただきたい。われわれは誰でも、自分たちが自らの行為に全面的に責任が取れるわけではないのを知っている。われわれがある特定の意図を実現するためにひとつの行動を企てたとする。そのとき、この行動がわれわれの期待したのとは別の結果、予見できたのとは違う結果を生み出すことがある。それによってわれわれはしばしば相応以上の非難や悪意ある中傷を受けたりするものだし、稀ではあるが不相応な称賛や名誉に浴することもある。しかし、ウィルソンのように、ほとんどすべての点で自分が達成しようと思ったのとは全く逆の結果を招き寄せ、「常に悪を欲しながら常に善を創造する」(3)あの力とはおよそ正反対の存在であるのを露呈するなら、また、世界を悪から救い出すとの自負が、夢想家が公共にとっていかに危険であるかを示す新たな証明にしかならないというなら、審判にも不審の目で見られ、共感などもってのほかということになっても、不思議ではない。もっとも、私がＷ・ブリットの影響を受けて、この大統領の生涯に立ち入って取り組むようになると、こうした感情の態度にも多少の変化があった。一抹の共感が生じたのである。ただし、それは特異な類いのもの、ちょうどセルバンテスを読んだときに主人公、ラ・マンチャの「奇想あふるる」郷士に対して感じるのと同じような、同情と入り混じった共感である(4)。そしてついには、この男が引き受けた課題の大きさと、本人の力量とを比べたとき、この同情の念のほうだけが高じ、他の蠢きがすべて抑制されたのだった。こういうわけで、つまるところ読者には、以下の叙述の内容には意図的な党派性が含まれているからといって、それを初めから拒否しないようにお願いする。本書は強い情動の関与なしに成立したわけではないが、これらの情動はずいぶん制御されている。筆者は本書でブリットの協力者として名を連ねるが、同様のことはこのブリットについても保証できる。

ブリットは、大統領を個人的に知っており、活躍した時期の彼に仕え、当時は青年期の熱狂をもって彼を信奉していた。本書のうち、ウィルソンの子供時代や青年期に関する歴史的な部分は彼がひとりで執筆した。分析的な部分については、われわれふたりがそれぞれ同じ程度に責を負っている。この部分は緊密な共同作業によって生まれ、われわれは互いに協力しあいながら書き上げた。

ここで釈明と弁明のために若干述べておきたいことがある。ひょっとすると読者は、本書が、精神分析的視点をその対象に適用し、その目的を果たすために精神分析の諸前提や用語を何の制限もなしに使用していながら、「心理学的研究」として上梓されることに異を唱えられるかもしれない。しかしこれは、世間の敵意ある偏見を考慮した結果としての虚偽広告などではない。むしろ逆に、このような表題を選ぶことによって、精神分析とは心理学にほかならず、ただその一部だということ、そして深層の心的事態を認識しようとするなら、心理学的研究で精神分析的な方法を用いるのに何の言いわけも必要ない、というわれわれの確信を紛れもないかたちで示そうとしたのである。もとより当事者がなお存命中には、そうした深層心理学的探求の成果を世間に公表し、一般の好奇心に晒すなどというのはおよそ許されることではない。当人の承認を受けてそれがなされるなどというのは、ほとんどありえないと見てよい。分析療法は医者と患者のあいだで行われ、第三者の目を排除し、守秘義務で守られている。けれども、その人となりや活動が同時代や後世にとって重要な意義を持つ人物がすでに故人となった場合には、彼は世間一般の合意に従って伝記作家の手に帰することになるし、生前の制限はもはや維持できない。その場合でも、プライバシーの「保護期間」がどれくらいかという問題が論議されるべきであろうが、この問題はかつて提起されたためしはほとんどない。たとえ提起されても、合意に達するのも、その合意の遵守を確保するのもたやすくはあるまい。トーマス・ウッドロー・ウィルソンは一九二四年に亡くなった。

最後に、われわれは、ウィルソンが病的性格の持ち主であり病人であったということを示して彼が残した功績の評価を下げることが、本書の密かな意図であるなどという見解には反論しておかなければならない。そうではない。それはわれわれの意図ではない。仮にそうした意図があっても、勘ぐられるような目的にそれが達することはあるまい。というのも、心の生活の中に正常ということの確固たる枠組みや健常者と病人とを明確に線引きする境界があるといった信仰は、われわれの学問ではとうに放棄されているからである。診断が精密になった結果、神経症は、われわれが予想もしていなかったような、それこそありとあらゆるところに認められるようになっているし、それどころか神経症的徴候や性格不全はおよそ文化共同体の成員であれば、その全員にある程度、付きものだと言ってもあながち不当ではない。われわれは、これを引き起こす必然性についてすらそれなりに分かっていると考えている。さらにわれわれは、健常‐病的というカテゴリーが、かつて唯一支配的であった善‐悪というカテゴリーと同様に、心的現象を判断するのに不十分であることをわきまえねばならなかった。炎症過程や器官への異物混入に起因する心的障害は事例としては少数にすぎない。また、たとえその場合でも、こうした要因の作用は直接的ではない。病的な機能に向かう決定的な要因は、たいていの場合、純粋に量的な関係である。たとえば心的装置の特定の部分に特に強い刺激作用があったとか、体内で分泌され神経組織の働きに不可欠な物質の多寡であるとか、あるいは心の生活において進行する発達経過の時期尚早や遅延といった時間的な障害などがそれである。目下のところわれわれには心的現象の基本的素材と映るものを、精神分析に依拠して研究する際にも、われわれはやはり病因論のこのような性格に再会する。心の生活にエネルギーを供給する多くの欲動の蠢きのうち、何かひとつが他に比べて相対的に特に強くなったり、通常、性格形成の基盤となる同一視による一体化のうち、どれかひとつが特に深まったり、あるいは衝動の抑制が求められるのに対して特に強い反動形成があったりするといった具合に、何らかの量的関係が人格の最終形態を決定し、この人格に独特の個性を刻印し、またその人格の活動を一定の道筋に進むように指示するのである。

シェイクスピアは、亡くなったブルータスの人となりについて、アントニウスに次のように言わせている。

「……実に様々な要素が
この男の中には混じりあっていたから、自然が立ち上がって
全世界に向かって「これこそ男だった」と言うだろう。(5)」

詩人のこうした言葉に託して、われわれはつい、心を構成する諸々の要素は常に同じであると主張したくなる。混合物のうち変化するのは要素間の混合比であり、さらに付け加えるなら、各要素を心の生活の様々な区域のどこへ、またどの対象へ位置づけるかである。しかるのち、われわれは何らかの規準に従って、個人の特性を正常である、ないしは病的であると評価したり、個人の特性の中に病的特徴を指摘したりする。しかしこうした規準はけっして一義的なものではなく、信頼性にも安定性にも欠けている。それらは学問的に捉えることが困難であり、基本的には実用的な補助手段にすぎず、往々、慣習に由来する。「正常」とはたいていの場合、経験上平均値に等しいか近いことを意味する。われわれがある性格特性や振る舞いを病的と見なすべきか否かを判定する上で、しばしば判断の目安となるのは、それが個人にとって、あるいはその個人が属する共同体にとって有害か否か、である。概

念が曖昧で判断の基盤も不確かではあっても、実生活では正常と病的との区別をしないわけにもいかないし、たとえこの区別が他の重要な対比と合致しなくても、別に不思議に感じる必要はない。

愚者や道化、夢想家、妄想に取り憑かれた人たち、重篤な神経症者、精神医学的な意味での精神病患者たち、彼らは人類の歴史において常に大きな役割を果たしてきた。これは何も、彼らがたまたま王家に生まれて絶大な権力を持っていた場合に限られた話ではない。彼らはたいてい災いを引き起こしたが、いつもそうだとは限らない。同時代や後世に及ぼす深い影響がそうした人々から発し、彼らは重要な文化的運動のきっかけとなり、また偉大な発案や発見もしてきた。彼らは、一面ではその人格の無傷な部分が関与したおかげで、つまり病的であるにもかかわらずこうした業績を残せたのだが、他方で、他の人々をも巻き込んで外部世界の抵抗を乗り越えるだけの力を彼らに与えたのは、しばしばまさに彼らの病的な特質、たとえば発達の一面的な偏りや、欲望の蠢きのうち特定のものの異常な肥大化、唯一の意図への無批判で制止の効かない献身などであったことは否定できない。偉大な功績のあるところには実にしばしば心的異常も見いだされることから、両者は不可分一体だと信じたくさえなる。もっとも、そうした功績を残す人間的な営みのあらゆる分野において、偉大でありながら正常性の規準を満たす人物もいるから、一概にそうとも言えない。

以上に述べてきたことで、本書がトーマス・ウッドロー・ウィルソンについての心理学的研究とは別ものなのではないかという疑念が晴らせたことを希望する。しかし、この事例に限らず一般論としても、ひとりの人物を詳しく知れば、当然、その功績も正しく評価できるようになるという道筋があるのは否定できない。

(嶺　秀樹　訳)

エドアルド・ヴァイス著『精神分析要綱』へのはしがき

Geleitwort zu „Elementi di Psicoanalisi" von Edoardo Weiss. Milano, Ulrico Hoepli 1931

（嶺　秀樹　訳）

GW-XIV 573

この講義の著者にして、私の友人で、かつ弟子でもあるエドアルド・ヴァイス博士が、この仕事の刊行にあたり推薦文を寄せてほしいと依頼されてきた。その手の推薦が不要であるのは十分わきまえながら、この一文をしたためている。本書はおのずと語っており、それ以上の説明を必要としない。真摯な学問的努力の価値を認める人、困難を軽視したり否認したりしようとしない研究者の誠実を評価する人、叙述を通して暗闇に光明を、混沌に秩序をもたらす教師の技量に楽しみを見いだす人、そういう人はこの本の優れた出来栄えを認め、この本がイタリアの教養や学識のある人たちの中に、精神分析という少壮の学問に対する持続的関心を呼び覚ますであろうという私の希望をわかちあっていただけるものと確信する。

ハルスマン裁判における医学部鑑定

Das Fakultätsgutachten im Prozeß Halsmann

われわれが知るかぎり、エディプスコンプレクスは、幼年期にはすべての人間に存在しており、発達の歳月の中で大きな変化を被るが、成人に達してからも、人によって程度に強弱の違いはあるものの多くの個人に見いだされる。その本質的特徴や普遍性、その内容や運命は、精神分析が出現する遥か以前にディドロのような鋭敏な思想家によって認識されているところであり、それは彼の有名な対話篇『ラモーの甥』の一節からも窺える。ゲーテによるこの書のドイツ語訳（『ゾフィー版全集』第四十五巻所収）一三六頁に次のようなくだりがある。[1]「もし、その小さな野蛮人がひとりで放っておかれて、その弱さ《愚劣さ》〔imbécillité〕をそっくりそのまま持ち続け、揺りかごの中の子供が持つわずかな理性や三十男がもつ情熱の力と合体しようものなら、そいつは自分の父親の首をへし折り、母親と寝るかもしれんよ。」

仮にフィリップ・ハルスマン[2]が父親を打ち殺したということが客観的に証明されているのであれば、それを抜きにしては理解されない行為の動機として、エディプスコンプレクスを引きあいに出すのももとより許されるであろう。しかしこうした証明が行われていない以上、エディプスコンプレクスに言及することは誤解を招きやすいし、少なくとも無益なことである。ハルスマン家の中での父と息子のあいだの不和について審理が明らかにしたことは、まことに不十分であり、息子と父との関係が悪かったと想定する根拠となるものではない。たとえそうでなく、審理がしっかりしていたとしても、父親との関係が悪いというところから、このような犯行に及ぶまでには、まだ道のりは遠いと言わなければなるまい。エディプスコンプレクスは、まさにどこにでもあるがゆえに、犯人であるとの結論を引き出す理由としてはふさわしくない。気をつけないと、よく知られた小咄が想定する状況を容易に作り出してしまうことになるだろう。すなわち、あるとき泥棒が押し入った。ひとりの男が犯人だとして有罪の判決を受けた。持ち物の中に合鍵を発見されたのである。判決の宣告を受けた後、何か言いたいことがないかと尋ねられ、男は、自分が不倫の罪によっても罰せられるべきだと主張した。何しろ、自分はそのための道具も身につけているのだから、というのである。(3)

ドストエフスキーの壮大な小説『カラマーゾフの兄弟』においては、エディプス状況が関心の中心となっている。老カラマーゾフは冷酷で高圧的な父として息子たちに憎まれていた。そのうえ息子のひとりにとって、この父は、思いを寄せる女をめぐって恋敵の関係にある。この息子ドミトリイは、暴力をもって父親に復讐する意図を隠していなかった。それゆえ、父親が殺害され金品が奪われた後、彼が告発され、無実を訴えたにもかかわらず有罪の判決を受けたことは、当然の成り行きである。しかしドミトリイは無罪であり、兄弟たちのうち別のひとりがその犯行を実行したのだ。この小説の裁判の場面には、「心理学は両刃の剣」(4)という有名になった言葉が出てくる。

インスブルック大学医学部の鑑定は、フィリップ・ハルスマンにエディプスコンプレクスが「作用している」と見なす傾向があるようだが、起訴されているという圧力のもとでは、フィリップ・ハルスマン本人の側に「留保なき解明」に協力するという前提が満たされないとして、エディプスコンプレクスのこの「作用」の範囲を確定することを断念している。医学部はさらに、「被告が犯人である場合にも、その行為の原因をエディプスコンプレクスに求めること」を拒否しているが、やむをえない事情もないのに否認するのは行きすぎである。

当の鑑定において、われわれはけっして些細とは言えない矛盾に突き当たる。決定的な時間とそれに先立つ時間の印象について本人に記憶障害があるのは、心の動揺に影響されている可能性があるが、鑑定では影響の程度が極力、抑えられている。これは、私の判断するところ正しくない。また、例外状態や心的な疾患があったとの想定は明確に斥けられている。それでいて、犯行後にフィリップ・ハルスマンにひとつの「抑圧」が生じたと想定することに基づく説明は、積極的に承認されている。重篤な神経症のいかなる徴候も認められない成人にそうした抑圧が青天の霹靂のように起こるのか。行為の抑圧というのは、距離や時間経過といった争点になっている細部よりはずっと重要なはずであるが、これが正常な状態か、せいぜい単に身体疲労による変化しかないような状態で起こるなどというのは、そもそも滅多にあることではないと言わねばならない。

（高田珠樹　訳）

ヘブライ語版『精神分析入門講義』への序文

Vorrede zur hebräischen Ausgabe von „Vorlesungen zur Einführung in die Psychoanalyse".
Jerusalem, Verlag Stybel, 1934

この講義は一九一六年から一七年にかけて行われた。講義は、この若い学問の当時の水準をかなり忠実に反映しており、入門という表題で推測される以上のものを含んでいる。講義は精神分析への入門的な概説を行うだけでなく、その内容の大半を論じている。もっとも今日ではもはやそうとも言えないのは当然である。この間、分析理論は進歩を遂げ、人格を自我、超自我、エスに区分するような重要な論点のほか、欲動理論の大幅な変更や、良心や罪責感の由来についての洞察も加わった。その点でこの講義は著しく不完全なものになってしまい、今にして初めて単なる「入門」としての性格を実際に持つようになったのである。しかしこの講義は、別の意味では今でも時代に取り残されたり、古びたりはしていない。この講義が伝えている内容は、若干の変更を度外視すれば、精神分析の各学派において今なお信奉され、教えられている事柄である。

この訳書によって、ヘブライ語の読者、とりわけ知識欲の強い青年たちに、精神分析が、ユダヤ民族の意志が新たな命を与えたあの太古の言語の衣装をまとって紹介されることになった。その際の翻訳者たちの苦労のほどは、著者にも想像がつく。このヘブライ語の講義がモーセや預言者たちに理解できるものであるか、著者は疑いを禁じえない。しかし、本書が読者として念頭に置く彼らの末裔——著者もそのひとりだが——には、仮に一読してまず

GW-XVI 274

批判や不興の蠢きがあったからとて、あまり性急な拒絶反応は慎まれるようにお願いしたい。精神分析は、きわめて多くの新たな知見をもたらし、その中には、旧来の見地とは対立したり、心の奥深くに根ざす感情を傷つけたりする内容も少なくなく、当初は反発を呼び起こさざるをえない。読者が判断を差し控えられ、精神分析の全体に心を開いてくだされば、この招かれざる新規の客も耳を傾けるに値し、心や人生を理解するためには欠かすことができないのだという確信を共有していただけるのではないだろうか。

ウィーン、一九三〇年十二月

(嶺　秀樹　訳)

ヘブライ語版『トーテムとタブー』への序文

Vorrede zur hebräischen Ausgabe von „Totem und Tabu". Jerusalem, Verlag Stybel, im Erscheinen

本書の読者の誰ひとりとして、著者の心情をたやすく察していただくことはできまい。著者は聖なる言語を理解せず、父祖の宗教にも——他のあらゆる宗教に対してと同様に——全く疎遠になっており、民族主義の理想に与しえず、それでもなお、自らの民族への帰属性を否認したことはついぞなく、また自分の特性はユダヤ的であると感じており、これを違ったふうに感じたいと願うこともない。あなたが民族同胞とのこうした共通点をすべて放棄しているのなら、あなたのどこがなおユダヤ的と言えるのか、と尋ねられたなら、著者は、まだずいぶんたくさんある、おそらく最も重要な事がそうだ、と答えることだろう。しかし、この本質的な点が何であるか、著者はまだ明確な言葉で捉えることはできないかもしれない。それはいずれきっと学問的洞察にとって近づきうるものとなるであろう。

そのような著者にとって、自分の本がヘブライ語に翻訳され、この歴史的な言語を自分たちの生きた「話し言葉」とする人々の手に渡ることは、まことに格別な体験である。しかもそれが、宗教と道徳の根源を取り扱っていながら、ユダヤ的な立場に触れることもなく、ユダヤ教に有利な留保や限定を付けることもない本ときている。しかし著者としては、この前提なき学問が新しいユダヤ精神に疎遠なままにとどまるはずはない、という確信を読者たちと共有したいと思う。

ウィーン、一九三〇年十二月

(嶺　秀樹　訳)

小冊子『ベルリン精神分析研究所の十年』への序言

Vorwort zur Broschüre „Zehn Jahre Berliner Psychoanalytisches Institut". Wien, Internationaler Psychoanalytischer Verlag, 1930

以下の小冊子は、ベルリン精神分析研究所の設立と功績を辿ろうとするものである。精神分析の運動の中で、この研究所は三つの重要な機能を担っている。第一点は、富裕な人々と同じく神経症を患いながら、診療費を工面できない多数の人たちにも、私たちの治療を受けてもらえるようにすることである。第二点は、分析を理論的に教授し、向学心に燃える後進に年長の分析家の経験を伝える場所を作ることである。そして最後に、神経症に関わる疾患についての私たちの知識と治療の技法を、新たな局面で適用し検証することを通して完成させてゆくことである。

このような研究所はなくてはならないものであったが、それを開設するために国家の援助や大学の関心を待っていては、何も始まらなかったであろう。ここに、分析家の中のひとりの人物がその行動力と献身的精神をもって立ち上がったのである。現在、「国際精神分析協会」の会長を務めるマックス・アイティンゴン博士は、かれこれ十年前にそうした研究所を自らの資産を投じて創設し、以後これを維持し、自ら運営と指導の労を執ってこられた。ベルリン研究所の最初の十年間の活動報告書は、その設立者にして所長である博士の功績を顕揚し、博士に公式に感謝の意を表する試みである。何らかの意味で精神分析に関わる人は、この感謝の念に唱和されることであろう。

（嶺　秀樹　訳）

『メディカル・レヴュー・オヴ・レヴューズ』第三十六巻へのはしがき

Geleitwort zu „Medical Review of Reviews", Vol. XXXVI, 1930

ファイゲンバウム博士(1)は、自らが編集を引き受けた雑誌《レヴュー》のために一文を書くように私に要請してこられた。せっかくの機会でもあり、この場を借りて博士の活動が大いに成果を挙げることを祈念したい。

私は、合衆国では精神分析が人々のあいだで話題になり、ヨーロッパにおけるような頑迷な抵抗に突き当たっていないという話をしばしば聞く。私はこのことに満足を覚えるとはいえ、いくつかの事情を懸念している。アメリカにおいて精神分析の名前がよく話題になるというのは、事柄に対する友好的態度を意味するものではないし、精神分析の知識が特に拡大し深化しているのを意味しているとも思えない。第一の点を裏付けるものとして、アメリカでは学問的・擬似学問的な企てに対して資金が容易かつ豊富に得られるのに、私たちの精神分析に関わる研究組織にはついぞ何の支援も得られなかったという事実がある。第二点も立証するのは困難ではない。アメリカは有能な分析家を輩出し、A・A・ブリル博士(2)のような権威も少なくともひとりはいるにもかかわらず、この広い国土から私たちの学問に寄せられる寄与はほんのわずかであり、新しい成果もほとんどない。心理療法家や神経学者たちは、往々、精神分析を治療方法として用いているものの、精神分析の学問上の問題や文化的な意義には通常、ほとんど関心を示さない。アメリカの医師や著作者にとりわけ頻繁に認められることであるが、精神分析には極めて不十分にしか通じておらず、精神分析の名前とそのいくつかのスローガンしか知らないのに、自分たちの判断が確かであるのを信じて疑わない。彼らはまた精神分析を、他の学説体系と混同している。こうした学説は精神分析から発展したのかもしれないが、今日では精神分析と調和しないものである。あるいは、彼らは精神分析や他の要素をごちゃまぜにし、こうしたやり方を自分たちの《心が広いこと》〔broadmindedness〕の証明であると称しているのだが、その実、彼らの《判断力の欠如》〔lack of judgment〕を証明するものにすぎない。

私が遺憾の念をもって紹介したこれら弊風の多くは、アメリカでは学業や研修を短縮し、できるだけ早くそれらを診療実務で活用しようという一般的傾向があるのに由来するのは間違いない。また、精神分析のような対象については、それを原典からではなく、二次的な文献、それもしばしば劣悪な文献から学ぶといったことが好まれる。こうなると、徹底した研究などは損なわれるしかない。

ファイゲンバウム博士が、自らの雑誌《レヴュー》で掲載しようと考えておられるような仕事が、アメリカでの精神分析への関心を強力に促進することを願ってやまない。

（嶺　秀樹　訳）

リビード的な類型について
Über libidinöse Typen

個々の人がそれぞれ、ほとんど見渡しえないほどに多様なかたちで人間というものの一般的な像を実現しているのは、観察がわれわれに示してくれるところである。このような多様な集合の中にいくつかの類型を区別したいというのは当然の欲求であり、その誘惑に屈するなら、どのような徴表によって、またどのような観点からこの区分を行うのがよいか、前もって選択しなくてはならない。このような目的には、なるほど身体的な特徴が心的な特徴に劣らず役に立つだろうが、ある身体的な特徴が見られる際には決まって一定の心的な特徴も認められるのが約束されているような区別が最も貴重なものと言えよう。

そのような区別の働きを持つ類型は、いずれ後に、われわれがまだ知らない基盤の上できっと見つかるだろうが、それが今すでに見いだせるかとなると、これは疑わしい。もっぱら心理学的な類型を編成するという試みに限るなら、リビードの状態が、分類の基盤として役立つものの筆頭に挙げられて然るべきである。こういった分類が満たすべき条件として、それが単にリビードについてのわれわれの知識や仮定から導き出されたというだけではなく、経験の中でも容易に再発見されうること、われわれのおびただしい量の観察例を分かりやすく整理するのにそれなりに資するものであることを求めてもよい。これらのリビード的な類型は、心的な領域に限っても唯一可能な分類である必要はなく、これとは別の特性から出発して、もしかすると別の心理学的な類型の総覧をひとつ編成できるかもしれず、われわれもそのことを認めるのに特段の異存はない。それぞれが特定の病像と重なるには及ばない、ということがすべての類型について原則とされねばならない。むしろ逆にそれらの類型は、医療の実際の場に根ざす見立てからして正常の範囲に入るような様態もすべて包括するものであることが求められる。もっとも、このような類型は、それが極端に増長した場合、特定の病像に近づくこともあるだろうし、そのようにして正常者と病的な者とのあいだにあると思われている隔たりを埋めるのに役に立つこともあるだろう。

さて、心的装置のどの区域にリビードが主に位置しているかに従って、主なものとして三つのリビード的な類型を区別することができる。それらを命名するのは、ごく容易だというわけではない。われわれの深層心理学に依拠して、私はそれらをエロース的な類型、ナルシシズム的な類型、そして強迫類型と名付けようと思う(1)。

エロース的な類型の特徴を挙げるのはたやすい。エロース的な人とは、その主要な関心――すなわち、彼らのリビードの相対的な最大量――が愛情生活に向けられている人々のことである。愛すること、しかし、とりわけ愛されることが、彼らにとって最も重要なことである。彼らは愛を失うのではないかという不安に支配されており、それゆえとりわけ彼らに対して愛を拒みうる立場にある他者に依存することになる。この類型はその純粋な形態でも実に頻繁に見られる。この類型の様々な変種は、他の類型との混じり具合や、また同時に攻撃性の規模に従って生まれてくる。社会的ならびに文化的には、この類型はエスの根元的な欲動の要求を代表しており、他の心的な審級はこのエスに服属してしまっている。

第二の類型に、私は強迫類型というさしあたっては奇異に響く名称を与えたのだが、この類型の特徴は超自我の優勢であり、この超自我は高い緊張のもとに自我から分離してきたものである。この類型は、愛を喪失するのではないかという不安の代わりに、良心の不安に支配され、言わば外的な依存に代わって内的な依存を示し、高い自立性を発揮する。社会的には文化の本来の担い手、主に保守的な担い手となる類型である(2)。

第三の類型をナルシシズム的と呼ぶのには正当な理由があるが、この類型の特徴は本質的に否定的である。自我と超自我との緊張を知らず――この類型からは超自我というものが設立されるなどということはほとんどなかっただろう――、エロース的な欲求が優位に立つこともなく、主要な関心は自己保存に向けられ、他に依存せず、またへこまされて萎縮しているということもほとんどない。自我には大規模な攻撃性が備わっており、それは能動性への用意が整っていることにも現れる。愛情生活においては、愛されるのよりも愛することのほうが好まれる。このような類型の人間は、他の人々に「人物」として強い印象を与え、他の人々の支えとなり、指導者としての役割を引き受け、文化の発展に新たな刺激を与え既存のものを破壊するのにとりわけ適している。

これらの純粋な諸類型は、もっぱらリビードの理論から導き出されたのではないかという疑念をまぬかれることはまずあるまい。ところが今、われわれが、純粋な類型よりもずっと頻繁に観察される混合類型に目を転じるなら、自分たちは経験の堅固な地盤の上にいると感じることができる。実際、われわれがこれまで分析を通して学んだような個々の心的構造は、これらの新しい類型、すなわちエロース的‐強迫的な類型、エロース的‐ナルシシズム的な類型、そしてナルシシズム的な強迫類型によってすっきりと位置づけることができるように思われる。これらの混合類型を追跡していくと、出くわすのは、以前から馴染みの性格像である。エロース的な強迫類型では、欲動生活の優勢が超自我の影響によって制限されているかに見える。近時の人間的対象への依存と同時に、両親や教育者、模範となる者が残した遺物への依存が、この類型の場合、極めて高い程度にまで達する。エロース的‐ナルシシズム的な類型は、おそらく最も頻繁に見られる類型である。この類型はその中に諸々の対立を一体化しており、その中で対立項が互いに低減しあうこともある。別の二つのエロース的な類型と比較することで、この類型から、攻撃性と活動性はナルシシズムの優位を伴うことが分かる。最後に、ナルシシズム的な強迫類型は、外的に独立していて良心の要請を尊重するのに加え、力強く実行する能力を備えていて、超自我に対して自我を強化するから、文化的に最も価値ある様態だと言える。

なぜ、さらにもうひとつ理論的に可能なはずの混合類型、すなわちエロース的－強迫的－ナルシシズム的な類型が、ここで言及されないのかと問えば、冗談を言っていると思われるかもしれない。しかし、この冗談に対する答えはまじめである。いわく、なぜならそのような類型は、もはや類型ではなく、絶対的な規範、理想的な調和を意味することになるだろうから、というのがその答えである。ここで今さらながらわれわれは、類型という現象が、まさに心的な経済におけるリビードの三つの主要な用途のうち一つないしは二つが他を犠牲にして優遇されることによって成立するのだということに気づかされる。

さらに、これらのリビード的な類型は病理学とどのように関係するのか、類型のうちのいくつかは特に神経症へと移行しやすい素質を持っているのではないか、もしそうだとすると、どの類型がどの形の神経症に進んでいくのか、と問うてみることもできよう。その答えは、これらのリビード的な類型を編成しても、神経症の発生にはなんら新たな光を投げかけるものではない、ということになるだろう。経験からして、これらの類型はいずれも神経症にならずに生きていけることが知られる。個別の心的審級が文句なしに優勢である純粋な類型だと、純粋な性格像として現れてくる可能性は高いであろうが、混合的な類型のほうは、むしろ神経症を生む条件に好都合な土壌を提供するのが期待されよう。もっとも、これらの関係性については、特別にそれについての入念な検証なしには決めてかかるべきではないと思われる。

エロース的な類型が病んだ場合はヒステリーを生じ、強迫類型が病むと強迫神経症になるというのは話としては分かりやすいが、ここでも右で強調した不確かさが付きまとう。普段から独立的であって外的世界からの拒否に晒されているナルシシズム的な類型は、特に精神病にかかりやすい素質を含むとともに、犯罪者を生む本質的な条件でもある。

周知のように、神経症の病因論的な条件は、今なお確実には認識されていない。神経症の誘引は、拒みや断念による不首尾や内的な葛藤などである。葛藤は、三つの大きな心的審級のあいだで生じることもあれば、両性愛的な資質のせいでリビード経済の内部で生じたり、あるいはエロース的な欲動要素と攻撃的な欲動要素とのあいだで生じたりもする。元来、正常な心的経過に属しているはずのこの現象が、何のせいで病因となるのか、神経症心理学はその究明に努めている。


（高田珠樹 訳）

女性の性について
Über die weibliche Sexualität

I

通常のエディプスコンプレクス期では、子供は、異性の親に対して情愛深い拘束を示し、その一方で同性の親との関係では敵対的態度が優勢である。男の子については、この分析結果の原因を説明するのは、われわれにはなんら難しいことではない。彼の最初の愛の対象は母親だった。これはその後も変わらない。そして、恋の追求が強まり父と母との関係が次第に分かってくるにつれて、父親は競争相手とならざるをえない。幼い女の子では事情は異なる。女の子の最初の愛の対象も確かに母親であった。どのようにして女の子は父親へと向かう方向を取るのか。どのようにして、いつ、なぜ、女の子は母親から離れるのか。女性の性の発達は、最初主導的である性器領域、つまりクリトリスがヴァギナという新しい性器領域に座を明け渡すという課題があるために複雑になるということは、かなり以前からわれわれも理解していた(1)。これと似たもうひとつの、対象を最初の母親から父親へと取り換える転換も、同様に女性の発達を特徴づけるものであり、第一の転換に劣らず大きな意味を持つと思われる。この二つの課題がどのようなかたちで相互に結びついているか、それについては、われわれもまだ見極めることができないでいる。

父親への強い拘束を示す女性が極めて多いことはよく知られている。だからといって、こうした女性たちが必ずしも神経症にかかっているとは限らない。以下、こうした女性たちについて私が得た観察事項を報告することにするが、これらは、私が女性の性について、特定のある見解を抱くきっかけともなったものである。その際、とりわけ気になった二つの事実がある。第一の点は、父親への拘束が特に強烈な場合、それに先立って、同じく強烈で情熱的に、もっぱら母親だけに拘束されている時期があったことが分析から明らかになったという点である。この二つめの時期は、対象が替わったということを除けば、愛情生活自体には新しい特徴はほとんど付け加わっていない。母親との第一次的な関係は極めて豊かで、多面的にしっかり築かれていた。

第二の事実は、従来、母親へのこの拘束の期間もまたあまりに短く見積もられていたことを教えてくれた。多くの症例では、その期間は延々三歳まで続いていた。中には四歳まで続いた事例もあった。つまり、これまで考えられていたよりも遥かに長期にわたり、幼児の性的成熟に関与しているのである。そればかりか、かなりの数の女性たちが母親への当初の拘束に停滞し、ついぞまともに男性と向きあうに至らないという可能性も認めざるをえなかった。

こうなると、俄然、女性のエディプス期以前の時期は、従来われわれが想定していなかった重要な意味を持つことになる。

女性のエディプス期以前の時期には、神経症の発症原因と考えられるあらゆる固着や抑圧の余地がある。そのため、エディプスコンプレクスが神経症の核心部分であるという命題の普遍性を撤回する必要があると思われる。ただし、この訂正が到底納得できないという向きには、無理やりそうしてもらう必要もない。一方で、エディプスコンプレクスに、それは子供が両親の双方に対して持つ関係の一切を包括するという内容を加えてもよいし、他方で、(女性について観察された)新しい知見に対応するように、女性は裏のコンプレクスに支配された先史期を克服したのちに初めて、正常な表のエディプス状況に至るとしてもよい(2)。この時期には、女の子にとって父親は実際のところ煩わしい競争相手とさほど変わらない存在である。ただし女の子では、父親への敵意が、男の子に特徴的に見られるほど顕著には現れない。男性の性的発達と女性のそれとのあいだに綺麗な並行関係を見ようなどというのは、もはやわれわれがおよそ期待するところではない。

女の子のエディプス期以前の先史期について見通せるようになったことは、他の領域にたとえれば、ギリシア文化の背後にミノア・ミケーネ文化を発見するようなもので、意表を突く。

母親へのこの最初の拘束という領域では、何につけ、分析的に捉えることが極めて困難であると思われた。すべてが古い染みか影のように霞んでおり、まるで、特別に仮借ない抑圧を受けているとでもいった具合で、ほとんど再生不可能と思われたのであった。しかし、こうした印象が生じたのは、私が分析した女性たちが、ここで取り上げている先史期を出て父親への拘束へと逃げ込み、そのままこの父親との拘束にしがみつくことができたからかもしれない。ジャンヌ・ランプル＝ド・グロー(3)やヘレーネ・ドイチュ(4)のような女性分析家には、この事実がもっと容易かつ明確に見てとれたのは本当のようだ。というのは、彼女たちの場合、情報提供者にとってうまい具合に母親の代替となる人物への転移が分析の助けとなったからである。私には、ひとつの症例すら完全には見通せなかった。そこで、私は、最も一般的な分析結果を述べるにとどめ、自分が新たに得た知見から、参考となる二、三の点のみを紹介することにする。そうした事柄としては、まず、母親に拘束されるこの時期は、ヒステリーの病因との密接な関係があると推定される点が挙げられる。この時期がノイローゼと同様に、女性であることに特有の特徴のひとつであること、さらに、この母親依存に後の女性のパラノイアの萌芽があるということを考慮すれば、これは別に驚くべきことではない。[*1] というのは、こうしたことは、実は、母親に殺される(貪り食われてしまう?)のではないかという、意外なようで、実はありふれた不安であるように思われるからだ。考えられる想定として、この不安は、躾や身体の世話による多くの制約の結果として、子供の中に生じる母親への敵意に対応しており、また心理組成がまだ早期であるせいで投影のメカニズムが働きやすいということがあるのかもしれない。(5)

II

以上、新たなものとして私が気づいた二つの事実、すなわち、女性に見られる父親への強い拘束は、同じように強い、母親への拘束の遺産を受け継ぐものであるということ、そして、この前のほうの段階が思いのほか長い期間を通して持続すること、これら二つの点についてまず述べた。ここであらためて、これらの分析成果を、女性の性的発達についてわれわれの既知の構図に組み込むことを試みてみよう。いくつか繰り返しになることは避けられまい。男性の場合での状況と絶えず比較することになるが、これはわれわれの論を進める上で大いに役立つはずである。

まず明白なのは、人間の自然資質と主張される両性性が、女性では、男性より遥かに鮮明に出てくることである。実際、男性には主導的性領域が一つあるだけである。性器は一つしかない。それに対し、女性は二つの性領域を持っている。つまり、女性本来のそれとしてのヴァギナと、男性の性器に類似したクリトリスである。ヴァギナは何年にもわたりほとんど存在しないに等しく、おそらく思春期になって初めて感覚を生み出すと想定しても間違いあるまい。ただし最近では観察者の中に、ヴァギナの蠢《うごめ》きだすのをこの初期の数年に移そうとする意見が増えてはいる。女性の場合、幼年期に性器全般に関して生じる本質的なことと言えば、やはりクリトリスにおいて起きているに違いない。女性の性生活は通常二つの時期に分かれる。このうち第一の時期は男性的な性格を持ち、第二の時期でようやく女性に固有な時期となる。このように、女性の性発達においては、第一の時期が第二の時期へ機能移管する過程がある。これに類似したものは男性にはない。男性的な性格を備えるクリトリスの機能が後の女性の性生活にも継続されることから、話はいっそう複雑になる。ただ、その継続の仕方は千差万別であり、当然、その実態がよく分かっているとは言いがたい。女性のこうした特殊性は生物学的にどのような理由に基づくものであるのか、われわれにはもちろん分かっていない。かといって、女性のこうした特殊性に目的論的な意図を想定するのもいよいよできない相談である。

　この第一の大きな差異に並行するかたちで、対象発見の領域でもうひとつ違いがある。男性の場合には、哺乳や身体の世話をしてもらう影響の結果として、母親が最初の愛の対象となる。そしてこの事態は、母親と似た本質を備える存在か、あるいは母親から派生した存在が母親に取って代わるまで続く。女性の場合にも、最初の愛の対象は母親以外ではありえない。たしかに対象選択のための原初の条件はすべての子供にとって同一である。しかし発

＊1　ルース・マック・ブランスウィック[6]の「ある嫉妬妄想の分析」(*Internationale Zeitschrift für Psychoanalyse*, XIV, 1928)で報告される有名な症例では、情動興奮はエディプス期以前的な(姉への)固着に直接起因している[7]。

達の終点では、男性－父親が新しい愛の対象となっていることが求められる。つまり、女性の性的変更に対応したかたちで、愛の対象の性の変更が起こらなければならないのである。ここで新たな研究課題として、この変化はどのような経路で進行していくのか、それは徹底的に遂行されるのかそれとも不完全なままか、この発達では様々の可能性としてどのようなものが生じてくるのか、といった問いが浮上してくる。

エディプスコンプレクスとの関係に関わるかたちで、男女のあいだにさらにもうひとつ差異があることも、われわれにはすでに分かっている。ここでわれわれは、エディプスコンプレクスについて自分たちが述べてきたことは、ごく厳密には男の子にのみ当てはまり、また二つの性の振る舞いにおける類似関係を強調するエレクトラコンプレクス(8)という名称を拒絶するのが正しいという印象を持つ。両親の一方に対して愛情を抱き、同時にもう一方に対して競争相手への憎悪を抱くという運命的な関係は、男の子についてのみ成立する。この後、男の子だと、自分が去勢される可能性があるのを発見し、それがまた女性の性器を目撃することで裏付けられもするが、この発見は、エディプスコンプレクスの変更を強い、さらには超自我の創造を招き寄せ、そうすることで個人を文化的共同体に組み込むのを目指す過程の一切を始動することになる。父親という審級が超自我へと内面化されると、次いでこの超自我を、それが元来、心的に代表していた個々の人格から解き放すという次の課題を解決しなくてはならない。この独特な発達過程においては、ほかならぬナルシシズム的な性器関心、ペニスの保持への関心が、幼児的な性の制限のために用いられたのであった(9)。

男性には、女性を去勢された存在と見て、いくらか軽侮の念も抱くというかたちで、去勢コンプレクスの影響が残っている。この女性蔑視が極端になると、対象選択の制止に至り、これに身体的な要因が加わることで排他的な同性愛が生じる。女性における去勢コンプレクスの作用となると、これとは全く異なっている。女性は、自分が去勢されているという事実を認め、そのことでまた男性の優位と自らの劣等性を認めてもいる。しかし、この不愉快な事態に逆らいもする。この分裂した態度から、三つの発達経路が生じてくる。第一は、性ということからの全面的な離反である。幼女は、男の子と自分を比べて驚愕して、自分のクリトリスに不満を抱くようになる。そして、自分のファルス的活動をあきらめ、ひいては性全般や、それ以外の領域での男らしさの大部分についても断念してしまう。第二の発達方向においては、頑なに自己を主張したまま、風前の灯となった男らしさに固執する。もう一度ペニスを手に入れたいという希望は、信じられないほど後の時期にまで保持され、人生の目的にまで高められ、何があろうとお構いなしに、自分はひとりの男なのだという空想《ファンタジー》が、往々、人生の中のいくつかの長い時期の形成原理であり続けたりする。女性のこの「男らしさコンプレクス」もまた明示的に同性愛的な対象選択を結果することもありうる。紆余曲折を経る発達の第三の方向に至ってようやく、正常な女らしい最終的形態に辿り着く。つまり、父親を対象として選び、したがってエディプスコンプレクスの女性的な形式とも言える、正常な女らしい最終的形態に辿り着く。つまり、エディプスコンプレクスは、女性の場合は、比較的長期の発達の最終結果なのである。それは、去勢の影響によって破壊されるのではなく、むしろこれによって創り出される。男性の場合には、本人に破壊的な作用を及ぼす強い敵対的影響を免れている。実際、エディプスコンプレクスを女性がまったく克服していないことも極めてよくある。したがって、エディプスコンプレクスの崩壊から来る文化的な帰結も、男性に比べて軽微でそれほど重要ではない。エディプスコンプレクスと去勢コンプレクスとのあいだの相互関係におけるこの相違が、社会的存在としての女性の性格を形づくっていると述べても、おそらく間違いではあるまい。[*2]

もっぱら母親に拘束されていてエディプス期以前と名づけうる時期は、したがって、女性では男性の場合に比べて遥かに大きな意味を要求してくる。以前にはうまく理解しえなかった女性の性生活の多くの現象も、それらをエディプス期以前に起因すると考えることで全面的に解明される。たとえばわれわれが以前から気づいていたことだが、父親を模範として夫を選択したり、あるいは夫を父親代わりにする女性の多くは、結婚生活で夫を相手に自分の母親との悪い関係を反復している。[10] 夫には父との関係を受け継ぐことを求めていながら、実際には母との関係を受け継いでいるのだ。これが退行のよくある事例であることは、容易に理解される。母親との関係が原初の関係だったのであり、この上に父親への拘束が築かれていたのである。そして、結婚生活の中で、原初のものが抑圧状態を離れて表に現れ出てくる。情動的な拘束が、母という対象から父という対象へと転記されることが、実際、女であることに至る発達の主たる内容であったのだ。

実に多くの女性について、われわれは、彼女たちの青春が母親との闘いに費やされる一方、その成熟期が夫との闘いに明け暮れるという印象を持つが、上述の注記事項に照らして考えれば、彼女らの母親に対する敵対的な態度はエディプスコンプレクスの競合の結果ではなく、それ以前の時期に由来するものであって、エディプス状況で強化され活用されたとの結論を引き出せよう。これは、直接、分析的に調べてみることによっても裏付けられるであろう。われわれがぜひとも関心を寄せるべきは、あれほど強くただひたすらに愛していた母という対象から離反する上で効力を発した機制である。多分、そのような契機はただ一つではなく、多くの契機が一繋がりに同じ最終目的のために協働しているのが見いだされるのではないかと予測される。

そうした契機の中には、幼児的な性全般の状況に制約され、それゆえ男の子の愛情生活についても同様に当てはまる契機もいくつか現れてくる。ここでまず第一に挙げられるのは、他の人物、たとえば兄弟姉妹に対する嫉妬である。兄弟姉妹は、恋敵としては父親と並ぶ存在である。子供の愛情は節度を知らない。自分だけが愛されることを求め、分け前にあずかることでは満足しない。しかし、この愛情のもうひとつの性格は、それがまた本来のところ目標を持たず、完全には充足されえないことである。したがって、この愛情は必ずや失望に終わり(11)、敵対的な態度に取って代わられる定めにある。人生のもっと後の時期では、最終的な充足が得られないことで、むしろ別の結末が招来されやすかったりもする。この契機は、目標制止された愛情関係の場合と同様に、リビード備給が支障なく坦々と持続するのを保証するかもしれないが、次々に進んでゆく発達過程の圧迫の中では、リビードは、充足を与えてくれない守備位置を捨て、新たな位置を探しに行くのが普通である。

母親からの離反を引き起こす遥かに特殊なもうひとつの動機が、去勢コンプレクスがペニスを持たない者に及ぼす作用から生じる。幼い女の子はあるとき自分の身体器官が劣っているのを発見する。兄弟がいたり他の男の子が

＊2　こうした説明に、男性の中のフェミニストたちも、われらが同僚たる女性の分析家たちも同意しないであろうことは予想がつく。彼らからすれば、そのような論は男性の「男らしさコンプレクス」に起因するものだ、そして男が生まれながらにして持っている、女を蔑視し抑え込む傾向を理論的に正当化しようとするものだといった異論を唱えずにはおれまい。しかしながら、よくあることだが、この場合もやはり、その種の精神分析的な論議は、あの有名なドストエフスキーの「両刃の剣」(12)を想い起こさせる。異を唱える人々にしても、女性という性は、男女平等を熱望するとき、これに反するかに見えるものを受け入れるのはいやなのだ、ということを納得するだろう。論争的なかたちで分析を用いたところで、何ひとつ決着を生むことがないのは明らかだ。

身近にいたりすると、当然そのぶん早く容易にそれに気がつく。その後そこから、すでに見たように、a、性生活全体を控えるに至る方向、b、頑なに男らしさを過度に強調する方向、c、最終的な女らしさに向かう兆し、という三つの方向に分かれることになる。これらについてもっと厳密な時期を挙げたり、典型的な経過の次第を確定したりすることは、ここでは容易ではない。去勢されていることの発見の時期すら定まっておらず、人それぞれであり、その他の契機も、ほとんどが不確定で偶然に左右されるように思われる。固有のファルス的な活動の状態がどうであるか、あるいはそうした活動が露見するか否か、あるいはそれが露見したのち、どの程度の妨害を受けるか、といったことが要因として絡んでくるのだ。

固有のファルス的な活動であるクリトリスでのマスターベーションを、幼い女の子は大概ひとりでに見つける(13)。これは、まずさしあたり空想《ファンタジー》を伴わずに始まると見て間違いない。よくある空想では、母親や乳母、あるいは子守女が誘惑者に仕立て上げられ、彼女たちに身体を世話してもらうことが、マスターベーションを呼び覚ます上で影響を及ぼすと指摘されている(14)。女の子の自慰行為が男の子のそれと比べて頻度が少なく、当初からさほど激しくないかどうかについては、確定的なことは言えない。事実、そうなのかもしれない。実際に誘惑が行われることもしばしばある。別の子供によるものもあれば、世話をする女たちがあやしたり、寝かせつけたり、あるいは自分に依存させようとして誘惑することもある。誘惑が効果を発揮すると、通常それは発達過程の自然な進行を阻害し、長期にわたって少なからぬ影響を残すことが多い。

マスターベーションの禁止は、すでに見たようにこれを放棄するきっかけとなるが、また同時に、禁じる人物、つまり母親か母親の代替で通常、後には母親と融合して区別がつかなくなる人物に対する激しい反抗の動機ともなる。マスターベーションを頑なに主張することは男らしさに道を開くように思われる。子供がマスターベーションを抑え込むことに成功しなかった場合でも、禁止は一見無力であったかに見えるが、後にその子がどんな犠牲を払おうとも厭わしい充足から逃れようと努めるというかたちで、この禁止の影響が現れてくる。少女に成熟してからの対象選択であっても、この意図がそのまま堅持され影響することもある。自由な性的活動を妨害されることに対する恨みは、母親からの離反において大きな役割を果たす。母親が娘の純潔を守るのを本気で自分の義務と考える場合には、思春期を過ぎたあとでも、この動機がふたたび頭をもたげ作用するようになるだろう(15)。その一方で、われわれはもちろん、母親が男の子のマスターベーションにも同じように立ちはだかり、それによって男の子にも反抗への強い動機を与えることになるのを忘れるわけにはいかない。

幼い女の子が男性性器を眺めることで自らの欠陥を知る場合も、彼女は、ありがたくもないこの教えを何のためらいも反感もなしに受け入れるわけではない。すでに見たように、いつか自分もあんな性器が欲しいという期待は強固に保持され、この欲望はその希望がなくなったあとも長いあいだ消えずに残る。いずれの場合にも、子供は去勢をまずは単に個人的な不運と見なし、あとになって初めて他の個々の子供たちにまで押し広げ、最後にようやく個々の大人にまで広げる(16)。この否定的な性格が一般的なものであることを洞察することで、女であること、ひいては母というものの価値が大きく低下することになる。

去勢から受けた印象と自慰の禁止に対して、幼い女の子がどのように振る舞うかについて以上に述べたことは、読者には混乱して矛盾だらけだとの印象を与えたかもしれない。もっとも、これは必ずしも著者のせいばかりではない。実際、事態を万人に当てはまるかたちで描くなどというのはほとんど不可能である。人それぞれで反応も千差万別であり、仮に同じ人であっても、相対立する態度が並び立つこともある。禁止による最初の干渉をもって葛藤が生じ、それ以降、性的機能の発達にはこの葛藤が付きまとうことになる。このせいで事情を察することがとりわけ困難になり、この最初の時期の心的な過程と、それらを覆い隠したり、歪曲した上で想起させたりする後の心的過程とを区別するのにたいへん苦労することになる。たとえば、後には去勢の事実は自慰の活動に対する処罰として捉えられ、しかもそれを行うのは父親と見なされたりするが、いずれも、もともとそうであろうはずはまずない。男の子も通常は父親の側からの去勢を恐れるが、男の子といえども脅威は大概のところ母親から来るものである。

それはともかく、母に拘束されるこの最初期の終盤になって、母親からの離反を促す最も強力な動機として現れるのが、母は子である私にきちんとした性器を授けてくれなかった、要するに私を女として産んだという非難である[17]。聞いて驚くのは、もうひとつ、右のものほどではないが、やはり古い話を蒸し返す非難で、母は子である自分にわずかしか乳を与えなかった、十分な時間をかけて自分を乳で養ってくれなかった、というものである。これは、われわれの文化の状態では実際にしばしば当てはまることだろう。しかし、分析の場で主張されるほど頻繁でないことは確かである。むしろこの訴えは、未開社会の母親が二年から三年のあいだ付きっきりで自分の子供の世話をするのに引きかえ、一夫一婦制という文化の条件下では、六カ月から九カ月のあとには、母の胸から引き離されてしまう子供の一般的な不満の現れであるように思われる。そうであってみれば、われわれの子供は永遠に満腹になることもあるまいし、どれだけ長く母の胸から乳を吸おうと、それで十分満たされるということもあるまい。しかし私は、未開民族の子供たちと同じくらい長く授乳を受けた子供たちを分析すれば、こうした嘆きを耳にせずにすむとは確信できない。子供のリビードはこれほどにも強欲なのだ。精神分析が母親からの離反に関して暴露してくる動機には、母が女の子に文句なしにまともな性器を持たせてくれるのを怠ったとか、母が十分な期間、母乳で養ってくれはしなかった、母の愛を他の誰かと分かちあうように強いた、母は愛の期待のすべてを満たしてくれることはついぞなかった、そしてしまいには、母が自分に性的活動をまず目覚めさせておきながら、後になってそれを禁じた、といった言い分があるが、こうした一連の動機付けをすべて概観しても、いずれも最終的な敵意を正当化するには不十分であると思われる。それらのいくつかは、幼児的な性の本性に由来する不可避の帰結であるし、また別のものは、当人には理解できない感情の変化を後になって適当に合理化したもののように見える。ひょっとしたら、むしろ母親への拘束は、これが最初の拘束であって実に強い繋がりであるからこそ、没落せざるをえないというのが実情なのかもしれない。ちょうど、若い女性が、きわめて強い恋愛感情のもとで結ばれた初めての結婚において、往々そうであるのが観察されるのと同様である。いずれの場合ともそういった愛の態度は、避けることのできない多くの失意に加えて、攻撃へのきっかけが積み重なることで、挫折してしまうであろう。再婚のほうが通常うまく行くものである。

だからといって、感情備給の両価性《アンビヴァレンツ》は普遍的に妥当する心理学的法則であって、誰かある人に強い愛情を抱くとき、それは必ずやその愛の強さにも匹敵しようほどの強い憎しみを伴うことなしにはおよそありえないとか、あるいは逆に強い憎しみには必ず強い愛が伴っている、などとまでは主張できない。正常な成人なら双方の態度をうまく区別し、自分の愛の対象を憎まず、自分の敵を愛さずにすむのは疑いない。しかしこれはもっと後の発達の結果であるように思われる。愛情生活の最初期の段階では両価性が明らかにごく普通に見られる。多くの人間ではこの太古の特質が一生にわたって保持されるし、強迫神経症患者の場合、彼らの対象関係では愛と憎しみとが互いに拮抗しあっていることがその特徴である。未開人についても両価性の優勢を主張してよい[18]。してみれば、幼い女の子における母親への強い拘束ははなはだ両価的な拘束であり、他の契機が働きかけることで、まさにこの両価性の圧迫によって母親からの離反へと駆り立てられるに違いあるまい。ということは、これもまたやはり幼児的な性の一般的な性格の結果ということになる。

このような説明の試みに対してはただちに、しかしそれならどうして、同じように強く母親に拘束されている男の子がこの拘束を何の支障もなくそのまま維持できるのか、という疑問が湧いてくる。これには答えも同じくすぐに用意されている。いわく、男の子は、自らの敵対的な感情をすべて父親に振り向けることで、母親に対する両価性を処理することができるのだ。しかしながら、まずこう答える前に男の子におけるエディプス期以前の時期を立ち入って研究するべきだし、さらにはこれらの過程はまだその存在が知られるようになったばかりで、全容をよく見通せているなどとはおよそ言いがたいのを率直に認めるほうが、どうやら総じてより慎重を期することになるだろう。

III

もうひとつの疑問は、幼い女の子は母親に何を求めているのか、もっぱら母親に拘束されているこの時期には女の子の性的目的はどのような類いのものなのか、という点である。分析素材から得られる答えは、われわれの予想とぴったり一致する。女の子が母親において達成しようとする性的目標には能動的な性質のものと受動的な性質のものとがあり、そのいずれであるかはその子がどのリビード期を通過しているかによって決まってくる。ここで特にわれわれの関心を引くのは、能動性と受動性との関係である。性の領域に限らず心的な体験のどの領域でも、受動的に得られる印象が子供の中に能動的な反応への傾向を呼び起こすのは容易に観察される。つまり子供は、前に誰かが自分に対して、あるいは自分に関して行ったことを自身でも行うことを試みるのだ。それは自分に課せられた外界に対する対処の作業の一端であり、時に子供は、内容が苦痛を伴うゆえ本来なら回避したいような印象をあえて反復しようと努めることすらある。子供の遊びもまた、このような、受動的な体験を能動的な行為によって補完しそういうかたちでいわば止揚しようとする意図のために用いられる。医者が、咽喉の奥を見るために、嫌がる子供の口を無理やり開けさせたりすると、医者が帰ったあと、その子は医者の真似をして、自分が医者に対してなすすべがなかったように、やはり自分に対して無力な幼い弟妹に対して、力ずくの振る舞いを反復することになるだろう[19]。こういった場合、受動性に逆らい能動的な役割を好む傾向があるのは見まがうべくもない。この受動性から能動性への転換は、必ずしもすべての子供において規則的かつ強烈に認められるわけではなく、それが現れない子供もいる。なんなら、子供のこの行動から、将来、その子が性において示すことになる男らしさと女らしさの度合いを推測してもよいだろう。

子供が母親を相手に最初にする性的な体験ないしは性的な色合いを帯びた体験は、もちろん受動的な性質のものである。子供は母親に授乳され、食べさせてもらい、洗ってもらい、服を着せてもらうし、排泄のいちいちにも母親から指図を受ける。子供のリビードのうち一部はこれらの経験に固執し、それらの経験と結びついた充足を楽しいと感じるが、別の部分はそれらを能動性へ転換することで自分の力量を試そうとする。母親の乳房では、最初、授乳されていたのを、能動的に吸うことが取って代わる。その他の点でも、子供は自立を、つまりそれまでは自分の身に起きていたことを自ら行ったり、あるいは自分の受動的な体験を遊びの中で能動的に反復したり、あるいは現実に母親を対象にして自分はそれに主体として臨むのを楽しむようになる。この後の点は実際の活動において生じることであるが、これに絡む疑念が経験によって払拭されるまで、私にも長いあいだ信じがたいものに思えた。

幼い女の子が母親の体を洗ってやったり、母に服を着せたり、あるいは排泄欲求を満たすように注意するというのはあまり聞かない。女の子はなるほど折にふれて、じゃあこれから遊ぼう、私がお母さんで、お母さんが子供だからね、などと言ったりする。しかし女の子がこうした能動的な欲望を充足させるのは、大抵の場合、人形で遊ぶという間接的な仕方においてであり、その中で女の子は自ら母親を演じ、人形に子の役割をあてがう。少年と違って女の子が人形遊びを好むのは、通常は女らしさが早くに目覚めた徴と解されている。間違ってはいないが、ここで顔を覗かせているのが女らしさの能動性であること、そして女の子が人形相手に母を演じたがるのは、どうやら父という対象にはおよそ目もくれず、もっぱら母に拘束されているという排他性の証左であることを見逃してはなるまい。

女の子に見られる母親に対する意外な性的能動性は母親を得ようとする追求として現れるが、時期的な順序としては、まず口唇的、次いでサディズム的、そして最終的にファルス的でさえある追求というかたちで出てくる。その詳細のいちいちをここで報告することは難しい。というのは、それらは大概の場合、暗い欲動の蠢きであり、それらが生じた頃には、当の子供はこれらの蠢きを心理的に把握することができず、それゆえ後になって初めて事後的に解釈され、次いで分析の場では、もともとそれらにはふさわしくなかったはずの表現の形式をとって現れてくるからである。時にわれわれは、それらの蠢きが父親というもっと後の対象に転移されたかたちを取るのを見かけることがあるが、もともとそこに属するものでないだけに、理解がはなはだしく妨げられることになる。攻撃的な口唇的、あるいはサディズム的欲望は、早期の抑圧のせいで、母親に殺されるのではないかという不安という形式をとることを余儀なくされ、この不安が意識化されると、母の死を願う欲望を正当化することになる。母親に対するこの不安は、子供が見透かす母の無意識の敵意にどれほど依托しているのか、その頻度は明言できない。[20]（貪り食われてしまうのではないかという不安を、私はこれまで男性についてしか見いだすことができなかった。この不安は父に対するものであるが、多分、母親に向けられた口唇的な攻撃性が変容したものであろう。人は、かつて自らの糧とした母を貪り食いたいという欲望を持っている。父親については、この欲望を持とうにもさしあたりそのきっかけがないのだ。）

母親への拘束が強く、私がエディプス期以前の時期を研究することができた女性たちは、皆、申し合わせたかのように、母親が自分に浣腸や注水による腸の洗浄を行おうとするのに対して極めて強く抵抗し、不安と怒声でそれに応えるのを常としていたと報告した。これは、なるほど子供の行動としてはよくあることで、普通の行動であるとさえ言えるかもしれない。特に激しく逆らうこの振る舞いが何に根ざすかについて、私が納得しえたのは、私と時を同じくして同様の問題に取り組んでいたルース・マック・ブランスウィックのある指摘を通してだった。彼女は、浣腸のあとの怒りの爆発は、性器の刺激のあとのオルガスムに比されるとしていた。その際、生じる不安は、喚起された攻撃快感の転換として理解するべきだという。実際にそのとおりで、サディズム＝肛門期には、直腸領域の強い受動的刺激は攻撃快感の爆発という反応を引き起こし、この快感は直接に怒りとなって、あるいはそれを抑圧した結果、不安となって現れると考えられる。この反応は後年には枯渇するらしい。

ファルス期における受動的な蠢きの中で際立つのが、女の子が決まって母親を誘惑者だとして責める点である。これは、母親に(ないしは母親に代わって自分の世話をしてくれる誰かに)汚れを拭き取ってもらったり身体を世話してもらったりする際に、性器の感覚を最初に、ないしは最も強く感じずにおれなかったからである。子供がこの感覚を好み、母親に、何度もそこに触ってこすることでこの感覚が強まるようにしてほしいとせがむという話を、私は往々母親たちから、二歳から三歳の娘について観察した事実として聞かされた。後年の想像では通常、父親が性的誘惑者という姿を取るのは、母親がどうしても子供のファルス段階を開始せざるをえないという事実に起因すると私は考える。母親からの離反とともに、性生活への導入も父親に押しつけられたのである。(21)

ファルス期には、最後に母親に対する強い能動的な欲望の蠢きも生じてくる。この時期の性的活動はクリトリスでのマスターベーションを頂点とするが、その際おそらく母親のことが想い浮かべられているのであろう。しかし、それが子供に性目標を表象させているのか、またこの性目標がどういったものであるかは、私の経験からは明言できない。下の子が出現することで、子供の関心のすべてが新しい動因を得たときになって初めて、そのような目標が明確に見極められる。幼い女の子は、自分がこの新しい子供を母親に作ってやったのだと思いたがる。この点は男の子と全く同じだ。そして、弟妹誕生という出来事に対する反応も、新しい子供に対する振る舞いも、やはり男の子と同じである。このようなことを言うと確かに理不尽に響くが、それは、ただ単にこのことがわれわれにはおよそ馴染みのないものに響くからなのかもしれない。

母親からの離反は、女の子の発達の行程において極めて重要な一歩であり、単に対象の変更に尽きるものではない。その経緯についても、またその動機を説明すると称して積み重ねられてきた数多くの説明の試みについても、われわれはすでに述べたが、今それらに加えてもうひとつ、母親からの離反と手を携えて、能動的な性的蠢きの著しい低下と受動的な性的蠢きの高まりとが観られることを指摘しておこう。能動的な欲求は、それが不首尾に終わると打撃を強く受けるのは確かで、これは到底、自分の手に負えるものではないのが分かったということになり、リビードからも容易に見放されることになる。しかし、受動的な追求のほうにも失望の種は尽きなかった。母親からの離反とともに往々クリトリスでのマスターベーションも中止され、また幼い女の子がこれまでの男らしさを抑圧することで、自分の性的追求全般の相当部分を恒久的に損なってしまうことも稀ではない。父親という対象への移行は、受動的な追求が崩壊を免れているかぎりは、それの助けを借りて行われる。こうなると、女の子には女らしさの発達への行程が開かれる。克服されたはずのエディプス期以前の母親への拘束の残滓《ざんし》によって、その道が狭められていないかぎり、彼女を妨げるものはもはや何もない。

女性の性的発達のうちここで述べた部分を概観するとき、女らしさということの全体について、ある特定の判断を控えることができない。男の子に見られるのと同じリビード的な諸力が働いているのが分かったのであり、それらの力は、ある一定期間のあいだ男女とも同じ一連の行程を辿り、同じ結果に達することが確信しえたのだ。そうなると、このリビード的な諸力をその当初の目標から離れさせ、それ自体は能動的で、どう見ても男性的な追求を女らしさの軌道のほうへ導いていくのは生物学的な要因である。われわれは性的興奮が特定の化学物質の作用に起因することを斥けることはできないから、いずれ生化学がわれわれに、この物質があれば男性的な性的興奮が生じ、あの物質があれば女性的な性的興奮を生じるといった具合に教えてくれる日がやってこよう、などとつい期待してしまう。しかし、これはおよそ素朴な希望であり、その点で、ヒステリーや強迫神経症、メランコリーを引き起こす病原体をそれぞれ顕微鏡で発見したいといった希望となんら変わるところはない。

生化学においてもことはそう簡単ではあるまい。[22] しかし心理学にとっては、身体の中に性的な興奮を引き起こす物質がただ一つあるか、それとも二つなのか、あるいは無数にあるのかなどということはどうでもよい。精神分析がわれわれに教えてくれるのは、ただ一つのリビードだけで済ませることである。ただし、このリビードの目標、すなわち充足様態には、能動的と受動的の区別がある。この対立、とりわけ受動的目標を持つリビード追求の存在という点に残る問題があるのだ。

IV

われわれのここでの主題について分析した文献を閲覧すれば、私がここで述べたことはすべてそうした文献にすでに書かれていることを確信できよう。[23] そうなると、私のこの仕事を公表する必要もなかったということになりかねないが、このように極めて扱いが難しい領域においては、どのようなものであれ、自らの経験や個人的な見解について報告することには価値があると言える。また、私が人より鮮明に捉え、人一倍丹念に抽出した点も少なからずある。他の論考のいくつかでは、超自我と罪の意識との問題を同時に論じているせいで、記述の概要が分かりにくくなっている。それを避けるために、この発達期が迎える様々な結末を述べた際にも、子供が、父親に対する失望のせいで、すでに脱却したはずの母親への拘束に舞い戻ったり、生涯の中で再三再四、態度を変更するなどして生じる複雑な合併症を扱うことも控えた。しかし、本編はあくまで数ある他の労作に混じって私なりに一文をもって貢献しようというのにすぎないから、詳細な文献の紹介や検討は勘弁してもらい、これらの労作のうち、いくつかの論文とのあいだに見られる比較的重要な一致点や、別の論文とのあいだにある相当、重大な相違点を指摘するにとどめてよいだろう。

アブラハム[24]の述作「女性の去勢コンプレクスの発現諸形態[25]」(『国際精神分析雑誌』第七巻、一九二一年)は、元来、これを凌駕するだけのものが今もって出ていない秀作ではあるが、できればそこに、最初はもっぱら母親だけに拘束されているという契機が付け加わっているのが望ましい。ジャンヌ・ランプル＝ド・グロー[＊3]の重要な論文[＊4]に関しては、本質的な点で賛同せざるをえない。この論文は、男の子でも女の子でもエディプス期以前については全く同じであることを認識した上で、女の子が母親に対して性的(ファルス的)に能動的であることを主張し、また観察によってこれを証明してもいる。母親からの離反は、自分が去勢されていることに気づいたことの影響に起因し、去勢に気づくことで、子供は性的対象に加えて、往々オナニーをも放棄することを強いられるとされる。性的発達の全体に関して、女の子は「表の」エディプスコンプレクスに入る前に「裏の」エディプスコンプレクス期を経るという定式を提起している。この論文が不十分と思われるのは、母親からの離反を単なる対象の取り換えとして論じ、それが極めて明白に敵意を特徴として遂行されることに論及していない点である。この敵意を最大限、重視しているのが、ヘレーネ・ドイチュの最近の論文「女性のマゾヒズム、ならびにそれの性的不感症との関係[26]」(『国際精神

＊3　雑誌掲載時には、その著者の名前は A. L. de Gr. と表記されたが、本人の希望に従いこのように訂正する。

＊4　「女性のエディプスコンプレクスの発達史のために」(*Internationale Zeitschrift für Psychoanalyse*, XIII, 1927)。

分析雑誌』第十六巻、一九三〇年)である。この論文でもまた、女の子のファルス的能動性と、女の子が母親に拘束されている強度とが承認されている。H・ドイチュは、父親へ向き直るのが(すでに母親のもとで蠢き始めていた)受動的な追求の途上で起こるとも述べている。以前に公刊された彼女の本『女性の性的諸機能の精神分析』[27](一九二五年)においては、この著者はエディプス図式をエディプス期以前にも適用することにまだ囚われており、女の子のファルス的能動性を父親との同一化と解釈していた。

フェニヒェル[28](「エディプスコンプレクスの性器前期的前史について」[29]、『国際精神分析雑誌』第十六巻、一九三〇年)は、分析で拾い上げられる素材のうち何がエディプス期以前の内容のままであるか、何が退行によって(あるいは別の仕方で)歪曲されたものであるかを識別するのが難しいことを強調しているが、これは正しい。彼は、ジャンヌ・ランプル＝ド・グローの主張する女の子のファルス的能動性を認めず、またエディプスコンプレクスは一歳になって間もない時期に始まるとしてこれを「前倒し」しようとするメラニー・クライン[30]の提案(「エディプス葛藤の早期の諸段階」[31](『国際精神分析雑誌』第十四巻、一九二八年)やほかの論文)をも斥けている。このように時期を定めれば、必然的に発達に関わる他のすべての事情の捉え方も変わらざるをえず、これだと実際、成人に対する分析の結果と合致しないばかりでなく、とりわけ、女の子ではエディプス期以前の母親への拘束が長期にわたるという私の分析結果とも相容れない。この矛盾を緩和するひとつの方向性を示すのが、この分野においてわれわれはまだ、生物学的法則によって揺るぎなく決定されているものと、偶然的な体験の影響下にあって流動的で可変的であるものとを区別することができないでいるという指摘である。誘惑の効果についてはずいぶん以前から知られているが、これと同様に弟妹の誕生の時期や、性別の発見の時期、性交の直接の目撃、両親のあいだに見られる互いに誘いかけたり撥ねつけたりする振る舞いなどといった別の契機も、幼児の性的発達の促進や成熟を引き起こすことがある。

何人かの著者は、後の発達過程を重視するあまり、子供に当初、見られる最も原初的なリビードの蠢きの意味を軽視しがちである。そのために、原初的なリビードの蠢きには――極端な表現をすれば――ただ一定の方向性を示すだけの役割しか残っておらず、この道を切り拓く強度[32]は、後の退行や反動形成によって奪い取られてしまう。たとえば、K・ホルナイ[33](「女らしさからの逃亡[34]」、『国際精神分析雑誌』第十二巻、一九二六年)は、女の子の第一次的なペニス羨望をわれわれが過大評価しており、後に展開される男らしさの追求の強度は第二次的なペニス羨望に帰すべきであって、この二次的なペニス願望こそが、女性的な蠢き、特に父親への女らしい拘束を撥ねのけてそれから自分を防衛するために用いられるのだ、としている。これは私の得た印象には対応しない。なるほど後に退行や反動形成によって強化されるという事実が確かであり、また、互いに混じりあうリビード成分の割合を推定するのが困難であるにせよ、あの最初のリビードの蠢きには、後のすべての蠢きを凌駕し、それらとはおよそ比べるべくもないとすら言える強度が備わっていることを見逃してはならないと思われる。父親への拘束と男らしさのコンプレクスとのあいだにはある種の対立があるのは確かに間違いない――それは、能動性と受動性、また男らしさと女らしさという普遍的な対立である――しかし、そうだからといって、一方だけが第一次的であり、他方は防衛ということからその強度を得ているのだと想定してよいという根拠にはならない。そして、女らしさを撥ねつける防衛がきわめて精力的なものになろうとも、この防衛がその力を得てくるのは、男らしさの追求以外のどこであろう。この追求が最初に発現してくるのは子供のペニス羨望においてであり、だからこそ、それにちなんで名づけられるのがふさわしい。

女の子におけるファルス期は、実際の発達段階というよりむしろ二次的な防護反応だとする、ジョーンズ[35]の見解(「女性の性の第一次的発達」[36]、『国際精神分析雑誌』第十四巻、一九二八年)に対しても、同様の異論を唱えざるをえない。それは、力動的関係からしても、時間関係からしても実態に対応するものではない。

(高田珠樹　訳)

火の獲得について
Zur Gewinnung des Feuers

拙著『文化の中の居心地悪さ』のある注（本巻九九頁、原注（12））で、私は、——どちらかと言えばついでに——原始人が火を獲得したことについて、精神分析学的な素材に基づき、どのような推測が可能かということに言及した。これに対してアルブレヒト・シェファー（『精神分析運動』第二巻、一九三〇年、二五一頁(1)）から異論が出たのと、本誌で拙稿の前に置かれたエアレンマイアー[*1]の一文(2)で、モンゴルでは灰に小水をかけることが禁止されているという意外な指摘があることなど[*2]に触発され、今回、この主題をあらためて取り上げる次第である。[*3]

GW-XVI3

*1　E・H・エアレンマイアー「火の馴致についてのフロイトの仮説に関する覚え書き」（***Imago***, XVIII, 1932）。

*2　ただしどうやら、消えた灰ではなく、まだそこから火種を得られる熱い灰への放尿が禁じられているらしい。

*3　「カオスと儀礼」（*Imago*, XVII, 1931, 433ff.）におけるローレンツの異論は、そもそも火の馴致は、火を何らかの操作によっていつでも起こすことができるという発見をもってようやく始まったとする前提に立っている。これに対して著者は、J・ハルニク博士からリヒャルト・ラッシュ博士の次のような見解をご教示いただいた。「推測するに、火を維持する技術は、火を起こす技術よりも遥かに先行するものであった。これを裏付ける証拠としては、今日のアンダマン諸島のピグミー系の原住民は、火は所有し保存するのだが、火を起こす自前の方法を知らないという事実が挙げられる」（ゲオルク・ブーシャン編の論集『図解民族学』シュトゥットガルト、一九二二年、第一巻、二四頁）。

放尿によって火を消すという同性愛的な色あいを帯びる快を断念することが、火を制覇するための前提条件だったという私の仮説は、事実から神話の内容となるまでに生じたと予想される一連の歪曲を考慮した上でなら、ギリシアのプロメテウス神話を解釈することによって裏付けられると思われる。これらの歪曲は、われわれが日常的に、患者たちの夢から、抑圧されているとはいえ実に重要な意義を持つ彼らの幼年期の体験を再構成するとき、そこに認める歪曲と同種のものであり、特段ひどいというわけではない。そこで用いられている機制は、象徴による表現や反対物への転化である。私もさすがに、この神話の特質のすべてをこのような仕方で説明しきることができるとは思わない。もともとの事実関係のほかに、後から別の様々な出来事が加わって神話の内容が出来あがったかもしれないからである。しかし、分析的に解釈できる要素は、プロメテウスが火を運ぶ流儀や行為の特徴(神々に対する狼藉、盗み、まやかし)、そして彼が処罰される意味など、話の中でも特に目を引く重要なものである。

巨人族に属するプロメテウスは、なお神であり文化英雄だったが[*4]、おそらく起源においては自身が造物主デミウルゴスであり人間の創造者であった。それゆえプロメテウスは神々から盗んだ火を人間にもたらす。火を巨茴香《おおういきょう》の管、茎の芯の部分に隠すのである。これが夢の解釈であったなら、このような対象をわれわれはペニスの象徴として理解しようとしただろう。もっとも、中が空洞になっているのが強調されているのは普通とは異なっていて、そこに多少、引っ掛かりを感じないわけではない。しかしそれにしても、われわれはこのペニスの管と火の保存とをどのようにしたら一繋がりで考えることができるのだろうか。さしあたり、これは成算がないかに見えるが、夢の中では逆転や対立物への変容、関係の反転といった現象が頻繁に起こり、それがしばしば夢の意味をわれわれに隠蔽することを想い起こすなら、一転して違って見えてくる。人間がペニスの管の中にしまっているのは火ではなく、

4

が繋がってくる。

逆にその火を消す手段、放尿の水なのである。そうすると、この火と水との関係に、誰もが知る豊富な分析的素材

第二に火の獲得は狼藉行為である。火は略奪ないしは盗みによって獲得される。これは火の獲得をめぐるあらゆる説話の定石であり、ギリシアの、火をもたらす人プロメテウスの説話にとどまらず、互いに全く異なり地理的に遠く離れた諸民族のあいだに共通して見いだされる。それゆえここには、歪曲されてはいるが人類の追想の本質的な内容が含まれているに違いない。しかし、なぜ火の獲得は、狼藉という考え方と分かちがたく結び付いているのか。そこで害を被るのは誰なのか。誰が欺かれたのか。ヘシオドスの伝える説話がこれに直接の答えを与えてくれる。そこではプロメテウスは、火とは直接の関係がない別の話において、供犠をしつらえるに際しゼウスに一杯食わせ、人間が得をするように計らったことになっている[3]。要するに、欺かれるのは神々なのである。周知のとおり、神話では、近親相姦から知られるように[4]、神々は、人間が断念しなければならない情欲のすべての満足にあずかる。精神分析的な表現を用いるなら、欲動生活、エスが、消火の断念によって欺かれた神だということになるだろう。人間の情欲は、説話では神々の特権に変容している。しかし、この説話では神であることには超自我の性格が何ひとつ備わっておらず、あくまで強大な欲動生活の代理である。

反対物への転化は、火をもたらした者が罰せられるという、この説話の第三の局面に最も先鋭的なかたちで現れる。プロメテウスは岩に鎖で縛り付けられ、ハゲワシが毎日その肝臓を貪り食う。他の民族の火の説話でも鳥が一

＊4　これがヘラクレスになると半神であり、テセウスだとすっかり人間になっている。

定の役割を果たしており、鳥はこの件と何か関係があるに違いないが、さしあたりその解釈は控えておく。それに対して、なぜ肝臓が処罰の場に選ばれているのかを説明しようというなら、われわれも確信をもって話せる。古代人は、肝臓をあらゆる情熱と欲望の座と見なしていた。それゆえプロメテウスに加えられたような罰は、悪しき情欲の赴くままに狼藉を働いた、欲動による犯罪者には応分のものであった。しかし、この火をもたらす者については、全く逆のことしか当てはまらない。彼は欲動を断念したのであり、この欲動の断念が文化的な意図からしていかに有益であり、かつまた必要不可欠であるかを示したのだった。ではなぜ、これだけの文化的な壮挙が、説話ではそもそも罰するに値する犯罪として扱われねばならなかったのか。実は、あらゆる歪曲を通してもなお、この説話から垣間見られるのが、火の獲得には欲動の断念が前提としてあったということなら、同じこの説話が露骨に表現しているのは、何と言っても、欲動に囚われた人類が文化英雄に感じずにおれなかった怨念なのである。そして、これはわれわれの見地や予測とも合致する。われわれは欲動を断念することを求めたり、それを押し付けたりすることが、敵意や攻撃欲を呼び覚ますのを知っている。これは、心的発達のもっと後の段階でようやく罪の感情に置き換わるのである。(5)

火は、未開人にとって恋の情熱に類似したものとして、あえて言うならリビードの象徴として映っていたに違いない。こうなると、プロメテウスの説話や火にまつわる他の神話は、いよいよ不透明になってくる。火が発する熱は、性的興奮の状態に伴う感覚を呼び起こすし、炎はその形と動きから活動するファルスを思い起こさせる。炎が神話的な感性にはファルスと映ったことは疑いようがなく、ローマの王セルウィウス・トゥッリウスの出生にまつわる伝説(6)はその傍証と言える。われわれが貪るような情熱の火とか、舐めるような炎といった言い方をするとき、つまり炎を舌に比するとき、われわれは未開の祖先たちの思考からさほどかけ離れているわけではない。火の獲得をめぐるわれわれの推論(7)には、実は原始人にとって、火を自らの小水によって消そうとするのが、快に満ちたもうひとつのファルスとの格闘を意味していたという前提も含まれていたのである。

だから、この象徴的な類比化の過程で、また別の純粋に空想的な要素も神話の中に侵入し、そこで歴史的な要素と絡み合ったのかもしれない。実際、肝臓が情熱の座であるなら、肝臓は象徴的には火そのものと同じことを意味し、そうなるとまた肝臓が日々喰らわれては再生するというのも、日々満足させられては、日々ふたたび元の状態に戻る愛欲の振る舞いの的確な描写であるとの思いを振り払うことはほとんどできない。その際、肝臓を飽食する鳥はペニスを意味することになる。ちなみに鳥がペニスを意味するのが別段突飛でもないのは、説話や夢、慣用句、あるいは古代の彫刻作品などから認識されるところである(8)。さらに少し歩を進めれば、われわれは、火の中で死んでは新たに若返って立ち現れる鳥フェニクスに思い当たる。不死鳥は、おそらく、夕焼けの中に沈んではふたたび昇ってくる太陽を指すというよりはむしろ、あるいはそのような太陽を意味する以前には、萎縮したのちに新たに生気を得て漲《みなぎ》るファルスを意味していたのであろう。

身体面での表出を伴って実に面白いとはいえ、所詮、周知の心的現象である。神話形成の活動が、単なる表現欲よりほかにこれといった動機もないまま、いわば戯れに、この心的現象にわざわざ偽装した表現を与えるようなことを試みたりすると考えてよいものか、問うてみてもよいだろう。神話の本質を理解せずして、この問いに確定的な答えを出すことはできない。しかし、われわれが論じてきた二つの例(9)の中に、互いに同じ内容と、それゆえ一定の傾向とを見て取るのはたやすい。そこに描かれているのは、リビード的な情欲が、飽食して満ち足りることによって鎮静したあとにふたたび回復すること、要するに情欲の不壊なのである。そして、神話の歴史的な核心[10]が、欲動生活の敗北と、必然的になった欲動の断念とを扱っているのであれば、欲動が不壊であるのが強調されるというのは、慰めとしてうってつけだ。これは欲動生活で痛手を負った原始人の反応としては分からないわけではなく、その第二部のようなものである。つまり、狼藉が罰せられたあと、でも本当は何ひとつ悪いことをしていないんだと請け合ってもらうのである。

反対物への転化に、われわれは、思いがけないところで遭遇する。それは、一見したところ、火の神話とはほとんど関係がないかに見える別の神話である。舌をちろちろさせる無数の蛇の頭を持ち、そのうちのひとつが不死であるレルネの沼のヒュドラは、その名が示すように[11]水蛇である。文化英雄ヘラクレスは、ヒュドラと戦って次々と頭を切り落としたが、あとからまた頭が次々と生えてくる。ヘラクレスは、不死の頭を火で焼きつくすことによって、ようやくこの怪物を退治する。水蛇が火によって馴致される。これだけでは何の意味も出てこない。ところが、多くの夢におけるのと同様、顕在的な内容を反転させてみると、そこに意味が表れてくる。そうすると、ヒュドラは燃える情熱であり、舌をちろちろさせている蛇の頭は情熱の炎だということになる。プロメテウスの肝臓のように、これらの蛇の頭もやはりまた後から生えてくる。すなわちここにも破壊の試みのあとの再生という現象が見られるが、これは、ヒュドラの頭のリビード的な本性を示すものだと言ってよい。ヘラクレスがこの火炎を何で消すかといえば、水によってである(不死の頭部は、おそらくファルスそのものであり、その破壊は去勢であろう)。しかしヘラクレスはまた、肝臓をむさぼる鳥を殺してプロメテウスを解放した者でもある。この二つの神話のあいだにあるもっと深い連関は解明されないものだろうか。実際、一方の英雄の行為は、もう一方の英雄によって埋め合わせられたかのような観を呈している。プロメテウスは、モンゴルの掟のように火を消すのを禁じたが、ヘラクレスは火災の危険が迫った場合には火を消すことを許した。第二の神話は、かつての火の獲得の機縁に対して、後の文化時代が示した反応に根ざしているように思われる。ここからは、神話の秘密の中へどんどん奥深く分け入ってゆけるかのような印象を受けるが、もちろん、確実だという感じが伴うのはごくわずかな区間だけである。

これらの神話の領域全体を支配している火と水との対立については、歴史的な契機と、象徴的＝空想的な契機のほかに、さらに第三の契機として、詩人が次のような詩句で描いているような生理学的な事実を挙げることができる。

「人間が小便するときに使うもの
自分に似た者を創るときにもこれを使う。(12)」(ハイネ)

男性器は二つの機能を持つが、両方が一緒になっているのは往々面倒である。男性器は排尿を行い、生殖器のリビードの渇望を鎮める性愛行為を行いもする。子供はまだ、この両方の機能を統一できると考えている。彼らの理屈によると、男が女の体のなかにおしっこをすることによって子供が生まれるというのだ。(13) しかし大人は、この二つの行為が、ちょうど火と水が相容れないように、実際には互いに相容れないことを知っている。男性器が鳥にたとえられるような興奮状態になったとき、そして火の熱を思い起こさせる感覚が感じられるあいだは、排尿することは不可能である。逆に男性器が尿を排出するとき、男性器が持つ生殖器としての機能への関係はすべて消え失せたかに見える。この二つの機能の対立からして、人間は、自らの火を自らの水をもって消すのだと言ってよいだろう。そして、外界を理解するのにただ自分自身の身体感覚と身体状況によるしかなかった原始人が、火の振る舞いが示す類似に気づくことなく、何にも利用せぬままに放置したはずはあるまい。

(高田珠樹　訳)

英語版『夢解釈』第三版（改訂版）へのまえがき

Vorwort zur dritten (revidierten) Auflage der englischen Ausgabe der *Traumdeutung*

一九〇九年に、G・スタンリー・ホールは、精神分析についての最初の講義[1]をするよう、私をウスターにあるクラーク大学に招いてくれた。同じ年に、ブリル博士は、彼による私の著作の翻訳の最初のものを出版したが、その後まもなく、他の作品の翻訳がそれに続いた。今、精神分析が、アメリカにおける知的生活に何らかの役割を果たしているとすれば、あるいは将来そうなるとすれば、この功績の大部分はブリル博士の訳業ならびにその他の活動に帰されねばなるまい。

ブリル博士による『夢解釈』の最初の翻訳は、一九一三年に出版された。以来、世界では多くのことが起き、神経症についての私たちの見解も大きく変わった。出版された一九〇〇年当時は、心理学への新たな寄与で世界を驚かせた本書であるが、今もって本質的な点での変更はない。本書には、今日の私の判断からしても、私が発見者となる幸運を得た発見の中で最も貴重なものが含まれている。このような洞察が得られるめぐり合わせは、誰であれ、人生の中で一度きりしかないものである。

フロイト

ウィーン、一九三一年三月十五日

（高田珠樹　訳）

GW-Nb 746　747

ヘルマン・ヌンベルク著『精神分析的な基盤に基づく神経症総論』へのはしがき

Geleitwort zu „Allgemeine Neurosenlehre auf psychoanalytischer Grundlage" von Hermann Nunberg. Bern, Verlag Hans Huber, 1932

H・ヌンベルクのこの本には、神経症の様々な現象を一つの理論で記述したものが収められているが、これは、精神分析の立場からなされたものとしては、目下のところ私たちが手にする最も完全でかつ最も良心的な記述である。当該の問題を単純化してすみやかに片付けてしまいたい人は、この労作に満足を覚えることはほとんどあるまい。しかし、学問的な思考に重きを置き、思弁が経験の手綱を手放さないかぎりこの思考を功績として尊重しうる人、そして心という現象の美しい多様性を楽しむことのできる人は、この作品を評価し、熱心に繙読されることであろう。(1)

(高田珠樹　訳)

プシーボル市長宛書簡抜粋
Brief an den Bürgermeister der Stadt Přibor

プシーボル＝フライベルク市(1)の市長様、この記念式典(2)の主催者の皆様、ならびにご来席の皆様、このたびは、工匠の手になる記念の銘板で私の生家を顕彰していただく栄誉を頂戴いたしまして、まことにありがとうございます。ことに、それが私の存命中で、しかも同時代の人々による私の業績の評価がいまだ一致を見ないうちのことでありますから、感謝に堪えません。

私は三歳で、このフライベルクの町を後にしました。十六歳のとき、ギムナジウムの生徒として休暇をフルス家に客として過ごした際にふたたびフライベルクを訪れましたが(3)、それ以来、二度とここを訪ねたことはありません。以来、多くのことが私にもありました。たくさんの苦労もし、いくつもの苦難を経験し、幸福もあれば、いくばくかの成功も収めましたが、それらは、人生の常として互いに混じりあっています。今、七十五歳になった身には、あの幼少の日の自分に帰るのは容易ではなく、当時の日々の豊かな内実のうち、想い出の中に湧き上がってくるのはわずかな残骸にすぎません。けれども、ただひとつ確信を持って言えることがあります。私の奥深くに埋もれながら、あのフライベルクの幸福な子供は、今なお生き続けています。ひとりのうら若い母が最初の息子として授かったこの子は、ここの空気とこの大地とから最初の拭いがたい印象を受け取ったのでした。そうであってみれば、この場所とそこに住む人たちへの心からの祝福の気持ちをもって、私の感謝の言葉を締めくくることが許され

GW-XIV 561

ましょう。

（高田珠樹　訳）

タンドラー教授宛書簡抜粋
Brief an Professor Tandler

「越冬支援」を組織する唯一の得策は、どこか本部機構となるところを定め、そこに寄付金を寄せることだ、との『新自由新聞』[1]紙上でのご発言に感銘を受けております。このあなたのご判断が、私たちにとって規準とならねばなりません。また、この本部機構が党派や宗派の別を越えて活動することになると確言していらっしゃることで、そのような機構が必要とする信頼感も私たちに生まれるはずです。

さて、「越冬支援」のための募金を集める技法についてですが、僭越ながら、収入ある人による日々の自己課税とでも呼ぶべき方法を提案いたしたいと思います。この機構が活動を行っているあいだは、たとえば私は、日曜日と病気のときを除いて、自分の稼ぎの中から毎日、二十シリングの額を「越冬支援」のために差し出すことを自らに義務づけるのです。そうして貯まった額を毎週、一定の時に各家庭から回収させるのが便利ではないでしょうか。何度も繰り返し決心するとなると、喜捨する気持ちもつい鈍りますが、この方法だとそれが避けられるわけです。

もちろん、あまり余裕のない個々の市民が協力してくれる分まで、この範囲に含めて考えているわけではありません。しかし、もし私の提案が使い物になるとお考えになりましたら、どうぞこれをご自身の提案として、世間に対して主張していただけないでしょうか。なにぶん大きな影響力をお持ちですから、その結果、きっとほかの多くの人たちも、この呼びかけに応えて、わが町ウィーンのために、このようなかたちで「越冬支援」に参加してくれ

GW-Nb 719

るのではないでしょうか。

（高田珠樹　訳）

ゲオルク・フックス宛書簡抜粋
Auszug eines Briefs an Georg Fuchs

お手紙を拝読したあとにこみ上げた、まことに強い共感の波は、間もなく二つの懸念に当たって打ち砕かれました。ひとつは内的な困難、もうひとつは外的な障害であります。ご自身の序言の中のひとつの文が、この内的な困難を見事に表現していると思われます。そこでは、次のように書いていらっしゃいます。「さて、どうも世の中には、今日の人類が文化人間であることを端から見くだし、世の良心というものの存在に異議を唱える人々がいる」。おそらく、私はそのような人々のひとりではないかと思われます。たとえば、囚人の処遇は、われわれの文化にとって恥辱だ、とのご発言には同意しかねます。逆ではないか、という声が私に囁きかけてきそうです。囚人の処遇はわれわれの文化に全くもってふさわしい。現代の文化人間を支配する残酷さと無理解の必然的な表出だ。仮に何らかの奇跡によって、刑罰制度の改革はわれわれの文化の喫緊の課題だとの確信が突如浮上したとしても、どうせ、今の資本主義社会にはこの改革に必要な費用を賄うだけの資金のないことが明らかになるのがおちだ、というのです。——もうひとつの、外的な困難というのは、お手紙の中に、私のことを、誰もが認める精神的な指導者、文化の先駆者として持ち上げ、私が文化世界から傾聴される特権を持つと述べていらっしゃる個所がありますが、ここに関係するものです。もちろん、私もそうであったらいいだろうとは思います。そうすれば、ご要望をお断りすることもないでしょう。しかし、どうやら私は、学の有る人、無い人を問わずドイツ民族のあいだでは、最も好ましからざるとまでは言わずとも、好ましからざる人物となっているようなのです。ぜひともお願いしたいのですが、人からこのように嫌な顔をされたからといって、私がそれにひどく傷ついたなどとは考えないでください。私はここ数十年来、もはやそれほど子供じみてはいません。あなたの例と比べれば、これなど取るに足らぬことでしょう。私がこのような些細なことに言い及んだのは、自分が、何か善いことのために読者大衆の熱い共感を燃え上がらせようとする本の推薦者には適任ではないということを納得していただくためにほかなりません。それはさておき、ご本は感動的で美しく、知的な良書です。

(高田珠樹　訳)

戦争はなぜに
Warum Krieg?

ウィーン、一九三二年九月

GW-XVI13

アインシュタイン様(1)

あなたご自身が関心を寄せられ、他の人々も関心を払うにふさわしいとお考えになっているテーマについて、私に意見交換を求めたいとのご趣旨を伺いましたときには、二つ返事で承諾いたしました。私としては、あなたがお選びになるのは、きっと今日の人知の限界に位置するような問題であって、私たちふたりが物理学者、心理学者として、それぞれ独自にそこに迫ってゆくことができ、それぞれが異なる方向から出発しながら最終的に同じひとつの土俵の上で出会えることになるような問題なのだろう、と期待いたしました。ところが、その後、あなたが、戦争という災厄から人間を守るために何ができるのかという問いを提起されたのには意表を突かれました。私には――ほとんど「私たちには」と言ってしまうところでした――このような問いに答える権能がないという気がしてひるんだのです。こういったことは政治家たちに任せるべき実践的な課題ではないかと感じたからです。しかし私はほどなく、あなたが自然研究者、物理学者としてこの問いを提起されたのではなく、ちょうど極地探検家フリチヨフ・ナンセン(2)が、飢餓に苦しむ人々や故郷を追われた世界大戦の犠牲者を救援するのを自らの責務としたように、国際連盟の呼びかけに応えるひとりの博愛家として、この問いを提起されたのだと理解いたしました。さらに、自分は何も実践的な提案を出すのを求められているのではなく、単に心理学の立場から考察するなら、戦争を防止するという問題はどのような様相を呈するかを述べるのが期待されているだけだ、と思い直した次第です。

しかし、このことについてもお手紙でほとんどのことが尽くされています。おかげで私は、いわば帆走しようにもそのための風を奪われた状態です。しかしここはひとつあなたの航跡を辿り、お手紙で提起されていることすべてを、私の持つ限りの知識、ないしは推測を奮い起こして敷衍することで、微力ながらその見地の正しさを裏付けてみたいと思います。

あなたは最初に法と権力の関係を取り上げていらっしゃいます。これはたしかに私たちの考察にとって正しい出発点です。「権力」という言葉を、もっと強烈で非情な言葉である「暴力」に置き換えていいでしょうか(3)。法と暴力とは、今日の私たちにとって互いに対立するものであります。しかし、一方が他方から生まれたことを示すのはたやすいことですし、私たちがそもそもの始原に立ち戻り、これが当初いかに生じたのかを確かめれば、問題の解決とてたやすいはずです。しかし、以下で誰もが認める周知のことを、あたかも何か目新しいことであるかのように私が語るのをお許しください。文脈上、どうしてもそうせざるをえないのです。

人間相互のあいだの利害の衝突は、原理的には暴力の行使によって決着がつけられます。動物界全体でも同じで、人間は自分がこの一部であることを自覚すべきです。ただし、人間にはさらにまた意見の衝突というものもあり、これは最高度の抽象の高みにまで達するだけに、決着をつけるにも暴力とは違う技法が必要とされるようです。しかし、このような事態の複雑化はあとから起こったことです。当初、小規模な人間群族(4)では、何が誰のものであるか、誰の意図が実行に移されるべきかは、どちらの腕力が強いかによって決定されました。腕力は、間もなく道具の使用によって強化されるとともに、やがてこれに取って代わられることになります。人よりすぐれた武器を持つ者、あるいは人より武器を巧みに使いこなす者が勝利するのです。すでに武器の導入によって、知力の優越が、かつて剝き出しの腕力が占めていた位置を占め始めることになるのですが、闘いの最終的な目的はあくまで同じです。どちらか一方が、自分の被る損害によって、また力の減衰によって、自らの要求や異論を放棄させられるのです。これは、暴力が相手を永続的に除去するとき、すなわち殺してしまうときに、最も徹底したかたちで達成されることになります。これには二つの利点があります。まず、負けた相手がふたたび敵対してくることはないこと、そして彼の運命が見せしめとなって他の者たちは彼の失敗を繰り返すまいとするようになることです。さらに敵の殺害は、ひとつの欲動的な傾向を満足させますが、これについてはのちに触れなくてはなりません。殺害という意図に立ちはだかることになるのが、敵を萎縮させたまま生かしておけば、何か役に立つ仕事に利用することができるという発想です。こうなると、暴力は、敵を殺す代わりに服従させるのをもって満足することになります。これが敵に対する容赦の始まりですが、一方で、勝者はこれ以後、敗者の内に潜む復讐心を考慮に入れねばならなくなり、自分自身の安全の一部を放棄することになります。

要するに、これがもともとの状態、権力の大きな者による支配、剝き出しであるか、知力の支えがあるかはひとまず措いて、暴力による支配です。私たちは、このような政体が発展の過程で変化してきたことを知っています。暴力から法に通じる道があったのです。しかし、どのような道だったのでしょうか。唯一これを措いてほかにない、そんな道だったと私は考えています。それは、ある一人の者の強大な力に複数の弱者たちの一致団結が対抗することができたという事実を経て進んでゆく道だったのです。《団結は力なり》〔L'union fait la force〕です。暴力は団結によって打破され、この団結した者たちの権力が、一転、個人の暴力に対抗して法となって現れるのです。ここに見られるように、法とはひとつの共同体の権力なのです。法はあくまで暴力であり、共同体に逆らう個人が出てくれば、いつでもそれに対抗する用意ができており、暴力と同じ手段を用い、同じ目的を追求します。実際のところ違いは、言い分を押し通すのが、個人の暴力ではなく、共同体の暴力であるという点に尽きます。しかし、暴力から新たな法への移行が執り行われるためには、ある心理学的な条件が満たされなければなりません。多数者の団結は堅固で持続的なものでなければならないのです。仮にこの団結が、そのただ一人の強大な権力者を打倒するためだけに結成され、彼を制圧した後に瓦解してしまったなら、成果は何ひとつなかったことになるでしょう。他の者に勝るとして自らの力を恃《たの》む次の者がふたたび暴力による支配を目指し、角逐は永遠に繰り返されることになります。共同体は永続的に維持され、組織化されねばならず、懸念される反乱を予防するための規則を作成し、この規則――法律――の遵守を監視し法に則った暴力行為の執行を担当する機関を設置しなくてはいけません。このような利害の共同体を承認することによって、団結した人間集団の成員たちのあいだに互いを拘束しあう感情の絆、共同体感情が出来上がってきます。共同体の本来の力は、この感情によるものなのです。

以上でもってすでに本質的なところはすべて出そろったかと思われます。成員たちの感情の絆という拘束によって結束が保たれるひとつのより大きな統一体に権力を委譲することによって、暴力は克服されるのだ、ということです。これ以外のことはすべて、その敷衍と反復にすぎません。共同体が、強さの点で互いに等しい何人かの個人から成るかぎり、事態は簡単です。そこでは、安全な共同生活が可能となるためには、個々の者が、自らの力を暴力として用いる個人的な自由をどの程度まで断念しなければならないかを、この結束した一団の法律が規定します。

しかし、このような平静な状態はただ理論的にのみ考えられるのであって、現実に共同体は、男と女、親と子など、当初から強弱について不均一な要素を含み、そこへもってきて後にまた戦争と征服の結果として勝者と敗者が生まれ、さらにそれが主人と奴隷に転じるなどして、事態は複雑になります。そうしますと、共同体の法は、その只中にある不平等な権力関係の表現となり、法律は支配する者たちによって、また支配する者たちのために制定され、服従者たちにほとんど何の権利も認めなくなるでしょう。この時より共同体の中には、法を動揺させると同時にまた法をさらに形成してゆく二つの源泉が存在することになります。第一に、支配者たちのうちの何人かは、万人に妥当する制約を乗り越えようとする、要するに法の支配から暴力の支配へ立ち返ろうとします。第二に、虐げられている者らは、今以上の権力を得ようとして、この変更を法律の中に明文化させようとする、要するに、先とは逆に不平等な法から万人にとって平等な法へと突き進もうと絶えず奮闘するのです。様々の歴史的な契機の結果として権力関係に遷移が生じることがありますが、共同体の内部で実際にそういった遷移が起こるとき、右の二つの流れのうち後者は特に重要な意味合いを帯びてくるでしょう。その場合、法は次第に新たな権力関係に適応していくか、あるいは、もっとよくあるのは、支配階級がこの変化に対応する準備ができておらず、暴動や内乱の発生に立ち至る、つまり、法が一時的に停止され、暴力による新たな力くらべが起こり、それが終息すると、新たな法秩序が設立されることになります。なお法が変化するのに、もうひとつ平和的な仕方でのみ現れる源泉があります。それは、共同体の成員が文化的に変わることですが、これはもっと後でないと検討できない文脈に属する問題です(5)。

見てのとおり要するに、従来、ひとつの共同体の内部においてさえ、利害の衝突を暴力的に処理するのは避けられませんでした。しかし、同じ土地で共同生活を送ることから来る様々の必要や共通点は、闘争のすみやかな終結を促します。そして、このような条件のもとでなら、ことが平和裡に解決する確率は次第に増大しつつあります。しかし、人類史を眺めれば、そこに現れてくるのは、絶えざる抗争の連鎖であります。ひとつの共同体と別のまたひとつの、あるいは複数の共同体とのあいだに、大小の統一体のあいだに、すなわち、市街区域間、地域間、部族間、民族間、帝国間に起こるこれらの抗争は、ほとんど常に戦争という力くらべによって片が付けられます。このような戦争は結局、一方の側に対する略奪か完全なる制圧、ないし征服に終わります。征服戦争を一律に評価することはできません。モンゴル人やトルコ人の戦争のように征服戦争の中には災厄しかもたらさなかったものもありますが、逆に戦争のおかげで従来よりも大きな統一体が生まれ、この中ではもはや暴力を行使するという方策は取られなくなり、新たな法秩序が抗争を調停することによって暴力を法へと転換させることに貢献した戦争もありました。たとえばローマ人による征服は、地中海諸国に貴重な《ローマの平和》〔pax romana〕をもたらしました。フランスの歴代の王たちが抱いた領土拡大の野望は、平和的に統一された、繁栄するフランスを創り出しました。いかにも逆説的に響きますが、戦争は、強大な中央権力によって内部でのそれ以上の戦争が不可能となるような強大な統一体を創り出すことができるゆえに、人々の待望する「永遠の」平和を打ち立てるための手段として不適格ではないというのは認めなければなりません。とはいえ、戦争はやはり平和樹立の役には立ちません。征服の成果は、必ずや長続きしないからです。新たに創られた統一体はふたたび瓦解してゆきます。大概は、暴力的に統合された各部分を結束させることができなかったからです。加えて、征服が従来、創り出しえた統一体は、なるほどその範囲が広がったとはいえ、所詮、部分的な統一体でしかなく、それらのあいだの抗争はこれまでにもまして暴力的な決着を招き寄せることになったのです。そういった好戦的な尽力を積み重ねてきた結果、人類は、数が多いばかりか絶え間のなかった小規模な戦争の代わりに、稀ではあるがそれだけ大きな荒廃を生む大規模な戦争を手にしたに過ぎないというわけです。

これを現在の私たちに適用してみますと、あなたがもっと手近に到達されたのと同じ結論が出てきます。それは、戦争の確実な防止は、人々が中央権力の設置に合意し、利害関係をめぐる抗争のすべてについて司法の判断をこの権力に委ねるときにのみ可能となる、というものです。ここには明らかに二つの要請が一体として求められています。このように上位に位置づけられる審級を設けること、そして、この審級に必要な権力を与えることです。片方だけでは役には立たないでしょう。さて、国際連盟はそのような審級として考えられているのですが、もうひとつの条件が満たされてはいません。国際連盟は自ら固有の権力を持っておらず、持ちうるとすれば、新しい統一体の成員たる個々の国家が権力を国際連盟に委譲するときだけです。しかし、これについては目下のところ何の展望もないように思われます。国際連盟というのが、人類史上あまり企てられたことのない、ことによるとこれだけの規模ではついぞ企てられたためしのない試みであるのを分かっていなかったら、人は国際連盟という制度を見ながら、それを全く理解していないことになるでしょう。これは、通常なら権力の占有に基づく権威、すなわち強制的な影響力を、一定の理念的な姿勢に訴えることを通じて獲得しようという試みなのです。先に、共同体を結束させるのは二つの事柄だと述べました。(6) 暴力による強制と成員たちの感情の絆による拘束——術語を用いるならば同一化による一体感——です。一方の契機が脱落してしまっても、もうひとつの契機によって共同体は維持されるかもしれません。もちろん、先に述べた理念がなんらかの意味を持つのは、それらが成員にとって重要な共通の関心に表現を与えている場合に限られます。そうなると、その理念がどれほど強固なものであるかが問われます。理念が実際に作用してきたのは、歴史が教えるところです。たとえば汎ギリシア的理念がそうです。自分たちはまわりに住む野蛮人よりも優れた存在であるという意識は、アンピクティオン同盟(7)や神託、祝祭劇などの中に強力に表現されておりますが、この意識が強かったゆえに、ギリシア人のあいだで戦争が行われた際には、その流儀も温和なものとなるほどでした。しかし、そうは言っても、ギリシア民族に属する小部族間の軍事的な紛争を防止することはできませんでしたし、ひとつの都市や都市同盟が、どこかライバルに不利を及ぼすために宿敵ペルシア人と同盟を結ぶのを妨げるほどの力もありませんでした。同じくまたキリスト教徒としての一体感も、それなりに強力なものであったとはいえ、ルネサンスの時代には、キリスト教を奉じる大小の国々が、互いの戦争においてスルタンの支援を得るべく画策するのを妨げませんでした。私たちの時代にも、このように世の中を一つに束ねる権威を期待しうるような理念は存在しません。今日、諸民族のあいだに蔓延する民族的な理想が、結果としてこれと正反対の作用しか生まないことは、あまりに明白です。中には、ボルシェヴィキ的な考え方がまず広く一般に浸透することによって初めて、およそ戦争というものを終わらせることができると予言してみせる人もおりますが、いずれにいたしましてもこのような目標は、今日の私たちにとってあまりに迂遠であり、おそらく幾多の恐ろしい内乱のあとでしか到達しえないでしょう。してみれば、やはり現実の権力を理念の力に置き換えようとする試みは、今日においてなお失敗に帰する定めにあるように思われます。法はその元を辿れば剝き出しの暴力であったし、今日もなお暴力による支えを欠かしえない、このことを考慮しないなら、とんだ計算違いをしでかすことになります。

さて、ここで、あなたが提起されている命題のうち別のひとつに注釈をしてみたいと思います。あなたは人間を戦争に熱狂させることが実に容易であるのを不思議に思っていらっしゃる。そして、人間の内には、何か憎悪や殲滅への欲動といったものが作用しており、これがそのような煽動に迎合するのではないかと推測していらっしゃいます。ここでもまた、私は何の留保もつけずにご意見に賛同するほかありません。私たちはそのような欲動の存在を信じており、まさにここ数年間、この欲動がどう発現するかについて研究するべく努めてまいりました。この機会に、私たちが精神分析で幾多の模索と曲折の末に辿りついた欲動の理論の一端をお話してよいでしょうか。私たちは人間の欲動には二種類しかないと想定しております。一方には、維持し結合しようとする欲動群で、私たちはこれらを、プラトンの『饗宴』に出てくるエロースそのままの意味でエロース的な欲動、あるいは通俗的な性の概念を意識的に広げて性的欲動と呼んでいます。もう一方は、破壊し殺害しようとする欲動群で、私たちはこれらの欲動を攻撃欲動ないし破壊欲動という名で概括しています。これが本来は世間に周知の愛憎の対立を理論的に洗練したものに過ぎないのはご覧のとおりです。ちなみに、この愛憎の対立は、ご専門の分野で一定の役割を果たす引力と斥力の双極性と何か根源的な関係を持っているのかもしれません。さて、性急に善悪の評価を持ってくるのは控えましょう。これら二つの欲動のうちいずれもが必要不可欠なのです。両者が協働したり対抗しあったりする中から様々な生の現象が生じてきます。そうして、一方の種類に属する何かひとつの欲動だけが単独で活動しうるなどということは、ほとんどないように思われます。欲動は常にもう一方の側のある一定量と結合しています。ちなみに、私たちはこれを混晶化(8)している、と言っております。そのせいで、欲動の目標に変更や修正が加えられたり、あるいは場合によっては目標の達成が初めて可能となったりします。だから、たとえば自己保存欲動は、たしかにその本性がエロース的なものとはいえ、自らの意図を貫徹することになるなら、それ自身、攻撃性を備えている必要があるのです。同じように、対象に向けられた愛の欲動も、そもそも自らの対象を手に入れようというなら、征服欲動の援軍を必要とするのです。二つの欲動の種類を、それらの発現している状態において分離することは難しく、これに妨げられて、私たちも実に長いあいだこれらの欲動を認識することができませんでした。

この先、もう少し私に付き合っていただけるなら、人間のもろもろの行動には、さらにこれとは別種の合併、複雑化が認められるということについてお話しましょう。行動がただひとつだけの欲動の蠢《うごめ》きの所産であることはごく稀です。欲動の蠢きそのものがそれ自体すでにエロースと破壊性とから合成されているに違いありません。通常、行為が可能となるためには、複数のそれぞれ同じように構成されている動機が出会う必要があります。あなたと同じ専門分野の先達であるゲオルク・クリストフ・リヒテンベルク教授(9)のような人は、すでにこのことを意識していました。彼はわが古典主義の巨匠たちが活躍した時代にゲッティンゲンで物理学を講じていましたが、ことによると物理学者としてよりも心理学者としてのほうが重要であったと言えるかもしれません。リヒテンベルクは、次の発言に見られるように、動機の羅針盤というものを考案しました。「人が何かをするときの運動根拠*1は、三十二方位と同じように整理することができ、その名称もたとえばパン－パン－名声とか、名声－名声－パンといった具合に風向きと似たようなかたちで定式化することができるだろう(10)」。したがって、戦争に馳せ参じるよう促されようものなら、人間の中にあるあまたの動機が戦争に賛同の声をあげることでしょう。気高い動機に卑しい動機、声高に語られる動機もあれば人には言えない動機もあります。私たちは何もこれらすべてをさらけ出すいわれはありません。攻撃と破壊に興じる快は、間違いなくそういった動機のひとつであり、歴史上の、あるいは日常の数えきれない残虐行為は、これらの動機が存在し、またいかに強力であるかを裏付けています。この破壊追求が別の追求、たとえば性愛や理念の追求と混淆《こんこう》(11)すると、当然、満足が得られやすくなります。私たちは、歴史上の蛮行を耳にするとき、理念的な動機は破壊的な情欲によって単に口実として利用されたにすぎないという印象を受けることがまあります。別の場合にはまた、たとえば異端審問における残虐行為では、もろもろの理念的な動機が意識の前面でわれ先にひしめく一方、破壊的な動機がそれらに無意識的に加勢していると思われたりもします。いずれもありえます。

ご関心の所在は戦争の防止であって私たちの理論ではないのが分かっていながら、無理やりそこに自分の話をこじつけているのではないかと案じます。なおしばしのあいだ、破壊欲動の話を続けさせてください。破壊欲動は、よく話題にのぼるものの、その意味の解明はそれに足並みをそろえることが到底できていません。私たちは、いくらか思弁を重ねることを通して、この欲動が生あるものすべての内に働いており、さらに、その生体を崩壊に至らせ、生なき物質の状態に連れ戻そうという志向を備えているという見解に至ったのです。この欲動は、文字どおり死の欲動という名に値します。それに対してエロース的な欲動群は、生への意欲を代表しています。死の欲動は、特別な器官の助けを借りて外部へ、対象へ向けられると、破壊欲動となります。生物はいわば異物を破壊することによって自分自身の生を維持します。しかし、死の欲動の一定部分は生物の内部に残存し働きつづけます。私たちは相当数の正常な現象や病的な現象をこの破壊欲動の内面化から導き出すことを試みました。良心の成立を、攻撃性が内部へ向けられることから説明するという異端に手を染めさえしました。お察しのとおり、この現象があまりに大規模に行われると、まったく危なげないとは言えません。端的に不健全であります。他方、欲動の諸力が外界

＊1　今なら、さしずめ動機と言うところです。[12]

での破壊へと向けられるのは、生物にとって負荷を軽減することになり、憂さ晴らしの効果もあるに違いありません。私たちは今、人間の中にある醜く危険な志向をなんとか打破できないものかと考えているわけですが、以上の説明が、そういった志向全般についての生物学的な弁解となるでしょう。このような志向のほうが、それに対する私たちの抵抗よりも自然本性に近いというのは認めざるをえませんし、また、なぜ自分たちはこういった抵抗をするのかについても、私たちは説明を見いださねばなりません。もしかするとあなたは、私たちの理論が一種の神話だ、しかも神話であるにしてもいささかも悦ばしい神話ですらない、という印象をお持ちかもしれません。しかし、すべての自然科学は最終的にこのようなある種の神話に行きつくのではないでしょうか。今日、あなたがたの物理学では事情は異なるでしょうか。

以上に述べてきたことから、私たちは自分たちのさしあたっての目的のために、とりあえず人間の攻撃的な傾向を廃絶しようと望んでも見込みがないということを引き出しておきましょう。なんでも地上には幸せな地域があって、そこでは自然が、人間の必要とするものならすべて溢れるほど豊富に与えてくれ、そこに住む種族の生活は温和に過ぎ行き、強制も攻撃も知らないのだそうです。そのようなことはおよそ信じることはできませんが、この幸福な人々についてはもっと話を聞きたいものです。ボルシェヴィキの面々もまた、物質的な欲求を満足させることを保証し、その他の点でも共同体に参加する者たちのあいだに平等を打ち立てることによって、人間の攻撃性を消滅させることができると希望しています。私はこれを錯覚だと考えます。当面、彼らは、はなはだ念入りに武装しておりますし、自分たちの支持者を結束させるのにも、外部の者すべてに対する憎悪に頼るところが少なくありません。ちなみに、ご自身でもお気づきのように、ここではなにも人間が持つ攻撃への傾向性をすっかり除去しようというのではありません。せいぜい試みうることと言えば、それをなるべく別の方向に誘導して、攻撃への傾向性が戦争で表現される必要がないようにすることくらいです。

私たちの神話的な欲動理論から、間接的に戦争というものを打ち倒す方法の指標となる言葉がたやすく見つかります。好んで戦争へと向かう態度が破壊欲動の発露ならば、この欲動に対抗するには、それに対立する存在たるエロースに声をかけるというのが当然、考えられるところです。何であれ、人間のあいだに感情の絆による拘束を生み出すものは、すべて戦争に逆らうはずです。この絆の拘束には二種類のものが考えられます。ひとつには、愛する対象へ向かうような関係です。もっとも、これには性的な目標が伴うわけではありません。精神分析は、ここで愛という言葉を使うのを恥じる必要はありません。宗教が同じことを言っているからです。いわく、汝自身のように汝の隣人を愛せよ。これはただ、言うは易し、行うは難し、です。[13] もうひとつの類いの感情の絆による拘束は、同一化による一体感です。人間のあいだに重要な共通の関心を生み出すものはすべて、このような共同性の感情、同一化による一体感を喚起します。人間社会は、大概のところこういった感情と同一化の上に打ち立てられているのです。

あなたが権威の乱用を嘆わしいと述べておられるお言葉から、戦争に傾く性向を間接的に打ち倒すためのもうひとつの示唆が得られます。人間は、生まれながらにして指導する者と従属する者とに分かれますが、この不平等を取り除くことはできません。大半は従属する者であり、自分たちに代わって様々な決定を下してくれる権威を必要とし、ひとたび下された判断には、たいてい無条件に従います。これに連関する話ですが、自立していない大衆の統率を担うべき自立して考える人間、威嚇に屈さず真理と格闘する人間から成る上層部を育成するために、これまで以上に意を用いる必要があるでしょう。国家権力による干渉や教会による思想の禁圧は、このような訓育に不都合であるのは論を俟ちません。理想的な状況は、もちろん、自らの欲動生活を理性の独裁に服従させた人間たちの共同体でありましょう。これほどに完全で抵抗力を持つ、人間の結束を呼び起こしうるものはほかにないはずです。たとえ互いの感情の絆による拘束を断念しても、それには及びますまい。しかし、これはどうやら九分九厘、ユートピア的な希望と見て間違いありません。[14] 間接的に戦争を回避するには、別の方法を取るほうが現実味がありますが、それとてすみやかな成功を約束してくれるものではありません。粉挽き小屋の水車がやたらゆっくり回るものだから、待たされる人間は粉が挽きあがる前に飢えて死ぬ、などというのは、考えるだにいやじゃありませんか。

ご覧のとおり、浮世離れした理論家に喫緊の実践的な課題について相談しても、ろくなものが出てきません。人は、各自、いま手許にある手段でもって、それぞれ個別に危機に対処するように努めるほうがいいのです。しかし、私はさらになお、あなたがお手紙で提起されたわけではありませんが、特に私の関心を引く問いをひとつ論じたいと思います。なぜ私たちは戦争に対してこれほどにも憤慨するのでしょうか。あなたも私も、その他、多くの人々もそうですが、なぜ私たちは人生の数ある辛い窮境の何かほかのひとつのように、戦争を耐え忍ばないのでしょうか。そもそも戦争というものは自然の道理に適《かな》い、生物学的にも歴とした基礎を持ち、実際面ではほとんど避けられそうにありません。私の問題提起に驚かないでください。考察を目的とする以上、実際に持っているわけでもない超然の士の仮面をつけることとて許されるかもしれません。右の問いに対する答えは次のようなものでしょう。いわく、なぜなら、人間は誰しも自分自身の生にこだわりそれを処する権利を持つからであり、また戦争は希望に満ちた人生を破滅させ、個々人をその尊厳を辱めるような状態に追いやり、彼らをして、望んだわけでもないのに他人を殺害するように無理強いし、人間の労働によってもたらされた成果である貴重な財貨を破壊するからだ。それればかりではない。たとえば、戦争も現代のような形態になると、昔の英雄的な理想を充足する機会を与えてくれないし、また将来の戦争は、破壊手段が完成し、敵対する陣営の一方だけではなく、もしかすると双方の側もろとも根絶を意味することになるだろう……。これらはすべてそのとおりで、およそ議論の余地がないように思われ、いまだに、挙げて人類が一致して戦争遂行を棄却していないのを不思議に思うほかありません。たしかに、これらの点のうち個々については議論することができましょう。共同体が個々人の生を処する権利を持つべきでないかどうかは疑問です。またあらゆる類いの戦争を一律に弾劾するわけにはいきません。折あらば容赦なく他を殲滅するつもりでいる帝国や国が存在する以上、他の国々としては戦争に備えて装備を整えておかなければなりません。しかし、これらはひとまずすべて脇に置いておきましょう。あなたからお誘いを受けたのは、こういった議論ではないからです。私が目指しているのは別のことです。なぜ私たちが戦争に対して憤慨するのか、その主たる理由は、ほかになすすべがないからだと私は考えます。私たちが平和主義者であるのは、もろもろの器質的な原因からしてそうであらざるをえないからです。だとすると、私たちが自らの立場の正当性を論証するのはたやすいことです。

これは説明なしにはおそらく理解することができないと思います。私が考えているのは次のようなことです。太古の昔から人類には文化の発展過程が連綿と続いている(このようなとき、他の人々は、文化というより文明という語を好むのは私も承知しています)[15]。われわれが今日、このようでいられることのうちその最良の部分はこの過程のおかげだが、われわれを苦しめるものの大部分もやはりこの過程の所産である……。この過程が何を機縁にどのように始まったかは不明ですし、その行く末も不確かですが、この過程の性格のいくつかについてはたやすく見て取れます。このまま行くと、ひょっとすると人間という種は消滅するかもしれません。というのも、この過程は性的な機能をいくつかの点で損なっており、すでに今日でも、文化的に進んでいない人種や、社会の中で遅れている住民層のほうが、文化度が高い人間たちよりも旺盛に人口を増加させているからです。もしかするとこの過程は特定の動物種の家畜化に比べることができるかもしれません。この過程には身体的変化が伴うのは疑いないところです。文化の発展がこのような器質面での変化の過程だ、という発想にまだ世の中は馴染みがありません。文化の発展に伴う心的な変化は顕著で、紛れもない事実です。この変化とは、欲動の目的の遷移がどんどん進行していって、欲動の蠢きが制限されることにあります。私たちの祖先にとって快に満ちていた感覚は、私たちにはどうでもいいものか、ないしは耐え難いものにさえなりました。私たちの倫理的、ないし美的な理想要求が変化したのなら、それには器質面での根拠があるのです。文化の心理学的な性格のうち二つが最も重要であるように思われます。まず欲動の活動を支配し始める知性が強まること、それと攻撃的な傾向性の内面化です。後者には、有用な帰結も危険な帰結も多々伴います。さて、文化の過程が私たちに強いる心理的な態度に真っ向から楯突くのが戦争です。だからこそ私たちは戦争に憤慨せざるをえないのです。戦争に耐えることなど、私たちにはもはやそもそもできなくなっています。それは単に知的で情動的な拒否ではありません。それは私たち平和主義者にあっては、器質的な不寛容であって、ひとつの特異体質がいわば極端に肥大化したものなのです。また、残酷であるのに加えて、戦争が美的な観点からしてこき下ろされているのも、私たちが戦争に反発を覚える大きな理由のひとつではないかと思われます。

さて、私たちは他の人々も平和主義者になるまで、この先どれくらい待たねばならないのでしょうか。それは何とも言えせん。しかし、文化的な態度と、将来の戦争が及ぼす影響に対する当然の不安、これら二つの契機が働いて、近いうちに戦争遂行に終止符が打たれるであろうというのは、ひょっとすれば単にユートピア的な希望ではないかもしれません。どのような道を経て、あるいは回り道を経てそれが実現するのかは、私たちは推し量ることができません。にもかかわらず、文化の発展を促すものはすべて、戦争に立ち向かうことにもなるのだと言えます(16)。

心からのご挨拶をお送りしますとともに、私が述べてきたことがご期待に添えませんでしたら、どうぞご海容のほどお願い申しあげます。

敬具

フロイト

（高田珠樹　訳）

リヒャルト・シュテルバ著『精神分析事典』への序言

Vorwort zu Richard Sterba, *Handwörterbuch der Psychoanalyse*

一九三二年七月三日

GW-Nb 761

拝啓

あなたの事典が、学習者にとっての貴重な手助けになり、またそれ自体としても立派な業績であるとの印象を私は受けました。個々の項目の説明が簡明で正確であるのは、実際、特筆に値します。見出し語に英語とフランス語の訳語が添えられるのは、不可欠というわけではありませんが、それを加えられましたら辞書の価値はさらに高まることでしょう。(1)とはいえ、Aの項目から始めてアルファベットを最後まで踏破する道のりは非常に長く、この道を進んでいかれるのは、あなたにとって途方もなく大きな負担を伴うお仕事になるのは間違いありません。ですから、もしそれをするようにとご自身の内にやむにやまれぬ思いがなかったなら、なさらないでください。外からの催促ではなく、これをするのだという切迫感がある場合のみ、なさってください。

敬具

フロイト

（高田珠樹　訳）

ジークフリート・ヘッシング宛書簡

Brief an Siegfried Hessing

ウィーン、一九三二年七月九日

謹啓

私は、自分の長い人生を通して、偉大な哲学者スピノザの人格ならびに思想上の功績には、ひとかたならぬ、それでいていくらか気後れも混じった尊敬を寄せてまいりました。しかし、彼にこのような姿勢で臨むからといって、私には、スピノザについて世間に向かって何かを言う権利があるわけではありません。ことに、これまでにもほかの人々によって言われてきたこと以外、自分が言えるものは何もないだけに、その思いがつのります。この一文をもって、ご計画にある記念論文集への参加を控えさせていただくのをご寛容いただければ幸いです。私の共感と尊敬の念に変わりはありません。

謹白

フロイト

（高田珠樹　訳）

GW-Nb 670

ヨーゼフ・ポッパー＝リュンコイスと私の接点

Meine Berührung mit Josef Popper-Lynkeus

一八九九年の暮れの冬、一足先に新しい世紀の日付を記した私の著書『夢解釈』が、ようやく手許に届いた[1]。この作品は足かけ四年から五年をかけた仕事の成果であったが、並大抵の仕方で成立したものではない。神経症を専門として大学で教授資格を取得したのち[2]、私は、巷にあふれる、いわゆる「神経症患者」を医者として診察することで、自分自身だけでなく、急に増えることになった家族をなんとか養うことを試みていた。しかし、その課題は考えていた以上に困難であることが明らかになった。世間で普通に行われていた治療方法ではおよそ、ないしはほとんど歯が立たず、何か新たな方途を模索せねばならなかった。患者の苦しみや、彼らが訴える不調の原因、その病状の意味するところについて何ひとつ理解できないでいて、そもそもどうして彼らを助けることなど期待しえよう。そこで、私はパリの大家シャルコー、ナンシーのベルネームに手がかりと指示を熱心に求めた。私にとって先学の友人であるウィーンのヨーゼフ・ブロイアーによるある観察をもって、ついにその理解と治療効果への新たな展望が開かれたかに見えた。

というのも、これらの新たな経験によって、われわれが神経を病んでいると称する患者たちが、ある意味で心理的な障害をわずらっており、それゆえ心理的な手段でもって治療されるべきだということが確実になったからである。われわれの関心は、当然、心理学に向かうことになった。ところが哲学諸派で通用する心理学から得られるも

GW-XVI 261

のといえば微々たるもので、われわれの目的には役に立たなかった。方法も、その理論的な前提も一から新たに見つけなければならなかったのである。そこで、私はこの方向で、当初ブロイアーと共同で研究を始めたが、のちに彼から独立して研究を続けることになった。最終的に、私の技法の一端となったのは、患者たちが心に思いつくことは何でも言ってもらう、どう言いわけしてよいやら本人にも分からず、口にするのが憚られる思いつきも、批判を加えないで私に伝えるように求める、という流儀である。

患者たちは、いったん私の要求を容れると、自分の夢について、それらがあたかも彼らの他の想念と同じ類いのものであるかのように話してくれた。このことは、それらの夢を他の理解しうる思考の所産と同様に評価するべし、という明確な示唆であった。しかし、夢はそのままでは理解しうるものではなく、異様で混乱していて不条理であり、そのため学問からは、心的器官に生じた意味も目的もない痙攣であると断じられていた。事実、私の患者たちは、非科学的な人類が何千年もの昔から信じてきたことをただ繰り返しているかに見えたが、もし彼らの言うことに何か理があるなら、私は科学の批判に耐えうるだけの「夢解釈」という課題に直面していたのだった。

当初はもちろん、患者たちの夢について、私のほうが夢を見た本人よりもよく分かるなどということはなかった。しかし、これらの夢、特に私自身が見た夢に、すでに別の異常な心理的形成物の研究で用いていた方法を適用してみると、夢解釈が投げかけうる問いの大部分が首尾よく答えられた。そこには問うべきことが多々あった。何について人は夢を見るのか。そもそもなぜ人は夢を見るのか。夢を覚醒時の思考から分け隔てる奇妙な特性はすべて何に由来するのか、などの疑問である。いくつかの答えはたやすく得られた上に、それらは以前に公表した見解を裏付けるものであることも分かった。他方、出てきた答えの中には、われわれの心的装置の構造と働き方についておよそ新たな想定を求めるものもあった。人は、日中の覚醒時に心を動かされたものについて夢を見る。睡眠を妨害しようとする興奮の蠢きを鎮め、眠り続けられるように夢を見る。しかし、なぜ夢はこれほど異様なものとして、こんなにも混乱し無意味なものとして現れてくるのか。覚醒時の思考と同じ素材に係り合っているのに、明らかにその思考に対立するかたちで現れるのはなぜか。夢がある理性的な思考活動の代替にすぎず、そのように解釈できる、つまり何らかの理性的な思考活動へ翻訳しうるのは間違いなかった。しかし、説明を要したのは、理性的でかつ理解可能な素材に夢の工作が施した歪曲という事実であった。

夢による歪曲は、夢の活動の中でもとりわけ深く、また最も困難な問題だった。そして、夢の歪曲を解き明かすものとして以下に述べることが得られたのだが、それは夢を別の精神病理学的な形成物と同列に置き、夢をいわば人間の正常な心的障害として暴き出すものであった。どういうことかと言えば、われわれが生きている中で自分を主張するための貴重な手立てと言うべきわれわれの心は、それ自体において平和的に団結した統一体などではなく、むしろ享楽や破壊を追い求める大衆を、思慮ある上層部の暴力によって押さえつけておくしかない、ひとつの近代国家に比べられるべきものである。われわれの心的な活動と生活の中を駆けまわるもの、われわれの想念のうちに表現されて出てくるもの、それらすべては、身体の構成の中に与えられている多様な欲動から派生した蘖《ひこばえ》であり、その代理である。しかし、これらの欲動すべてを等しく、外界や人間の共同体の要求に従うように導き、教育できるわけではない。少なからぬものは、生来の勝手気ままな性格を脱却しないでいる。もし欲動どもを好き勝手に振る舞わせるなら、それらは間違いなくわれわれを破滅させることだろう。それゆえわれわれは艱難を経て利口となり、欲動の前に立ちはだかって、それが直接に表出してくるのを制止する組織を自分たちの心の中に発達させたのだった。欲動の諸力の源から欲望の蠢きとして浮かびあがってくるものは、われわれの心の最高の審級による検査を受けるのに甘んじなくてはならず、これを通過しない場合には、棄却され、運動機能への作用、すなわちその実行を妨げられることになる。そういった欲望が意識にのぼることさえ拒否されることもしばしばである。意識にとっては、危険な欲動源泉が存在していることすら、総じて自分のあずかり知らぬよそ事なのだ。そうした場合、われわれは、このような蠢きは意識にとって抑圧されており、無意識のうちにのみ存在すると言う。もし抑圧されたものが、どこかで意識か運動能力かに、あるいはその両方に侵入するのに成功したら、われわれはその時点でもはや正常ではなくなる。そうなると、神経症、精神病のありとあらゆる症候が現れてくる。必要となった制止と抑圧を維持するのに、われわれの心の生活は大きな力を費やさなければならないが、心の生活としては、そういった力の消費から解放され休息したいのである。夜間の睡眠状態は、運動機能の停止を伴うわけだから、それにはうってつけの機会であるらしい。状況も見たところ物騒ではなさそうで、われわれは内なる警察権力の厳重な警備を緩める。全面的に撤収させるわけではない。何しろ、無意識というやつは決して眠らないかもしれない。分かったものではないのだ。はたせるかな、無意識を抑える圧力が緩んだことが効いてくる。抑圧された無意識からは、欲望どもが、せめて寝ているあいだくらいなんとか意識に通じる経路に辿り着いてやろうと、ぞろぞろ這い出してくる。万一そういった欲望との遭遇を経験したら、われわれはその中身や不品行に腰を抜かし、それらが何をしでかすやら考えただけでぞっとする。とはいえ、そんなことはたびたび起こるわけではなく、たとえ経験したにしても、われわれはすぐにも不安で目を覚ます。通常、われわれの意識は夢をその本音どおりに経験することはない。制止する諸力、言ってみれば夢の検閲は、なるほど完全に目を覚ますわけではないものの、すっかり眠っていたわけでもないのだ。夢が言葉やイメージというかたちで自らを表現しようと必死になっているあいだに、それらの力は夢に影響を及ぼす。特に不穏当なものは取り除き、その他のものにも手を加えて何が何だか分からなくする。本当の連関をはぐらかし、偽の繋がりを導入し、ついには、夢の率直ながら残忍な欲望空想《ファンタジー》は、われわれが想い起こす顕在的な夢、多かれ少なかれ混乱し、おおむね異様でわけの分からない夢となったのだ。夢、あるいは夢による歪曲は、それゆえひとつの妥協の表現であり、われわれの心の生活の、互いに相容れない蠢きや追求のあいだの葛藤の証なのである。この同じ過程、つまりわれわれに正常な睡眠者の夢を説明してくれる右に触れた諸力の競合は、われわれにまた、あらゆる神経症的ないし精神病的な現象を理解するための鍵を与えてくれるのだということも忘れないでおこう。

ここまで自分のことや、夢の問題に関する自分の仕事について長々と述べてきたのをご容赦願いたい。これは以下の論述の前提として必要であった。私が夢の歪曲について試みた説明は、われながら新しいものと思われた。似たようなものはどこにも見あたらなかった。何年か後に（いつだったかは、もはや分からない）、ヨーゼフ・ポッパー＝リュンコイスの『ある現実主義者の空想』(3)をたまたま手に入れた。そこに収められていた物語のひとつは「目覚めているように夢見る」と題されており、私の強い関心を掻き立てずにはおかなかった。そこでは、自分はついぞ何か無意味なことを夢に見たことがないと豪語するひとりの男が描かれていた。彼の見る夢は、メルヒェンのように空想的ではあっても、目覚めている時の世界とそれほど矛盾しているわけではなく、「ありえない、そもそも馬鹿げている」とまでは断言できないのである。要するに、私の表現の流儀に翻訳すれば、この男には夢の歪曲というものが生じておらず、それが生じない理由が分かれば、またそれが成立する理由もまた認識したことになる。

ポッパーは、この男に自分の特異性の生じる所以をすっかり見抜かせているのだ。男にこう言わせているのだ。「僕の場合、感情でも思考でも秩序と調和が支配している。また両者はけっして互いに争いあうことがないんだ……。僕は一体であって、分断されていない。他の人々は分断されており、その二つの部分、つまり目覚めているのと夢を見ているのとは、お互いほとんどいつも戦争ばかりしている」。話は、続けて夢の解釈に及び、次のように語られる。「たしかに、これはたやすい課題じゃない。けれど、いくらか注意しさえすれば、夢を見る本人自身にもおそらくうまく行くに違いない。――じゃ、たいていうまく行かないのはなぜかって。どうやら、君の場合、夢の中に何か隠れたもの、一種独特の不純なものがあるようだ。君という人間の本質の中に潜む、ある種の、何か表現しがたい秘密とも言うべきものがね。だから君の夢は、こんなにもしばしば意味を欠いているように、それどころかナンセンスであるように思えるのさ。しかし、いちばん深い奥底では決してそのようなことはない。そう、そんなことなどありえないんだ。だって、目覚めていようが夢を見ていようが、いつも同じ人間なんだからね。[4]」

これは、心理学的な術語が控えられているとはいえ、私が夢に関する自分の仕事から引き出した夢の歪曲の説明と同じものだった。歪曲とは妥協であり、その本性からして不誠実なもの、思考と感情とのあいだの、あるいはすでに述べたように意識されたものと抑圧されたものとのあいだの葛藤の所産である。このような葛藤が存在せず、抑圧の必要もなかったなら、夢もまた異様なもの、無意味なものになろうはずもない。ポッパーは、夢を見てもそれが目覚めているときに考えるのと違わない男の中では、内的な調和が取れているとした。この調和を国家という身体において作り出すことが、社会改革家としてのポッパーの目標だった。悪意も嘘いつわりもなく、何の抑圧もない人間などいないし、生きてもいけない……、たとえ、科学がわれわれにそう説こうとも、この理想状態に近づける分だけ、内的な調和も、ポッパー自身の人格の内に実現されたのだと納得できるではないか。

ポッパーの叡智との出会いに圧倒され、俄然、私は、ヴォルテールや宗教、戦争、一般扶養義務等を論じた彼の著作をかたっぱしから読み始め、ついにはひとりの思想家にして批評家であると同時に寛容な博愛家にして改革家でもあるこの質素で偉大な男の肖像が、私の目の前にはっきりと立ち現れるまでになった。ポッパーが擁護していた個人の様々な権利について私はいろいろ考えをめぐらせた。自然の働きも、人間社会の目標設定も、そういった権利要求を全面的に正当化できないのではないか、という思いに引き止められなかったなら、私もすすんでこれらの権利を支持したことだろう。私がポッパーに特段の共感を覚えたのは、どうやら彼もまたユダヤ人として生きることに辛酸を舐め、現代の文化の理想の空しさを痛感しているのが察せられたからである。しかし、私はポッパー本人に会ったことは一度もない。彼は私のことを共通の知人を通して知っていたし、あることを私に問い合わせる手紙を寄越したこともある。(5) しかし、私は、自分からポッパーを訪ねることはなかった。心理学に新たな知見をもたらしたせいで、私と、同時代の人々、とりわけ年長の人々とのあいだに溝が生まれた。遠くから仰ぎ見ていた人に近づこうとして、私の人生の内実となったものへの無理解ゆえに、拒絶されるような思いをすることが一度ならずあった。なんと言ってもヨーゼフ・ポッパーは物理学畑の人だし、エルンスト・マッハの友人だ。私は、夢の歪曲の問題について自分たちの考えが一致しているという喜ばしい印象を曇らせるのを望まなかった。そのせいで、私はポッパーを訪ねることを先に延ばし、そのうちとうとう手遅れになってしまい、ウィーンの市庁舎前の公園に立つ彼の胸像にせめてもの挨拶を送るくらいしかできなくなったのである。

（高田珠樹　訳）

編注

ある錯覚の未来

（1）　SEの編注は、ここで本文の四頁（GW-XIV 327）の参照を求めている。これは、SE版が、フロイトの原文の中にある Kultur（文化）という語を訳すのに、英語でそれに該当する culture ではなく、civilization の語を当てていることに関連して、フロイト自身、Kultur（文化）と Zivilisation（文明）の語を区別することに対して否定的であったので、翻訳でも強いて両者を区別する必要はないという趣旨から、フロイトの後の記述を参照するように指示したものである。英語の culture は、人類の発展史を回顧するには語感としてやや軽すぎるせいか、フロイトの英訳では、原語の Kultur に対して、総じて civilization という語が当てられる。本巻に収められた『文化の中の居心地悪さ』（一九三〇年）も、英訳ではその標題からして Civilization and its Discontents となっている。

（2）　文化と文明とをことさらに区別し対比するのは、主としてドイツ語圏の精神史的文脈で行われている。たとえばカントの『世界公民的見地における一般史の構想』（一七八四年）では、自分たち人間はすでに高度に文明化していながら、文化には、さらに道徳性と国民の思想的成熟が必要であるという趣旨のことが述べられており、文化が人間の精神性に関わり文明よりも深い内実を持つものとして考えられていたことを窺わせる（カント『啓蒙とは何か』篠田英雄訳、岩波文庫、一九五〇年、四一頁）。また、トーマス・マンが第一次世界大戦の勃発に際し、「戦時随想」（一九一四年）や「フリードリヒ大王と大同盟」（一九一五年）、『非政治的人間の考察』（一九一八年）などで、この戦争を、合理的な啓蒙に基づく英仏を中心とした西欧文明に対する、ドイツの内的精神性や心情に根ざす文化の戦いというかたちで性格づけたことは有名である。ここでのフロイトの指摘は、おそらく直接には、トーマス・マンの第一次大戦時の主張を念頭に置くものであろう。なお、二つの概念を、このように理知と内的心情といった観点から区別するのについて、英語圏ではさほど関心は示されず、日常的な語彙としても、英語の culture-civilization とドイツ語の Kultur-Zivilisation とでは、それぞれ好んで用いられる範囲が多少ずれており、編注（1）でも述べたように、時に交差したかたちで訳語が用いられたりもする。

（3）【SE　個人が文化に対して敵意を抱いているというのは、本編の前のほうの各節における重要な論点である。フロイトは、二年後、『文化の中の居心地悪さ』でこの問題にあらためて立ち返り、さらに詳細に論じている。】

（4）ここで「大衆や集団」と訳した原語はMasseである。SEは、これをmassと訳した上で、「ドイツ語のMasseには極めて広い意味がある。フロイトの『集団心理学と自我分析』（一九二一年）〔本全集第十七巻〕の英語訳ではいくつかの特別な理由から group〔集団〕と訳してある。これについては同訳の編注（SE-XI 69 n.）を参照されたい。しかし、ここでは、mass〔大衆〕とするほうがふさわしい」としている。SEのこの編注が参照を求める、『集団心理学と自我分析』のSE版の編注とは、同書の本文の最初の文の末尾に付されたもので、頁付けでは（GW-XIII 73）〔本全集第十七巻、一二九頁〕に相当する。本全集では、そこでSEの編注がそのままのかたちでは訳されておらず、その内容を念頭に置いて翻訳者による編注（1）が付されている。読者の便宜のために、このSEの編注をここで訳しておく。【SE　ドイツ語のMasseは、いくらか複雑で、本編の翻訳では、これに一貫してgroupの訳語を当てた。著者はMasseの語を、マクドゥーガルのgroup〔集団〕とル・ボンのfoule〔群集〕の両方を表すのに用いているが、後者は英語ならcrowdと訳すほうが自然であろう。しかし、統一を図るために、「群集」を意味するような場合にも、groupを用いるほうがよいと判断し、ル・ボンの英訳から引用する際にも、crowdをgroupに変更した。】本編の翻訳に際しては、目下の個所では、ここでの意味合いやフロイトの他の著作との連続性を念頭に置いて二つの訳語を併用したが、以下ではおおむね「大衆」、時に「集団」の語を当てている。

（5）SEでは、ここに本編の最初の二段落を収める頁への参照が求められているが、そこでは、必ずしも本編全体の議論の「道筋」が述べられているわけではない。目下の個所の前後の文脈からして、ここで念頭に置かれているのは、本編冒頭で、従来、自分は文化の起源や発展の道筋について論じてきたが、今回は、将来の展開を考えたい、しかし、こと将来の可能性となると、個々人の予測や理解が及ぶ範囲は限られているから、自分が専門とする領域からこのような考察を試みたい、と述べられていることを念頭に置くものと思われる。

（6）【SE　ただし、『文化の中の居心地悪さ』V節で述べられていること（GW-XIV 472-473）〔本巻、一一四―一一五頁〕や「戦争はなぜに」の二つの個所（GW-XVI 19-20, 23）〔本巻、二六四、二六八頁〕、『続・精神分析入門講義』の最終回の講義のかなり長い一節(GW-XV 191-198)〔本全集第二十一巻〕を参照。】フロイトがここで念頭に置くのは、ロシア革命とそれに続くソヴィエト連邦の成立である。文化とはそもそも個々人にとって本来、敵対的なものであるという点について、社会主義の体制下では多少、事情が違ってくる可能性は必ずしも否定しきれないが、それについては判断を控える、というのが目下の文脈の趣旨であろう。SEが参照を求める各編の該当個所では、フロイトは、社会主義体制下で、人間と文化との関係に根本的な変化が生じる可能性などまずありえないと見ている。

(7)【SA　これについては『自我とエス』Ⅲ節(GW-XIII 256-267)〔本全集第十八巻、二三一―二三七頁〕を参照。さらに『文化の中の居心地悪さ』(GW-XIV 484-486, 491-493, 495-498)〔本巻、一三八―一四〇、一四六―一四七、一五一―一五三頁〕も参照。】

(8)【SE　この点については、たとえば「詩人と空想」(一九〇七年)〔本全集第九巻〕を参照。】

(9)【SE　これは、フロイトが実際に見た夢で、『夢解釈』第六章(GW-II/III 454-458)〔本全集第五巻〕で報告されている。】

(10)【SE　『トーテムとタブー』の第Ⅳ論文六節(GW-IX 177-186)〔本全集第十二巻、一八八―一九八頁〕を参照。】

(11)【SE　フロイトはこれと同様の叙述の方法を、本編より少し前に刊行した『素人分析の問題』〔本全集第十九巻〕で、またいくらか違った連関ではあるが、四半世紀前の論文「遮蔽想起について」〔本全集第三巻〕で採っている。】

(12)　イルゼ・グルーブリヒ=ジミティスによれば、草稿の段階では、この部分に続けて「そのことが、文化の諸制度は神に由来するのだという敬虔な主張に、ひとつのすぐれた歴史的意味を付与するのです」という文が続いたが、印刷に回す前にフロイトはこれを赤鉛筆で削除し、代わりに、本文にあるように「あなたが今……」以下の文が挿入されたのだという(イルゼ・グルーブリヒ=ジミティス『フロイトのテクストに帰れ』フランクフルト・アム・マイン、一九九三年、二一二頁)。ジミティスは、フロイトが、原父殺害を実際の歴史的事実と見なしうるか、またそれが実際に道徳や宗教の起源と考えうるかについて、終生、確信が持てず、しばしば記述に逡巡や揺らぎが認められると指摘しているが、ここでも草稿段階のいくらか自信のある表現が、慎重な物言いに変わっている。

(13)【SA　これは、フロイトの『ナルシシズムの導入にむけて』の中で詳しく論じられている(GW-X 154-156)〔本全集第十三巻、一三四―一三七頁〕。また、そこでの編注〔同巻、三六〇頁、編注（49）〕を参照。なお、目下の文脈での「依托 Anlehnung」とは、性欲動が自我欲動に依托しているということであり、子供が母親に依存していることではない。】

（14）【SE　子供を外界から守る機能を指す。】

（15）【SE　これは、本編Ⅲ節の末尾までの論述に立ち返る、という趣旨である。】

（16）【SE　これは、一九〇四年、フロイトが四十九歳の時の体験である。この一件について、フロイトは、本編よりもさらに十年ばかり後に執筆された「ロマン・ロラン宛書簡――アクロポリスでのある想起障害」（GW-XVI）〔本全集第二十一巻〕の中で詳細に論じている。】

（17）【SE　ジャン・ベルナール・レオン・フーコー（一八一九―一八六八年）は、一八五一年、振り子を使って地球の自転を証明した。】

（18）【SA　この「不条理ゆえにわれ信ず」という箴言は、〔二世紀後半から三世紀初頭の教父〕テルトゥリアヌスが語ったものとされる。この言葉をフロイトは、『文化の中の居心地悪さ』でも引いており（GW-XIV 470）〔本巻、一二二頁〕、また『モーセという男と一神教』では二度にわたって引用している（GW-XVI 190, 226）〔本全集第二十二巻、一〇七、一四九頁〕。】【OC　この言葉は、誤って聖アウグスティヌスのものとされることがあるが、実際は、テルトゥリアヌスが『キリストの肉体について』（第五節第四文）の中で語った「ありえないがゆえに信じられる」という文言に由来する。】

（19）【OC　アリストテレスは「〔動物においても、あるものは動物から同類の形態のものとして生まれるが、あるものは自発的に、すなわち同類のものからではなく発生し、また後者のうちあるものは〕多くの有節類〔虫類〕に見られるように、腐植土や植物から発生する……」と述べている（『動物誌』第五巻第一章〔539a23-27. 邦訳『アリストテレス全集』第七巻、一九六八年、岩波書店、一三二頁。島崎三郎氏の訳文によるが、一部変更した〕）。】

（20）【OC　脊髄の梅毒に起因する神経疾患。】

（21）【OC　ドイツ語では、インド＝ヨーロッパ語のことをこのように言う。】

（22）【SE　『制止、症状、不安』Ⅱ節の末尾で述べられていることを参照（GW-XIV 122-123）〔本全集第十九巻、二〇―二一

頁〕。】

(23)【SE　人間の文化適性について、フロイトは、「戦争と死についての時評」(一九一五年)Ⅰ節でも論じたことがある(GW-X 333-338)〔本全集第十四巻、一四二―一四八頁〕。】

(24)【SE　一九二五年、テネシー州の小さな町デイトンで、理科の教師が人間は下等な動物の子孫だと教えたことが州法違反に当たるとして起訴された裁判。】

(25)　ボニファティウス(六七二／六七五―七五四／七五五年)。イギリス南西部にあったウェセックス王国出身のベネディクト派の司祭。現在のドイツでキリスト教を布教し、後に「ドイツの使徒」と呼ばれる。七二三年、フリッツマルの町の近くの在所ガイスマルで、ゲルマンの神に捧げられた樫の木を切り倒したとされる。

(26)【SE　『トーテムとタブー』(一九一二―一三年)の第Ⅳ論文(GW-IX 122-194)〔本全集第十二巻、一二七―二〇六頁〕を参照。】

(27)【SE　フロイトは、この問題に、『文化の中の居心地悪さ』の末尾(GW-XIV 504-505)〔本巻、一六〇―一六一頁〕、『続・精神分析入門講義』(GW-XV 170ff.)〔本全集第二十一巻〕、とりわけ『モーセという男と一神教』の第Ⅲ論文の第一部(GW-XVI 176ff., 185ff.)〔本全集第二十二巻、九一頁以下、一〇一頁以下〕で立ち返っている。】

(28)【SE　マイネルト(一八三三―九二年)の「アメンチア」とは、急性の幻覚性の混濁状態を指す。】

(29)【SE　これについては論文「フェティシズム」(GW-XIV 313)〔本全集第十九巻、二七七―二七八頁〕を参照。】

(30)【SE　フロイト「強迫行為と宗教儀礼」(一九〇七年)〔本全集第九巻〕、ライク『教義と強迫観念――宗教の発展についての心理学的研究』ウィーン、国際精神分析出版社、一九二七年、を参照。】

(31)【SA　フロイトは、すでに以前からこの点を指摘していた。たとえば、『レオナルド・ダ・ヴィンチの幼年期の想い出』(一九一〇年)に一九一九年になって挿入された一節(GW-VIII 195)〔本全集第十一巻、八〇頁〕、『集団心理学と自我分析』(一九二一年)(GW-XIII 159)〔本全集第十七巻、二二一頁〕、ならびに『文化の中の居心地悪さ』(GW-XIV 443-444)〔本巻、九二頁〕などである。】

（32）【SE　フロイトは、後にいくつかの個所で「実質的（materiell）真理」と「歴史的真実」とを区別した。特に『モーセという男と一神教』の第Ⅲ論文第二部（g）「歴史的真理」の項を参照（GW-XVII 236-239）〔本全集第二十二巻、一六一－一六五頁。ただしそこでは materiell には「物質的」という訳語が当てられている〕。また『日常生活の精神病理学にむけて』の第十二章のC項に付された〔SEの〕編注を参照〔これは、SE-VIで、GW-IV 285に相当する個所に付された注で、本全集では第七巻、三一二頁に付された編注（27）（同巻、三八五－三八六頁）を指す〕。】なお、SAは、SEのこの編注の前半を引き継いだ上で、『モーセという男と一神教』の該当個所の末尾に付されたSA版の編注〔本全集第二十二巻、一六五頁に付された編注（32）（同巻、二九四頁）〕を参照することを求めている。そして、『日常生活の精神病理学にむけて』に寄せられた編注には触れず、「同様の考え方は、「火の獲得について」の中でも神話形成に関連して述べられている（GW-XVI 6-7）〔本巻、二四二－二四三頁〕」とした上で、SA版の本編『ある錯覚の未来』に付された解題への参照を求めている。この二つの真理の区別については、ほかにも『みずからを語る』その後」の中で言及されていたりする（GW-XVI 33）〔本全集第十八巻、一三九頁〕。

（33）【SA　これは、メービウスが『女性の生理学的愚鈍について』（一九〇三年）の中で用いた表現である。フロイトの初期の論文「「文化的」性道徳と現代の神経質症」（一九〇八年）でもこの表現が用いられ、ここでの議論が先取りされている（GW-VII 162）〔本全集第九巻、二七二頁〕。宗教による思考制止や思考禁止の影響については、「戦争はなぜに」でも言及され（GW-XVI 24）〔本巻、二七〇頁〕、また『続・精神分析入門講義』の中の最終回の講義でさらに詳しく論じられている（GW-XV 182-186）〔本全集第二十一巻〕。】

（34）「忠敬に関して考えることも阻止されている」と訳した部分の原語での表現は、loyale Denkhemmung であり、SEはここに「君主に対する」という編注を付し、SAもこれに倣って「君主への忠義を指す」としている。これを念頭に置き、ここでは loyal を「忠敬に関する」と訳したのだが、前後の文脈からして、「君主に対する忠義」という狭い意味に限定せず、広く、目上の者に対する敬意や従順を指していると考えてよいのではないか。

（35）【SE　本編（GW-XIV 369）〔五一－五二頁〕参照。】

（36）【SE　本編はアメリカの禁酒法時代（一九二〇－一九三三年）のただ中に執筆された。】

（37）【OC　シラーの詩「鐘の歌」（一七九九年）の中の一節「男は敵意に満ちた人生の中に出てゆかねばならぬ」（一〇六―一〇七行）から引かれている。】

（38）【SE　この「天国のことなんか天使や雀にまかしておけ」という一節は、ハイネの『ドイツ冬物語』（第一章）から引かれている〔第一二連、井汲越次訳、岩波文庫、一九三八年、一七頁〕。直前の「不信心一門のある同輩 Unglaubensgenosse」という表現は、ハイネがスピノザを指すのに用いた言葉である。フロイトは、この表現を『機知』（一九〇五年）の中で、特異な類いの機知の技法を示す一例として引用している（GW-VI 83）〔本全集第八巻、九一頁〕。】

（39）【SE　これについては、「マゾヒズムの経済論的問題」に付した編注（SE-XIX 168）〔本全集第十八巻、二九七頁、編注（29）（同巻、三九〇頁）〕を参照。】【SA　ロゴスとアナンケーはそれぞれ「理性」と「苦境」を指す。ムルタトゥリは、オランダ人エドゥアルト・ダウエス・デッケル（一八二〇―八七年）の偽名で、年来、フロイトの愛読する作家のひとりだった。ムルタトゥリが、子供に対して率直な性教育を行うことを主張しているのについても、フロイトは自らが同様の主題を扱った論文「子供の性教育にむけて」（一九〇七年）の中で積極的な評価とともに引用している（GW-VII 20-21）〔本全集第九巻、二一六―二一七頁〕。また、「アンケート「読書と良書について」への回答」（一九〇六年）の中でフロイトが挙げた「十冊の良書」の表では、ムルタトゥリの『書簡と作品』が筆頭に来ている（GW-Nb 662）〔本全集第九巻、一九八頁〕。】なお、本文中の「ロゴス」に対して、SEは「理性」という注釈を加え、またSEが参照を求める「マゾヒズムの経済論的問題」の注のひとつ前に位置する編注〔本全集第十八巻、二九七頁、編注（28）（同巻、三九〇頁）〕や、目下のSAの編注も、ロゴスとアナンケーについて、それぞれが「理性」、「苦境」「運命」を意味すると注釈している。いくらか敷衍しておくと、「運命」や「定め」を言うのに、どちらかと言えば個々人の宿命を指す「モイラ」ではなく、より一般的な「アナンケー」という語が用いられていることからしても、ここでの対比は、フロイトにとって、あるいはおそらくムルタトゥリにとっても、一方に人間理性、他方にそれが対峙する自然の必然性といった、カントに代表される近代的な発想の構図に近いように思われる。それゆえ、ここでの「アナンケー」は、人間が感覚的世界に属するゆえに、自らを必ずしも理性でもって律することができないという意味での「傾向性」なども含意されていると考えられよう。

（40）TB版ではここの「本質 Wesen」は「価値 Wert」となっているが、誤植と思われる。

文化の中の居心地悪さ

（1）本巻所収の『ある錯覚の未来』を指す。

（2）ここでSEは、「自我」と「自己」という用語をフロイトがどう用いているかについて、同全集の第十九巻の『自我とエス』〔本全集第十八巻〕の解題を参照するように指示している。この解題自体は、本全集の枠内では訳出されていないので、今、該当する部分(SE-XIX 7-8)のみを訳しておく。【SE〔エスに比べ〕自我に関しては、その位置づけが遥かに不明瞭である。この語は術語としても、もちろん、フロイトよりもずっと前から一般に用いられていた。ただし、この用語にフロイトが初期の著作で込めた正確な意味は、必ずしも一義的ではない。いずれにせよ、主として二つの意味が区別される。ひとつには、「自我」という術語は、ひとりの人間の(おそらくその身体も含め)自己の全体をほかの人間から区別するのに用いられている。いまひとつには、それは心のうち、特別な属性と機能を備える特定の部分を指している。初期の草稿「心理学草案」(一八九五年)〔本全集第三巻〕中の、「自我」について詳細に論じた第一部十四節で、フロイトは「自我」をこの後者の意味で用いており、また本編〔すなわち『自我とエス』〕において心を解剖する段にもやはりその意味で用いている。ところが、時間的にこの二つの論考のあいだに成立した作品のうちいくつかで、とりわけナルシシズムとの連関においては、「自我」はむしろ「自己」に対応しているように思われる。ただし、この語の二つの意味を正確に区別することは必ずしも容易ではない。】

（3）【OC『現代インドの神秘と活動についての試論』全三巻、第一巻『ラーマクリシュナの生涯』、第二・三巻『ヴィヴェカーナンダの生涯と普遍的福音』パリ、ストック、ドラマン・エ・ブトロー、一九二九—一九三〇年。】

（4）【SE ロマン・ロランは、『ある錯覚の未来』〔本巻所収〕が出版された直後に当たる一九二七年十二月五日付フロイト宛書簡の中で「大洋感情」に言及している。】

（5）クリスティアン・ディートリヒ・グラッベ(一八〇一—三六年)はドイツの劇作家で、悲劇『ハンニバル』は一八三五年の作品。ただしグラッベは二十世紀に入って再発見され、この作品も一九一八年に初演された。引用された台詞は、劇の終わり近く、ハンニバルを匿《かくま》っていたビテュニアの王プルシアスがローマ軍の要求に応じて、彼の居場所を告げたため、逃れるすべのないことを悟ったハンニバルが、部下のトゥルヌとともに毒杯を仰いで自殺する間際にトゥルヌに向かって語る言葉である。

（6）【SE　「シュレーバー症例」〔「自伝的に記述されたパラノイアの一症例に関する精神分析的考察」〕の中のひとつの原注（GW-VIII 307）〔本全集第十一巻、一七三頁、原注（68）に相当〕を参照。】

（7）　SEは「生理的」のところに「正常な」という語を補い、SAもこれに倣っている。確かに、その直後の「病的過程」という言葉との対比においてはそう言えなくもないが、これを補っても文意がさらに明確になるわけではない。ここで「生理的機能」と呼ばれているのは、要するに恋愛のことであり、恋愛で自他の区別が曖昧になるというなら、病的な状態でも似たようなことが起こると言える、というのが目下の個所の趣旨であろう。

（8）【SE　この段落で取り上げられている問題は、フロイトにとって馴染みの分野に属している。彼はこれより少し前にこの主題を論文「否定」（一九二五年）（GW-XIV 13-14）〔本全集第十九巻、四―六頁〕において論じたが、それ以前にもすでにこれを取り扱っている。たとえば「欲動と欲動運命」（一九一五年）（GW-X 211-212, 226-228）〔本全集第十四巻、一六八―一七〇、一八六―一八八頁〕や『夢解釈』（一九〇〇年）（GW-II/III 570-571）〔本全集第五巻〕などを参照。】

（9）【SE　これは「投射」の「特定行動」を指す。】

（10）【SE　「心的生起の二原理に関する定式」（一九一一年）（GW-VIII 234-235）〔本全集第十一巻、二六三―二六四頁〕参照。】

（11）【OC　フィレンツィ「現実感覚の発展段階」（*Internationale Zeitschrift für Psychoanalyse*, I, 1913, 124-138）。】

（12）【OC　フェーデルン「自我感情のいくつかのヴァリエーション」と「自我感情におけるナルシシズム」（*Internationale Zeitschrift für Psychoanalyse*, XII, 1926, 263-274）。】

（13）【SE　フロイトは、『日常生活の精神病理学にむけて』（一九〇一年）を一九〇七年に改版するにあたり、その最終章のF項にこの主題に関する注を追加している（GW-IV 304-305）〔本全集第七巻、三三五頁、原注（87）に相当〕。】

（14）【OC　セルウィウス・トゥッリウス、ローマの第六代の王（在位は紀元前五七八―五三四年と伝えられる）。】

(15)【OC　アウレリアヌス、ローマ皇帝(在位二七〇―二七五年)。】

(16)【OC　セプティミウス・セウェルス、ローマ皇帝(在位一九三―二一一年)。】

(17)【OC　ネロ、ローマ皇帝(在位五四―六八年)。】

(18)【OC　ハドリアヌス、ローマ皇帝(在位一一七―一三八年)、五賢帝のひとり。】

(19)【OC　マルクス・ウィプサニウス・アグリッパ、古代ローマの将軍(紀元前六三頃―一二年)。】

(20)【OC　これはおそらく、「リング通りの哲学者 Philosoph der Ringstraße」と渾名《あだな》されていたフレデリック・エックシュタイン(一八六一―一九三九年)のことであろう。彼は一時、仏教の僧であった(アンリ・ヴェルモレル、マドレーヌ・ヴェルモレル編『ジークムント・フロイト―ロマン・ロラン往復書簡集　一九二三―一九三六年』パリ、PUF、一九九三年、三四〇頁参照)。】

(21)　シラーの一七九七年のバラード「海にくぐる若者」に、次の句がある(王によって海の深淵に投げ入れられた金杯を潜って取ってきた若者が、王に向かって述べる言葉)。「国王が長生きされますように。このバラ色の光の中で息する人よ、自らを喜ぶべし。あの水底はおそろしいところ、人間は神々を試すものではありません、神々がわざわざ夜と闇とで覆い隠してくださるものを、よもやのぞき見ようとするものではありません。」

(22)【SE　この「一般人」は、直前のゲーテの詩の中の「無学無芸の者」を念頭に置く。】

(23)【OC　「いろいろ苦労したある人が私に、「いいですか。支えとなる仕掛けなしには何だってうまく行きやしません」と言ったことがあります。こう言ったのは、ある建築家で、だからよく分かっているに違いない。実際、彼の言うとおりです。私も、支えとなる仕掛けということを思わない日はありません」(テーオドール・フォンターネ(一八一九―九八年)の小説『エフィ・ブリースト』(一八九五年)三五節の末尾にある対話の一節)。】これは、妻エフィの不義を知って、相手を決闘で倒し、妻とも別れたインシュテッテン男爵に対して、物語の終わり近くで、作者フォンターネの分身とも言うべき友人のヴュラースドルフが語る言葉である。「支えとなる仕掛け Hülfskonstruktionen」という言葉には、筋交いなどのような建築における補助的な構造部分と、人生の中で各自にとっていわば生きがいとなるべき何らかの虚構という意味とが重ね合わされている。

（24）　ヴィルヘルム・ブッシュ（一八三二―一九〇八年）はドイツの詩人、画家、漫画家。『敬虔なヘレーネ』（一八七二年）は、少女ヘレーネが結婚した後、零落して焼死するまでを描く物語詩。フロイトは、これを『日常生活の精神病理学にむけて』第八章「取りそこない」でも引用している（GW-IV 187）〔本全集第七巻、二〇八頁、ならびに編注（11）参照〕。

（25）　ゲーテによる格言めいた詩であるが、ゲーテ自身のものは若干体裁が別で、「世の中のことはすべて耐えられる。ただ麗しい日々が続くことだけはだめだ」となっている。

（26）　この段落で語られる「中毒」というのは、日々の生活の中での喫煙や飲酒、茶やコーヒーを飲むことから、医療行為としての麻酔薬の投与までが含まれる。互いに連関する用語としては「中毒」と訳したIntoxikationに加えRausch, Rauschgift, Rauschmittel, toxischといった語が用いられ、それぞれ「麻酔」、「麻酔薬」、「麻薬」、「中毒的」と訳した。ただし、「麻酔」と「中毒」がここで特に区別されているわけではない。また、右の一連の用語には、ほかに「陶酔」などの意味もある上、そこに喫煙や飲酒などによる気分転換なども含意される。これらの訳語を充てるのは、日本語の通常の用法に照らして時に不自然ではあるが、いずれも、広く、体内に入った化学的な物質によって心的な状態が影響を受ける現象全般に関わるものとして理解されたい。

（27）　躁状態の患者は総じて焦燥感や苛立ちを示す者が多く、ここでの記述とはあまり合わない。身近な患者に躁病の者がいなかったことから、フロイトはこの病気に関して経験が乏しかったとされる。

（28）　【OC　「憂さを晴らすもの」、原語はSorgenbrecher. ゲーテ『西東詩集』、「酌人の巻」中の一節「憂いのために心を労するのは生であるが／憂いを消すものは葡萄である」〔ゲーテ『西東詩集』小牧健夫訳、岩波文庫、一九六二年、一七七頁〕参照。】

（29）　【SE　本編（GW-XIV 432-433）〔本巻、八〇頁〕。】

（30）　【SE　本編（GW-XIV 437）〔本巻、八五頁〕参照。「苦しみから自分を防衛するもうひとつ別の技法では、われわれの心的装置が許容する範囲でリビードの遷移という方策が用いられ、そうすることで、心的装置の機能の柔軟性は格段に増大する」。】

（31）　【SE　本編（GW-XIV 460）〔本巻、一一〇頁〕参照。「その種の障害がどこからやってくるかを考察する前に、少し脇道にそ

れるが、愛を文化の基盤のひとつと認めることで、先の論究の欠を補うことにしよう。〔…〕」。】

（32）【SE「刺激」を意味するドイツ語の単語 Reiz には「魅力」という意味もある。】

（33）【SA フロイトは、『性理論のための三篇』第一版（一九〇五年）(GW-V 111)〔本全集第六巻、二六九―二七〇頁〕において、また同書に一九一五年に追加された注(GW-V 55)〔同巻、二〇一頁、原注(21)〕でこれと似た論を展開している。】

（34）【SE 本編(GW-XIV 440)〔本巻、八八頁〕で「以上に列挙しただけで完全だとは私も思わない」と述べられているのを受けている。】フロイトは、先に、人間が快を得て不快を避けるための方策を列挙しており(GW-XIV 433-440)〔本巻、八一―八八頁〕、自分もそれで完全だとは思っていないというのである。

（35）【SE 本編(GW-XIV 434)〔本巻、八一頁〕で「人生の目標を設定するのは、もっぱら快原理のプログラムである」と述べられているのを受けている。】

（36）【SE フリードリヒ大王が述べたとされる「余の国では誰もがそれぞれ自分なりの流儀で浄福にあずかるがよい」という言葉を念頭に置く。フロイトは、本編よりも少し前に刊行された『素人分析の問題』（一九二六年）でもはやり、この言葉を引用している(GW-XIV 270)〔本全集第十九巻、一七二頁〕。】これは、プロイセンのフリードリヒ二世（大王）が、一七四〇年にいくぶん皮肉もまじえて同国における信教の自由について述べた言葉である。プロイセンは、軍隊の中にイスラム教徒であるトルコ人兵士を雇用していたほか、商工業者が多数を占めるフランスのユグノーを積極的に受け容れてきたためにルター派以外のプロテスタントが多数居住し、また後には王自身が三度にわたるシュレージエン戦争を通してそれまでハプスブルク家の所領であったシュレージエン地方を獲得した結果、多くのカトリック信者を抱えるにいたった。王の言葉に見られるこの宗教に関する寛容は、プロイセンの政治・経済的な野心と表裏一体をなすものでもあった。なお、「浄福 selig」は、往々、宗教における救いに連関して用いられる言葉で、フリードリヒ二世もここで宗教を念頭に置いている。一方でまた「幸福」というごく世俗的な意味でも使われ、フロイトは、フリードリヒ二世のこの文句を、そういった一般的な意味方向に引き寄せるかたちで借用している。

（37）【SE フロイトは、このように〔リビードの充足には〕様々な類型があるという考えを、論稿「リビード的な類型について」

（一九三一年）（GW-XIV）〔本巻所収〕で展開している。】

(38)【SA 『ある錯覚の未来』(GW-XIV 367-368)〔本巻、四九―五〇頁〕ならびに(GW-XIV 367)〔本巻、四九頁〕に付された編注〔編注(31)、本巻、二九三頁〕参照。】

(39)【OC 「ローマの信徒への手紙」十一章三十三、「ああ、神の富と知恵と知識のなんと深いことか。だれが、神の定めを究め尽くし、神の道を理解し尽くせよう」〔新共同訳による〕。】

(40)【SE 本編(GW-XIV 434-435)〔本巻、八二頁〕参照。】

(41)【SE この問題をフロイトはすでに二年前に『ある錯覚の未来』〔本巻所収〕のI節においてかなり詳しく論じている。】

(42)【SE いかにもシェイクスピア風に聞こえるこの箴言は、実際には彼の作品のどこにも見あたらない。Poore inch of Nature という言葉は、ジョージ・ウィルキンズの小説『テュロスの王子ペリクレスの困難な冒険』に登場する。これは、ペリクレスが、生まれて間もない自分の娘にかけた言葉である。この小説は、シェイクスピアの戯曲『ペリクレス』が公表された少し後の一六〇八年に出版された。ウィルキンズはおそらくシェイクスピアの戯曲の成立に関与していたらしい。フロイトがこの言葉を知っていたのは意外であるが、デンマークの批評家ゲーオア・ブランデスの有名なシェイクスピア論『ウィリアム・シェイクスピア――批判的研究』の中の、「ペリクレス」の成立をめぐる議論の中にこの言葉が現れることから説明される。フロイトの蔵書の中にこの本のドイツ語訳があった。フロイトがブランデスを高く評価していたことが知られており、「小箱選びのモティーフ」(一九一三年)の中で、やはりこの同じシェイクスピア論に言及している(GW-X 25)〔本全集第十二巻、二九三頁、原注(1)〕。】

(43)【SE フロイトは、放尿と火の結びつきを早くも「ドーラ」の症例〔「あるヒステリー分析の断片」(一九〇五年)〕の中で指摘していた(GW-V 233-235)〔本全集第六巻、八九―九一頁〕。功名心との結びつきについては、それより少し後〔「性格と肛門性愛」(一九〇八年)(GW-VII 209)〔本全集第九巻、二八六頁〕〕で指摘されている。】【SA この注の主題を、フロイトは論文「火の獲得について」(一九三一年)(GW-XVI)〔本巻所収〕でいま一度、取り上げている。】フロイトがこの主題について論じた経緯については、巻末の解題を参照されたい。

(44)　人工義神(Prothesengott)は、義足や義歯などのように、欠損した身体器官を補う人工補装具を意味するProtheseと神を意味するGottから成り立つ複合語。

(45)【OC　これは、本編『文化の中の居心地悪さ』が刊行された年である。】刊行年については「解題」を参照。

(46)　フランスのブルボン朝の最盛期を築いたルイ十四世(在位一六四三―一七一五年)のこと。ベルサイユ宮殿を造営したことでも知られる。

(47)【SE　イゾラ・ベッラは、北イタリアのマジョーレ湖の有名な島で、ここにボロメオ家の別荘がある。マレンゴの合戦(一八〇〇年)を前にして、ナポレオンが数日間滞在した。】

(48)【SE『ある錯覚の未来』〔本巻所収〕参照。】

(49)【SE　肛門性愛以外の欲動のこと。】

(50)【SE　フロイトはすでに先に、文化の「過程」にはそのほかに性格形成と昇華という二つの要因が役割を果たしていることに言及している。】

(51)　ここで「文化ゆえの不首尾と断念」と訳した原語は、Kulturversagungである。Versagen, Versagungは、フロイトの重要な概念で、もともと通常の用例でも、拒否、拒むこと、断念、諦め、うまくいかない、など多義的である。フロイトは、欲動の満足が、誰か特定の人物や権威、超自我によって拒まれたり、禁じられることで、自我がその断念を強いられ、欲動の充足がうまくいかないことに不満をつのらせること全体を、Versagungという言葉で言い表している。本全集では、このversagen, Versagungという語については、できるだけ「不首尾」という訳語を当てる、ないし前後に入れるように努めているが、右に挙げた意味のうち、主にひとつの意味方向に収斂させるかたちで用いられている場合もあり、必ずしも不首尾という語が入っていないことも多い。目下の場合、文化のせいで欲動の満足を拒まれて断念したという意味で、「文化ゆえの断念」でもひとまず十分であろうが、右のような連関を込めて、このように訳した。

(52)【SA　フロイトはひとつの「過程」としての文化という主題を本編の後のほうで再び取り上げて論じている(GW-XIV 481, 499-502)〔本巻、一三四、一五五―一五八頁〕。さらに本編Ⅳ節の最初と最後の部分に付された二つの原注(GW-XIV

458-459, 465-466)〔本巻、一〇九／一一一頁の原注(14)と一一六―一一七頁の原注(16)〕を参照。】

(53)【SE　ここで「原始の家族 primitive Familie」と呼ばれているものについて、フロイトは、ほかではおおむね「原始群族 Urhorde」という言い方をしている。これは、この概念の大元とも言うべきアトキンソンが『原始法』(一九〇三年)の中で「一つ眼巨人的家族 Cyclopean family」と呼んだものに対応する。これらについては『トーテムとタブー』の第Ⅳ論文中の一節(GW-IX 171-176)〔本全集第十二巻、一八一―一八八頁〕を参照。】

(54)「器質的な抑圧」については、本全集中の第十巻に収められている「強迫神経症の一例についての見解〔鼠男〕」(一九〇九年)(GW-VII)に付された編注(49)(第十巻、四三四頁)を参照。SEは、「器質的な抑圧」がフロイトの思索の中で辿った展開について、同全集の本編の解題を参照するように求めている。そこでは、まず本能の要求と文化の過程とが対立するという考え方は、すでに一八九〇年代後半に見られることを指摘した上で、次のように述べられている。【SE　本編Ⅳ節の最初と最後の長い原注〔本巻、一〇九頁の原注(14)と一一六頁の原注(16)〕には、「器質的な抑圧」というものがあって、これが文化の道を切り拓いてきた、という考え方が詳しく述べられているが、この発想も、初期のほぼ同じ時期に遡る。一八九七年十一月十四日付のフリース宛書簡では「抑圧に際して何か器質的なものが共に作用していることを、僕はおぼろげながらたびたび感じました」と述べられている〔邦訳『フロイト　フリースへの手紙』河田晃訳、誠信書房、二〇〇一年、二九二頁〕。本編の二つの注〔右にあげた原注(14)と(16)〕の趣旨と符節を合わせるかのように、フロイトはさらに、抑圧の重要な要因として直立歩行を採用し、嗅覚に対して視覚が優位に立つにいたったことを挙げている。さらにこれよりも前の一八九七年一月十一日付のフリース宛書簡〔邦訳、二二九頁〕でも同様の発想が認められる。この発想については、本編以前に刊行された作品の中では、フロイトは「鼠男」の分析〔「強迫神経症の一例についての見解」(一九〇九年)〕の中でごく短く言及しているのと(GW-VII 462)〔本全集第十巻、二七二頁〕、性愛論第二編〔「性愛生活が誰からも貶められることについて」(一九一二年)〕でさらに簡単に触れられているだけのようである(GW-VIII 91)〔本全集第十二巻、二四四頁〕。とりわけ、文化がもっと深い内面に起源を持つという主題に関するフロイトのこれ以前の議論としては、「『文化的』性道徳と現代の神経質症」(一九〇八年)(GW-VII)〔本全集第九巻〕の中の議論が他を圧倒して長く、そこでのこの起源の分析ほど深く本質的なものは他に見当たらない。】なお、このSEの解題のこの一節のうち最後の文は少々難解で、文中の deeper という形容詞は、原文では origin に懸かっているが、これを、analysis に懸かるべきものが誤って origin の前に置かれたと読むほうが意味が通じると思われる。右ではひとまず両方に懸けて訳した。ただ、それでもいくらか不自然で読みにくい文であることには変わりなく、SE の解題をほぼそのままドイツ語に訳しているSAの解題では、この最後の部分だけが削除され、代わりに次のような一文が挿入されている。【SA 「文化の過程」という概念は「器質的な抑圧」の概念と一体であり、本編のいくつかの個所で次第に輪郭を取ってくるものであるが、「戦争はなぜに」(一九三三年)の末尾であらためて言及されている(GW-XVI26-27)〔本巻、二七二―二七三頁〕。さらに『モーセという男と一神教』(一九三九年)の中の第Ⅲ論文第二部(c)「精神性における進歩」で関連する議論が行われており、参照されたい(GW-XVI219-223)〔本全集第二十二巻、一四一―一四六頁〕。】

(55)【SE　ドイツ語で「法」を意味する Recht には、同時に「権利」という意味もある。】

(56)【SE　エロースとアナンケーとは、それぞれ「性愛」と「必然」を意味する。】いずれも、ギリシア神話で、それぞれを神格化したものである。アナンケーについては、『ある錯覚の未来』(GW-XIV 378)〔本巻、六一頁〕に付した編注(39)〔本巻、二九五頁〕も参照。

(57)【SA　本編(GW-XIV 441)〔本巻、八九頁〕参照。】

(58)【SA　本編(GW-XIV 471-472)〔本巻、一二三―一二四頁〕参照。】

(59)　ここでの「経済」とは、心的なエネルギー、リビードの配分のやりくりを意味するが、前後で社会の経済構造が主題化されているのと重ねあわされている。

(60)【SE　ここで言う代償とは、一定程度の安全の保障が得られることである。本編(GW-XIV 474)〔本巻、一二六―一二七頁〕参照。】ただし、目下の段落で語られているのは、性的欲動を制限することの代償であるのに対して、SEが参照を求める個所では、逆に、原始人が欲動を制限しないことの代償として、幸福を長期にわたって享受しえないことが指摘されている。

(61)【SE　男性性と女性性の心理学的意義を規定することの困難については、フロイトが『性理論のための三篇』に一九一五年に付け加えた長い注(GW-V 121)〔本全集第六巻、二八一頁、原注(8)〕と、『続・精神分析入門講義』(GW-XV 120-124)〔本全集第二十一巻〕第二三講の冒頭を参照。性器と排泄器官が近接していることの重要な帰結については、フロイトは、一八九六年一月一日にフリースに送った「草稿K」において初めて示唆している〔邦訳『フリースへの手紙』一六六―一六七頁〕。その後、フロイトは繰り返しこの問題に立ち返ることになった。たとえば、一九〇一年に執筆され一九〇五年に刊行された「あるヒステリー分析の断片〔ドーラ〕」の一節（GW-V 189-190）〔本全集第六巻、三四頁および同頁の原注（18）〕、あるいは「性愛生活が誰からも貶められることについて」（一九一二年）（GW-VIII 90）〔本全集第十二巻、二四三―四四頁〕を参照。】このSEの注は、原注の末尾に付されているが、原注はこの先、話題が変わるのでここに移動した。なお、本編の編注（54）をも参照されたい。

（62）本編（GW-XIV 458-59）〔本巻、一〇九頁〕の原注（14）を指す。

（63）『アントロポピュテイア』誌に関しては、本全集第十一巻に収められている「『アントロポピュテイア』に関するフリードリヒ・S・クラウス博士宛書簡」〔二一五―二一七頁〕とそれに付された編注（1）〔三六六頁〕を参照。

（64）【SE　たとえば本編（GW-XIV 462）〔本巻、一一二―一一三頁〕を参照。「心理的惰性」の概念全般については、フロイトはパラノイアの事例についての論文「精神分析理論にそぐわないパラノイアの一例の報告」の末尾（GW-X 245-246）〔本全集第十四巻、三〇七頁〕で究明している。また〔SE版の〕その該当個所に付された編注を参照。】

（65）【SE　本編（GW-XIV 453）〔本巻、一〇三頁〕参照。また「「文化的」性道徳と現代の神経質症」（一九〇八年）（GW-VII 162）〔本全集第九巻、二七二頁〕参照。】

（66）【SA　『ある錯覚の未来』（GW-XIV 350）〔本巻、三〇頁〕、ならびにそこでの編注〔（18）〕参照。フロイトは、隣人を自分のように愛せよ、という命法について、本編の後のほうで（GW-XIV 503）〔本巻、一五九頁〕でいま一度、立ち返っている。】

（67）【OC　アルフォンス・カルは、自分が主宰する風刺雑誌『雀蜂 *Guêpes*』の最終号（一八四九年一月）の「政治に関わる」死刑の廃止に関連して、「この場合での死刑を廃止したいと思うなら、まず殺人者諸氏が、人殺しをしないというのを始めてもらおうじゃないか。そうしたら彼らも殺されずにすむだろう」と記した。一九〇八年、議会で死刑の廃止が議論された際、マルセル・サンバとアレクサンドル・ヴァレンヌは、カルのこの文言を簡略化して一種の格言のようなかたちで用いたが、その際、元の意味をゆがめて死刑廃止論の趣旨でこれを使った。フロイトは、すでに一八九七年四月六日のフリース宛書簡の中

でこの言葉を引用している〔邦訳『フリースへの手紙』二四一頁〕。】

（68）【SE「人間は人間にとって狼である」という言葉は、プラウトゥス（紀元前二五四―一八四年）の喜劇『アシナリア』（第二幕、第四場、八八行〔通算では四九五行〕）に由来する。】プラウトゥスは古代ローマの喜劇作家。

（69）【SE　ここでの「支出」とは、〔心的〕エネルギーの支出を意味する。】

（70）【SE『集団心理学と自我分析』（GW-XIII 110）の注〔本全集第十七巻、一六九頁の原注（26）〕を参照。なお、この論点については、『続・精神分析入門講義』（一九三三年）第三三講の末尾近くでやや長い考察が行われる（GW-XV 142-143）〔本全集第二十一巻〕。】

（71）【SA『集団心理学と自我分析』（GW-XIII 110）〔本全集第十七巻、一六九―一七〇頁〕および「処女性のタブー」（GW-XII 169）〔本全集第十六巻、七九頁〕参照。この考え方は反ユダヤ主義との連関において『モーセという男と一神教』（GW-XVI 197-198）〔本全集第二十二巻、一一四―一一五頁〕でもう一度言及されている。】

（72）【SE「心理的貧困 psychologisches Elend」という言葉は、ピエール・ジャネの misère psychologique の訳語であろう。ジャネは、神経症患者には心的統合ができないと考えており、この術語はその能力の不全を指すものである。】

（73）【OC『素人分析の問題』（GW-XIV 227）〔本全集第十九巻、一二五頁〕参照。】「飢えと愛」とは、シラーの詩「世界の賢人たち」にある表現で、OCが参照を求める個所でもこの言葉が引用されている。本全集の該当個所の編注（25）〔同巻、三三四頁〕を参照。

（74）【SA「リビード」がこのような意味で導入されるのは、「ある特定の症状複合を「不安神経症」として神経衰弱から分離することの妥当性について」（GW-I 328）〔本全集第一巻、四二七頁〕においてである。】

（75）【SE　この「最も広い意味での愛」は、プラトンの言う「愛」に近い。『集団心理学と自我分析』（GW-XIII 98）〔本全集第十七巻、一五六―一五七頁〕参照。】

（76）【SE　この点に関しては、『自我とエス』の後に付した補注B（SE-XIX 63-66）を参照。】この補注Bは、本全集で『自我とエス』を収めた第十八巻では、編注（71）にSAの「補注II」としてドイツ語から訳出されている〔同巻、三五二頁〕。

(77)　(GW-XIII)本全集第十七巻所収。

(78)　ここで「混晶化」と訳した原語は legieren で、英訳では alloy という語が当てられ、もともと合金を作ることを意味する。この語は、名詞形 Legierung や過去分詞、形容詞 legiert も含め、フロイトの著作の中では少数の用例があるのみだが、総じて、エロース的欲動と攻撃欲動とが融合する場合について用いられている。フロイトが、この語を意識して用いているのは、本巻に収めた「戦争はなぜに」の用例からも確認される(GW-XVI20)〔本巻、二六五頁〕。日本語で「混晶」という場合、一般に非金属について言うことが多いようだが、他の一般的な用語では文脈に埋没しやすいので、あえてこの訳語を当てた。なお、用例はやはり少ないが、これとほぼ同じ意味でアマルガム合金とその製法を意味する混汞《こんこう》 Verquickung という語が用いられていることもある(GW-XVI21)〔本巻、二六六頁〕。混晶にせよ混汞にせよ、二種の欲動の混成に、金属に関する表現が用いられているのは、フロイトが欲動について抱くイメージの一端を示していると言えるかもしれない。

(79)　【SA　『快原理の彼岸』(GW-XIII63-66)〔本全集第十七巻、一一七―一二二頁〕参照。】

(80)　【OC　ザビーナ・シュピールラインの論文「生成の原因としての破壊」(*Jahrbuch für psychoanalytische und psychopathologische Forschungen*, IV, 1912, 465-503)参照。】

(81)　この点については、巻末の解題を参照。

(82)　【SE　ゲーテ「流謫され、帰還した伯爵のバラード」からの引用。「子供らはそんな話を聞きたがらない Denn die Kindlein, sie hören es nicht gerne」。】このバラードの原題を、SE は Die Ballade vom vertriebenen und heimgekehrten Grafen としており、SA、OC ともそれを引き継いでいるが、後世そう呼ばれるようになったせいか、表題の体裁が多少違ったかたちで紹介されているものもあり、確定していないようである。

(83)　特に信仰による心身の救済を説く、十九世紀後半に始まったアメリカを中心とするキリスト教系の新宗教のひとつ。

(84)　【OC　『素人分析の問題』(GW-XIV269)〔本全集第十九巻、一七一―一七二頁〕参照。】

(85)　【SE　本編(GW-XIV474)〔本巻、一二六頁〕参照。】

(86)　ゲーテ『ファウスト』第一部、第三場、一三三九―一三四四行。

(87) 同、一三七四—一三七八行。【SE 『夢解釈』第一章G節に、『ファウスト』のこの一節に触れている個所がある(GW-II/III 81)〔本全集第四巻、一〇九頁〕。】

(88) 【SE 本編(GW-XIV 471-472)〔本巻、一一三—一一四頁〕参照。】

(89) 【SE 本編(GW-XIV 456)〔本巻、一〇五—一〇六頁〕参照。】

(90) 『快原理の彼岸』(一九二〇年)(GW-XIII)〔本全集第十七巻〕は、全編を通じこれを論じている。

(91) ハインリヒ・ハイネ(一七九七—一八五六年)の『ドイツ冬物語』(一八四四年)の第一章第七連の中にある言葉。「彼女はうたっていた、古い諦めの歌を、天上の子守歌を、民衆がむづかり出すと　ひとはこの歌でもって彼等を眠り込ますのだ、この大きな赤ん坊を。」(井汲越次訳、岩波文庫、一九三八年、一五頁)

(92) 【SE 「マゾヒズムの経済論的問題」(GW-XIII 379)〔本全集第十八巻、二九五頁〕参照。】

(93) この最後の一文はやや唐突で、「こうした状態」が何を指すのか判然としないが、現代では、悪に手を染めるとそれが発見されやすい、といったことではなく、人目につかないところでは大人の良心も所詮さほど当てにならない、という現代に限られない一般的事態を指し、今後の社会は、何をするにも、それを前提としなくてはならない、という趣旨であろう。

(94) 【SE 「聖徳 saintliness」の原語は Heiligkeit であるが、フロイトは、別の個所では、この heilig, Heiligkeit という語を「神聖」という違った意味で用いて、これについて論じている。「「文化的」性道徳と現代の神経質症」(GW-VII 150)〔本全集第九巻、二五九頁〕参照。】heilig は、通常は、「神聖な」、「聖なる」などを意味するが、目下の連関では「高潔な」とか「廉直の」といった意味で用いられている。heilig という語は、頻繁というわけではないにせよ、フロイトの著作の中では他にもいろいろなところで用いられている。SEの編注が、あえて、この個所での用例に関連して、他の個所で「違った意味」で用いられた例を参照するように求めているのは、いずれの連関でも、「聖 heilig」というのが、欲動の満足の断念に関連するものであるものの、それぞれの成立する機制が違っている、という趣旨であろう。

(95) 【SE フロイトは、「戦争と死についての時評」(GW-X 352)〔本全集第十四巻、一六三頁〕で、ルソーが提起したこの問題を詳しく引用している。】

(96)【SE　このパラドクスについてフロイトは以前にも論じている。たとえば『自我とエス』V節(GW-XIII 284)〔本全集第十八巻、五六頁〕参照。ここで他の関連個所を指示した。】これは、本全集第十八巻の『自我とエス』に付された編注(83)を指す。この編注は、SAの編注に依拠し、「マゾヒズムの経済論的問題」(GW-XIII 383)〔本全集第十八巻、二九九頁〕、本編(『文化の中の居心地悪さ』)の目下の個所を参照するように求めているが、元のSEではそれらの前に「夢解釈の全体への若干の補遺」(GW-I 568)〔本全集第十九巻、二四二頁〕が挙げられている。なお、SEのこの「若干の補遺」の該当個所では、やはり本編の目下の個所を含め、右の各個所の参照が求められている。

(97)【SE　イスラエルの民衆と彼らの神との関係について、これよりも遥かに詳しい説明が『モーセという男と一神教』(GW-XVI)〔本全集第二十二巻〕で行われている。】

(98)【SE　この注の最後の一文は、一九三一年に追加された。一八九八年二月九日のフリース宛書簡で、フロイトは、自分が数日前、マーク・トウェインの朗読会に出席したことを報告している〔邦訳『フリースへの手紙』三二六頁〕。】【OC　自分が十三歳か十四歳だった頃のことを回想したマーク・トウェインのこの想い出は、「マーク・トウェインの豪傑ぶりに水兵たちもたじたじ Mighty Mark Twain overawes Marines」と題された一九〇七年五月十二日付の『ニューヨーク・タイムズ』紙の記事の中で、少し体裁を変えて再登場している。「これを昨日のことのように覚えている。西瓜を初めて盗んだときのことだ。そう、初めてだ。少なくとも、いまの私には、それが初めてだったか、あるいはだいたいそのあたりだったと思われる」。この記事は、チャールズ・ニーダー『私が見たままのマーク・トウェイン』(ニューヨーク、一九六一年)の中に収録されている。】

(99)【SE　この「良心の不安 Gewissensangst」という術語については、『制止、症状、不安』Ⅶ節の中の編注にいくらか述べられている(SE-XX 128)(GW-XIV 159)。】SEで参照を求められるこの編注は、本全集では第十九巻、五六頁に付された編注(48)に相当するが、この注はSAを基にしてドイツ語から訳されている。このSAの編注は、それが依拠するSEの「いくらか述べ」ているやや詳しい編注とは違って、「良心の不安」については、本編(『文化の中の居心地悪さ』)のⅦ節、Ⅷ節を参照するよう指示するにとどまっているので、参考のためにSEの編注をここに訳出しておく。【SE　Gewissensangst とは文字どおりには「良心の不安」ということになる。この語は絶えず訳者にとって悩みの種である。通常の用法では、それは単に「良心の呵責」くらいの意味である。しかしフロイトにおいては、往々、目下の個所〔『制止、症状、不安』の該当個所〕のように、力点はこの概念のうち「不安」のほうに置かれている。時には、「良心」と「超自我」が明確に区別されず「良心に対する恐怖」という意味であったりさえする。これらの問題についての最も充実した議論は、『文化の中の居心地悪さ』のⅦ節とⅧ節で行われている。】

(100)　ここで念頭に置かれる二つの見解については、欲動断念と良心とではそれぞれどちらが原因でどちらが帰結か、その因果関係に関して二様の解釈があるという意味に理解してもよいだろう。そのいずれの解釈も正しいというのである。ただし、趣旨としてはこれと同じであるが、目下の文脈ではもう少し狭く取って、子供の中の良心の厳しさが何に由来するかをめぐって二様の解釈がある、それは一方で父が子供に向けた厳しさが子供自身によって取り込まれたものとも考えられるが、他方で父に対して向けられた子供の復讐心や(生まれながらの)攻撃性が自ら自身に向け返されたことによって良心が厳格になったという意味で、子供自身の中の攻撃性に由来すると言える、ということを指しているとも考えられる。

(101)　【SE『トーテムとタブー』(GW-IX 172-173)〔本全集第十二巻、一八二―一八四頁〕参照。】

(102)　フランツ・アレクサンダー(一八九一―一九六四年)は、ハンガリー出身の精神科医で、ベルリンで活動した後、一九三〇年代にアメリカに移住した。心身医学の草分けとして知られる。

(103)　【OC　アウグスト・アイヒホルン『不良少年たち』ライプツィヒ―ウィーン―チューリヒ、国際精神分析出版社、一九二五年。フロイトはこの本に「はしがき」を寄せている〔本全集第十九巻〕。】アイヒホルン(一八七八―一九四九年)は、オーストリアの教育学者で精神分析家。ウィーンの小学校の教員であったが、放任されて非行化する青少年の問題に取り組み、愛情による更生を提唱し、精神分析が教育界に受容される上で大きな役割を果たした。

(104)　【SE「罪責感」と「罪の意識」の原語はそれぞれ Schuldgefühl と Schuldbewußtsein. フロイトはこれまでのところ、双方のうち「罪責感」のほうを主に使ってきている。文字どおりの意味を度外視すると二つの語は同義であり、目下のような特別の事例以外は、英訳ではいずれに対しても「罪の感覚 sense of guilty」という訳語を当てている。】

(105) ゲーテ『ヴィルヘルム・マイスターの修業時代』第二巻第十三章。【SE 四行のうち最初の二行は、フロイトの著作「夢について」(一九〇一年)でも出てくる(GW-II/III 650)〔本全集第六巻、三一九頁〕。】さらに同巻の当該個所の編注(8)〔四六九頁〕を参照。

(106)【OC シェイクスピア『ハムレット』第三幕、第一場でのハムレットの独白。】有名な“To be or not to be: that is the question.”で始まる独白の終わりのほうに出てくる。原文は“Thus conscience does make cowards of us all.”であるが、前後の文脈からすると、現世への未練や死の恐怖ゆえに人は臆病者になる、という趣旨らしく、conscienceも「良心」ということに限定されず、かなり広い意味で用いられている。小津次郎氏の訳では「こんなふうに考えるから、人間は臆病になってしまう」となっている(『世界文学全集10 シェイクスピア』筑摩書房、一九六八年、一〇九頁)。

(107)【SE『制止、症状、不安』Ⅷ節(GW-XIV 162-163)〔本全集第十九巻、五九―六〇頁〕参照。感覚を「無意識的」と記述するのは適切ではない。この点についてはさらに『自我とエス』Ⅱ節(GW-XIII 250)〔本全集第十八巻、一七頁〕参照。】

(108)【SE『トーテムとタブー』第Ⅳ論文六項(GW-IX 185-186)〔本全集第十二巻、一九六―一九八頁〕参照。】

(109)【SE 本編(GW-XIV 490)〔本巻、一四五頁〕参照。】

(110)【SE 本編(GW-XIV 492)〔本巻、一四六―一四七頁〕参照。】

(111)【SE 本編(GW-XIV 482-483)〔本巻、一三六頁〕参照。】

(112)【SE 本編(GW-XIV 488-489)〔本巻、一四三頁〕参照。】

(113)【SE ここで、先にひとつの見解を暫定的に勧めたとされるのが、本編のどこを指すのか、確認できなかった。】

(114)【SE 本編(GW-XIV 481)〔本巻、一三四―一三五頁〕参照。】

(115)【SE 本編(GW-XIV 478)〔本巻、一三〇―一三一頁〕参照。】

(116)【SE 本編(GW-XIV 477-478)〔本巻、一三〇―一三一頁〕参照。】ここで「有機的生命全般の秘密」とされるのは、エロースと死の欲動とが並存していることを念頭に置くものであろう。

(117)【SE 本編(GW-XIV 487)〔本巻、一四一―一四二頁〕参照。】

(118)【SE 本編(GW-XIV 468-472)〔本巻、一一九―一二四頁〕参照。】
(119)【SE 本編(GW-XIV 472-473)〔本巻、一二四―一二五頁〕参照。】
(120)【SE『ある錯覚の未来』(GW-XIV 366-367)〔本巻、四八―四九頁〕参照。】
(121)【SE 本編(GW-XIV 493)〔本巻、一四七―一四八頁〕参照。】
(122)【SE 最後の文は一九三一年に付け加えられた。すでにヒトラーの脅威が明らかになりつつあった時代である。】

論稿

テーオドール・ライク宛書簡抜粋

(1)【GW これが、アイティンゴンを指すことは疑いない。彼はこの論文を書くようにフロイトに絶えず迫っていた(アーネスト・ジョーンズ『ジークムント・フロイト――生涯と作品』第三巻、ロンドン‐ニューヨーク、一九五七年、一五二頁)〔邦訳『フロイトの生涯』竹友安彦・藤井治彦訳、紀伊國屋書店、一九六九年、四六八頁〕。】
(2)【SE ライクは次のように述べていた。「かつて断念は倫理の判定基準そのものであった。今日ではそれは多くの判定基準のひとつにすぎない。もし断念が唯一の判定基準であるなら、立派な市民にして俗物である人のほうが道徳に関してドストエフスキーより遥かに勝っているということになるだろう。その人は、感受性が鈍いので権威に服従し、想像力が欠如しているゆえに断念が遥かに容易なのである。」】
(3)【GW この問いかけは、ライクが自分の批評を『イマーゴ』に公表する前にフロイトに見せたことを裏書きしているように思われる。】

マクシム・ルロワ宛書簡――デカルトの夢について

(1)【GW 本編は、最初にマクシム・ルロワの著書『デカルト――仮面の哲学者』(パリ、『リーデル叢書』、一九二九年)で公表された。マクシム・ルロワは、フロイトにデカルトが見たひとつの夢を示し、それについて判断を請うたのである。書簡には、自分に示された素材についてフロイトが寄せた回答が収められている。

ルロワは、その著書の中で、この夢に関して次のように報告している（第一巻、第六章　シュヴァーベンの一夜の夢）。――

「その夜、辺りが熱を帯び、嵐となって恐ろしかったが、夢うつつに物思いにふける彼の前に亡霊どもが立ち現れる。彼は、立ち上がって亡霊どもを追いはらおうとするのだが、また倒れてしまう。右半身が利かず、ひどく覚束なく感じて恥ずかしく思う。いきなり部屋の窓が開く。不意を突かれ、体が激しい突風にさらわれるのを感じる。風のせいで、左足だけで立ったまま何度も旋回させられる。

足を引きずり、よろめきながら、学院の建物の前に辿り着く。そこは、かつて自分が学んだところだ。ここの礼拝堂で祈りをささげるために、必死で何とか中に入ろうとする。折しもこの時、通りすがりの人々がやってくる。彼は立ち止まって、彼らに話しかける。気がつくと、彼らのひとりがメロンをひとつ持っている。しかし、凄まじい風のせいで礼拝堂のほうに押し戻される。

その時、左側に激しい痛みを感じ、そのせいで目を開ける。自分が夢を見ているのか、目を覚ましているのか分からない。ぼんやり目が覚めたところで、彼は、悪い霊が自分を誘惑しようとしたと自らに言い聞かせ、悪魔祓いのための祈りの言葉を二言三言つぶやく。

彼はふたたび寝入る。雷鳴で目が覚め、部屋には閃光が溢れる。あらためて、自分は寝ているのか、目を覚ましているのか、これが夢か夢想なのか自問し、確かめるために目を開けたり閉じたりする。そのうち安心して平静を取り戻し、眠気がやってくる。

脳が熱くほてり、不穏な気配と摑みどころのない痛みで落ち着かず、デカルトは一冊の辞書を開け、ついで詩集を開けてみる。この大胆な歩行者は、《われ、いかなる人生の道を歩まん》〔Quod vitae sectabor iter?〕という詩句について夢見る。ふたたび夢の国を旅しているのだろうか。と、そのとき突然、ひとりの見知らぬ男がやってきて、彼に《あるとない》〔est et non〕という言葉で始まるアウソニウスの一篇の詩を読むように迫る。しかし、その男の姿は消え、別の男がやってくる。今度は、

その本が消えたかと思うと、それが銅版画による肖像の装飾を施したかたちで現れる。ようやくのこと、その夜も静まる。」】

（2）【SE「夢解釈の理論と実践についての見解」Ⅲ節（GW-XIII 303）〔本全集第十八巻、一七七―一七八頁〕を参照。】

（3）【GW　ルロワの著書では、この点について次のように紹介されている（『デカルト――仮面の哲学者』八五頁以下）。

「彼は、辞書というのは、万学を一まとめにした総体を意味するにすぎず、『詩集成』と題された詩集こそが、何にもまして明確なかたちで哲学と叡智とを結合した総体を指している、と判断していた。……デカルト氏は、睡眠中にも彼のこの夢の解釈を続け、《われ、いかなる人生の道を歩まん》〔Quod vitae sectabor iter?〕で始まる、自分が選ぶべき生き方の不確かさを説くあの一篇の詩を、賢者の教訓、のみならず道徳神学を指すものとすら見なしたのだった。……

デカルトは、詩集に集められた詩人たちが啓示と感激を意味すると解し、その恩恵に浴することで、自分は何とか絶望の淵に落ちないですむと考えていた。《あるとない》〔Est et Non〕の詩句は、ピュタゴラスの「はいといいえ」に相当するが、これを、デカルトは、人間の知識、世俗の学問における真理と虚偽のことだと見なした。これらを応用するとそれがすべて自分の望みどおりに行くのを見て、彼は大胆にも、真理の霊がこの夢によって万学の宝庫を自分に開示しようとしてくれているのだ、と自らに言い聞かせた。そのあとは、二度めに現れたときの本の中に見いだされた銅版画の肖像を解き明かすだけでよかった。翌日、ひとりのイタリア人画家が彼を訪ねてきたあとは、彼はそれ以上、説明を探し求めなかった。

はなはだ愉快で、実に快適というほかないこの最後の夢は、彼によれば未来を指しており、自分の残りの人生の中で身に起こるはずのものを表しているに違いなかった。しかし、それに先立つ二つの夢を、デカルトは、神の御前であれ人前であれおよそ穢れなきものとは断じえない自らのこれまでの人生に対する戒めである、と見なした。二つの夢に戦慄と驚愕が伴ったのは、そのためだと彼は考えた。一つめの夢の中で手渡されそうになったメロンは、デカルトによれば、孤独の魅惑を示しているが、あくまで純粋に人間的な誘惑を通して表現されているのだという。突風が彼の体を学院の教会堂のほうに押しやり、それで彼が右側〔これをルロワ自身が書き誤っているようで、本来なら「左側」とすべきところである〕に痛みを覚えたというが、この突風は、デカルトがどのみち自らすすんで向かおうとしていたところへ無理やり突き入れようとする悪霊を表す。それゆえに神は、デカルトに、前に進むことを、さらには、神が遣わしたわけでもない霊の導きで神聖な場所に向かうのを許さなかったのだった。とはいえ、この教会堂のほうへ自分を最初に何歩か歩ませたのが神の霊であったことを、デカルトは信じて疑わなかった。二つめの夢の中で彼を襲った恐怖は、デカルトによれば、彼の良知(syndérèse, synderesis)、すなわち彼がそれまでの人生の中で犯したかもしれない様々の罪に対して抱く良心の呵責を示しているのだという。鳴り響くのが聞こえた雷は、彼を捉えるために降臨した真理の霊の験《しるし》であった。」】

一九三〇年ゲーテ賞

（1）　GWは、本文に先立って、次のような断りを入れている。【GW　一九三〇年にフランクフルト・アム・マイン市のゲーテ賞が著者に授与された。ゲーテ賞の事務局の理事長であるアルフォンス・パケ博士は、一九三〇年七月二十六日付の書簡で著者に賞の授与を伝えた。以下は、一九三〇年八月五日付の著者の返書と、フランクフルトのゲーテハウスにおける授賞に対する謝辞である。謝辞は一九三〇年八月二十八日にアンナ・フロイトが代読した。】

そして、ここで、言及されているパケ博士の手紙のうち、重要な部分を編注として紹介しており、以下にこれを訳出する。

「〔…〕ゲーテ賞の授与についての規約によりますと、賞は、その業績で社会に広く知られ、その創造的な活動が、ゲーテを記念する本顕彰にふさわしい人物に授与されることになっております〔…〕。

私たち事務局は、先生が創始された新たな研究形式が、今日の様々の創造的な力に革命的な影響を及ぼしたことを高く評価し、今、先生に賞を授与することによって、私たちのこの思いを表明したいと念じております。先生のご研究は、厳密に自然科学的な方法を踏まえると同時に、詩人たちが生み出した比喩を大胆に解釈することによって、心を駆り立てる諸力に迫る通路を切り拓き、それを通して多くの文化形式の成立と構造を根本的に理解し、また、従来、医術が解決の鍵を持たなかった様々の病を治療する可能性を創り出しました。しかし、先生の心理学は、医学だけでなく、芸術家や聖職者、歴史記述者や教育者らが思い描く世界をも揺るがし、また豊かにしてきました。偏執狂的な自己分析の危険を乗り越え、精神的な方向性の違いをすべて越えて、先生のお仕事は、民族相互の理解の革新と改良のための基盤となるものです。ご自身で語っていらっしゃるところによりますと、先生の学問的研究の最初のきっかけのひとつは、「自然」と題するゲーテの一文の朗読を聴いたことに遡るそうですが、畢竟、先生の研究の態度が追求する、あらゆる覆いを容赦なく引き裂こうとする、いわばメフィストフェレス的な流儀は、ファウストが備える飽くなき意欲と、無意識の中にまどろむ造形的で創造的な威力に対する畏敬の念とからは、切り離せない道連れであります。先生への顕彰は、学者としてのお仕事にも文筆家としてのお仕事にも向けられますと同時に、今日、焦眉の問題を突きつけられる現代において、ゲーテ的な存在の最も活発な一面を指し示す標柱として立ちはだかる戦士としてのお仕事に向けられるものでもあります。

フランクフルト市参事会の定める規約の第四項は、ゲーテ賞の授与式は、毎年八月二十八日にゲーテハウスで受賞者出席のもとに挙行する、となっております。〔…〕」

本編は、このパケ博士からの手紙に対する返信であるが、GWでは、冒頭の挨拶と日付、発信地の部分を削除し、その前の断り書きで「一九三〇年八月五日付の著者の返書」としている。SEは、手紙の書き出し部分を収録しこれを「グルンドルゼー、一九三〇年八月三日」とし、「ドイツ語の二つの版(GSとGWを指す)では、八月五日となっている」と指摘している。一方、書簡集『ジークムント、書簡、一八七三－一九三九年』(フィッシャー社、一九六〇年)では、手紙の書き出し部分を「グルンドルゼー＝レーベンブルク、一九三〇年七月二十六日」(同書、四一六頁)としている。いずれが正しいか、編者には判断がつかないが、七月二十六日というと、パケ博士の書簡の日付でもあり、その手紙がしたためられた当日に、すでにフロイトが返信の手紙を書いているというのも、少々時間的に不自然と思われ、発信地は書簡集、日付はSEに従っておく。

(2)【OC　フロイト『レオナルド・ダ・ヴィンチの幼年期の想い出』参照。】研究への情熱が、レオナルドの芸術家としての仕事の継続を阻んだとする見地は、同書のいくつかの個所(GW-VIII 129, 141-144, 206)〔本全集第十一巻、六、二〇－二三、九一－九二頁〕で述べられている。

(3)【OC　シャルロッテ・フォン・シュタインに宛てた詩「シュタイン夫人へ」(一七七六年四月十四日)。】

(4)【OC　ゲーテの詩「月に寄す」の最終連。】

(5)【OC　『タウリスのイフィゲーニエ』(一七八七年)、一三五八行。「心が私に語る、呪いは解けたと。」】

(6)【OC　実際、クラフトは生活苦に悩んでいた青年で、一七七八年から一七八五年頃まで物心ともにゲーテの庇護のもとにあった。ゲーテは一七七八年十一月十一日から一七八三年九月三日までのあいだ、彼に二十一通の手紙を送った。それらの中にはゲーテがこの時期に書いた最も長く最も親密な手紙も含まれている。クラフトは一七八五年に亡くなっている。】

（7）【OC　プレッシング（一七四九―一八〇六年）は、『若きウェルテルの悩み』に魅了され、一七七七年に二通の長い手紙でゲーテに助けを求めた。一七八八年にダルムシュタット大学の哲学の教授になるまで、彼は多くの点でゲーテのお気に入りであった。ゲーテは、『フランス陣中記』の中で、彼とのあいだに「感傷的な小説じみた関係」があったと述べている。】

（8）シャルロッテ・フォン・シュタイン（一七四二―一八二七年）は、ワイマール公国の公妃侍女で、一七七五年にゲーテと知り合って恋愛関係に入り、十年以上の交際を通してゲーテの作家活動に大きな影響を与えたとされている。

（9）【OC　哲学者ヨーハン・ゴットフリート・ヘルダーの妻カロリーネを指す。】

（10）【GW　ゲーテの原典では「不作法」に当たるドイツ語は Untaten ではなく Unarten となっている。】

（11）【OC　『親和力 *Die Wahlverwandtschaften*』（一八〇九年）。ゲーテは、この小説の着想と表題を、スウェーデンの化学者トルビョルン・ベリマン（一七三五―八四年）の著書『親和力について *De attractionibus electivis*』の中に見いだした。この本のドイツ語訳が、一七八五年に、ゲーテの小説の表題と同じ『親和力』と題して刊行されている。】

（12）【SE　これは、シェイクスピア作品の著者が誰であるかをめぐる問題でフロイトが、出版されたものの中で見解を述べた最初の例である。彼はこの問題について『みずからを語る』Ⅳ節に一九三五年になって追加された注（GW-XIV 90）〔本全集第十八巻、一二七頁の原注（7）〕で、さらに死後に公表される「精神分析概説」（執筆は一九三八年、公表は四〇年）第二部の末尾近くの注（GW-XVII 119）〔本全集第二十二巻、二三五頁の原注（10）〕でもあらためてこの問題に立ち返っている。】

（13）【SE　フロイトは、『レオナルド・ダ・ヴィンチの幼年期の想い出』（一九一〇年）の中で、精神分析と伝記との関係についていくらか述べている（GW-VIII 207-208）〔本全集第十一巻、九三頁〕。彼は、この問題を一九〇七年十二月十一日のウィーン精神分析協会の例会でもこの問題について議論した（アーネスト・ジョーンズ『ジークムント・フロイト――生涯と作品』第二巻、ロンドン、ニューヨーク、一九五五年、三八三頁）〔邦訳『フロイトの生涯』（竹友安彦・藤井治彦訳、紀伊國屋書店、一九六九年）は、縮約版の日本語訳であり、該当個所は収められていない〕。】

(14)【SE「機織りの仕事Webermeisterstück」は、思想の工房についてのメフィストフェレスの言葉からの引用。ゲーテ『ファウスト』第一部、第四場、一九二三行。フロイトは、この一節を『夢解釈』第六章A節で夢連想の複雑さに連関して引用している(GW-II/III 289)〔本全集第五巻〕。】

(15)【OC『ファウスト』第一部、第四場、一八四〇―一八四一行。】

S・フロイト／W・C・ブリット共著『トーマス・ウッドロー・ウィルソン』への緒言

(1)【GW　ウィリアム・クリスチャン・ブリット(一八九一―一九六七年)は、アメリカのジャーナリストであり外交官であった。ウィルソン大統領(一九一三―二一年在任)によって革命後のロシアに派遣され、革命の指導者たちと外交交渉を行った。彼は、アメリカ合衆国がソヴィエト政権を承認し新しい権力者たちと条約を結ぶべきだと勧めたが、この進言はパリ講和会議で四大国に拒否された。ブリットは、一九一九年にヴェルサイユ条約と国際連盟に対して鋭い批判を行った後、辞任した。その後、自らの事業に打ち込み、ヨーロッパを広く旅した。ローズヴェルトに呼び戻されたブリットは、一九三二年に現状調査のためにヨーロッパに送られ、ソヴィエト連邦に駐在する最初のアメリカ大使となった。彼は一九三三年から一九三六年までこの職を務めたが、ソヴィエト政権の政策に対して次第に批判的になり、一九三六年にフランス駐在の合衆国大使に任命された。第二次世界大戦が勃発すると、彼はこの職を辞し、ローズヴェルトから戦争の展開に関わる一連の特殊な任務を託された。彼はアメリカがイギリスを支援すべきだとする論者の中でも特に重要な人物であった。その年齢にもかかわらず、フランス第一軍に参加し、その行政部門の様々な職を歴任した。ド・ゴール将軍から戦勝軍功章やレジオン・ドヌール勲章を授与されている。――彼は、ウィルソンについての書物の共同執筆を提案する前から、すでに何度かフロイトと会っていた。オーストリアがナチスに占領された後、フロイトの安全を保障し、出国許可を得るためにブリットが尽力したことは、ジョーンズ『ジークムント・フロイト』第三巻、ロンドン、ニューヨーク、一九五七年、二三五頁〔邦訳『フロイトの生涯』五〇七頁〕やマックス・シュール『フロイト――生と死』一九七三年、四九六―四九七頁〔邦訳『フロイト――生と死』下(安田一郎・岸田秀訳、誠信書房、一九七九年、二三五頁)によって報告されている。】

（2）　ドイツ帝国最後の皇帝のヴィルヘルム二世は、演説などで、戦争は神の摂理の実現の手段だといった仰々しいが空疎な表現を多用する傾向があった。

（3）　【GW　ゲーテの『ファウスト』第一部、第三場「書斎」で、メフィストフェレスは、自分のことを「常に悪を欲しながら、常に善を創り出す力の一部」と名乗っている（一三三五―一三三六行）。】

（4）　【GW　ミゲエル・デ・セルバンテス・サヴェードラ『奇想あふるる郷士ドン・キホーテ・デ・ラ・マンチャ』小説、全二巻、一六〇五、一六〇六年。】

（5）　【GW　『ジュリアス・シーザー』第五幕、第五場。】

ハルスマン裁判における医学部鑑定

（1）　ゲーテがディドロの『ラモーの甥』を一読して魅了され、自らドイツ語に訳したのは有名で、後の『ファウスト』のメフィストフェレスの性格造形などにも影響を与えたとされている。ここでは、本田喜代治・平岡昇氏の訳による岩波文庫版『ラモーの甥』（一三八頁）の訳文に拠った。

（2）　フィリップ・ハルスマン（一九〇六―七九年）。ドイツ語での表記は Philipp Halsmann だが、後にフランス在住中に Philippe Halsman に変更、アメリカに渡ってからもこの表記を通した。ラトヴィアのリガ出身で、ドイツのドレースデン工科大学に在学中の一九二八年九月十日、父と二人でオーストリアのツィッラータールで登山中、父が死亡したことで、殺害を疑われ、裁判にかけられた。一審、二審とも有罪となったが、その後、オーストリア連邦大統領の恩赦で釈放、国外退去となった。その後、パリでカメラマンとして成功し、さらにアメリカに渡って世界でも指折りの著名な肖像写真家となった。この間の経緯と、インスブルック大学医学部鑑定については、巻末の解題を参照されたい。

（3）　【OC　「押し入り」Einbruch と「不倫」Ehebruch の地口。】

（4）　この表現については、本巻に収めた「女性の性について」の編注（12）を参照。

『メディカル・レヴュー・オヴ・レヴューズ』第三十六巻へのはしがき

（1）　ドリアン・ファイゲンバウム（一八八七―一九三七年）は、ウクライナ出身の医師で、ウィーン大学医学部でフロイトの講義を聴講した。一九二〇年代にエルサレムの精神病院に勤務したが、後にアメリカに渡った。

（2）　エイブラハム・アーデン・ブリル（一八七四―一九四八年）は、アメリカの精神分析医。オーストリアに生まれたが、十代でアメリカに渡り、医学を修めた。その後、スイスでユングのもとで学んだあと、アメリカに戻った。フロイトのいくつかの作品は最初、主としてブリルによって英語に翻訳された。

リビード的な類型について

（1）　【SE　フロイトは同じような類型の分類を『文化の中の居心地悪さ』（一九三〇年）Ⅱ節（GW-XIV 442-443）〔本巻、九一頁〕ですでに試みていた。】

（2）　【SE　『ある錯覚の未来』（一九二七年）Ⅱ節（GW-XIV 332）〔本巻、一〇頁〕を参照。】

女性の性について

（1）　【SE　『性理論のための三篇』（GW-V 121-123）〔本全集第六巻、二八二―二八四頁〕参照。ただし、この点はすでに一八九七年十一月十四日付のフリース宛書簡〔第一四六信〕の中で指摘されている〔『フリースへの手紙』二九三頁〕。】

（2）　【SE　表と裏のエディプスコンプレクスについて、フロイトは『自我とエス』Ⅲ節で論じている（GW-XIII 261）〔本全集第十八巻、二九頁〕。】

（3）　ジャンヌ・ランプル＝ド・グロー（一八九五―一九八七年）。オランダの精神分析家。ユダヤ人の家庭に生まれ、一九二〇年代にフロイトのもとで学んだ。主に子供の精神分析の分野で業績を残している。

（4）　ヘレーネ・ドイチュ（一八八四―一九八二年）。精神分析家。当時オーストリア領だったガリツィア（現在ポーランド領）でユダヤ人の家庭に生まれる。一九一〇年代後半から三〇年代前半にかけて、ウィーンに在住しフロイトの影響を受け、主として女性を対象に精神分析治療に従事した。後にアメリカに亡命した。

（5）【SE　女の子が抱く、母親に殺されるのではないかという不安については、本編の後のほう（GW-XIV 531）〔本巻、二三一頁〕でも論じられている。】

（6）ルース・マック・ブランスウィック（一八九七―一九四六年）。アメリカの精神分析家。ユダヤ人の家系に生まれた。一九二〇年代半ばから三〇年代にかけて、ウィーンに住み、フロイトからも高い評価を受け、ロシア革命で財産を失ってふたたびウィーンに現れた「狼男」の分析治療の継続を託された。

（7）【SE　これについては、フロイト自身の論文である「精神分析理論にそぐわないパラノイアの一例の報告」〔本全集第十四巻〕も参照。】

（8）【SE「女性同性愛の一事例の心的成因について」の原注のひとつ（GW-XII 281）〔本全集第十七巻、二四九頁〕でも同様のことが述べられている。この用語は、ユングが「精神分析理論の叙述の試み」の中で用いた表現である（*Jahrbuch für psychoanalytische und psychopathologische Forschungen*, V, 1913, 370）。】

（9）【SE　これらの点については「エディプスコンプレクスの没落」〔本全集第十八巻〕を参照。】

（10）【SE「処女性のタブー」（GW-XII 175-177）〔本全集第十六巻、八五―八八頁〕参照。】

（11）【SE「「子供がぶたれる」」（GW-XII 207-208）〔本全集第十六巻、一三二頁〕参照。】

（12）ここで「両刃の剣」と訳した部分の原語の本来の意味は「先端が二つある杖」である。SEもやはり「両刃の剣」と訳した上で、次のような編注を付けている。【SE　心理学に対する比喩として用いられた、このドストエフスキーの言葉は、『カラマーゾフの兄弟』の第十二巻第十章の中でミーチャの裁判で、ミーチャの側の弁論の中で語られたもの。フロイトは、この表現をすでに「ドストエフスキーと父親殺し」（GW-XIV 413）〔本全集第十九巻、三〇五頁〕で引用している。フロイトがここで用いている言い回しとロシア語の元の表現では、「先端が二つある杖」である。】なお、本全集の「ドストエフスキーと父親殺し」の該当個所では字義どおり「心理学とは両端に尖った先のついたステッキ」と訳されている。OCの指摘によれば、ロシア語の元の表現は「どの杖にも先端は二つある」だというが、むしろ原義は「何事にも両面がある」、あるいは「楽あれば苦あり」といったニュアンスらしく「両刃の剣」というのとは多少ずれるようである。なお、この表現は「ハルスマン裁判における医学部鑑定」(GW-XIV 542)〔本巻、一九八頁〕でも言及されている。】

(13)【SE『性理論のための三篇』(GW-V 121-122)〔本全集第六巻、二八二頁〕参照。】

(14)【SE この点は、本編の後のほうでもっと詳しく論じられている(GW-XIV 531-532)〔本巻、二三一—二三二頁〕参照。】

(15)【SE「精神分析理論にそぐわないパラノイアの一例の報告」(GW-X 240)〔本全集第十四巻、三〇一頁〕参照。】

(16)【SE『自我とエス』中の注(GW-XIII 259)〔本全集第十八巻、二七頁の原注(14)〕で挙げられている例を参照されたい。】

(17)【SE このことを、フロイトは「精神分析作業で現れる若干の性格類型」のI節の最後の段落で指摘していた(GW-X 370)〔本全集第十六巻、九頁〕。】

(18)【SE これは、『トーテムとタブー』(GW-IX)〔本全集第十二巻〕の随所で語られているが、中でもとりわけその第II論文で論じられている。】

(19)【SE『快原理の彼岸』II節の終わり近くの部分(GW-XIII 15)〔本全集第十七巻、六七頁〕で、やはりこれと似た指摘がなされている。】

(20)【SE 本編の前のほう(GW-XIV 519-520)〔本巻、二一八頁〕を参照。】

(21)【SE これが、長い経緯の最終局面である。初期の分析でフロイトは、自らが診るヒステリー患者が、子供の頃父親が自分を誘惑したと話すと、その話を真に受け、この外傷体験が患者たちの病の原因であると見なした。しかし、ほどなく自分の間違いに気づき、一八九七年九月二十一日付のフリース宛の書簡の中でそれを認めている(『精神分析の揺籃期より』ロンドン、一九五〇年、第六九信)〔邦訳『フリースへの手紙』二七四—二七五頁〕。しばらく後に彼は、明らかに誤っているそれらの記憶が、欲望に根ざす空想だという重要な事実を把握した。これは、エディプスコンプレクスの存在を示唆するものであった。本編執筆当時のフロイトが、こういったかつての自分の発見についてどう考えていたかについては、『みずからを語る』(GW-XIV 59-60)〔本全集第十八巻、九四—九五頁〕で述べられている。こういった表層の記憶について、フロイトは目下の個所で初めて、その十全な説明を行ったのだった。この件の一部始終については、『続・精神分析入門講義』第三三講〔本全集第二十一巻」で詳しく論じられている。

（22）【SE　一九二〇年に刊行された『性理論のための三篇』（初版は一九〇五年）の第四版で付け加えられた議論（GW-V 116-117）〔本全集第六巻、二七六―二七七頁〕を参照。また、そこに付された〔SEの、後にSAに受け継がれた〕編注では、初版を含むそれ以前のこの本の諸版での当該個所の体裁も採録されている〔これは、本全集第六巻、四六三―四六四頁の編注（8）に相当する〕。】

（23）【SE　本編の論点の大半は、その六年前に発表された「解剖学的な性差の若干の心的帰結」〔本全集第十九巻〕と内容が重なるが、フロイトは、本編でこの論文について全く言及していない。本編のここから後の部分で取り上げられる、他の著者たちによる比較的新しい作品は、この「解剖学的な性差の若干の心的帰結」が発表されたのよりも後に刊行されたものである。】SEの注は、これに続けて、本編に付された編者解題への参照を求めている。それによると、この「心的帰結」の論文に対してイギリスを中心に精神分析医らから非難の声があがり、それが刺激となってフロイトは、そこでの主題に立ち返った。本編のこれ以降の個所は、こういった批判に応酬したものであり、これはフロイトには珍しいという。ただ、フロイトは本編で、革命的とも言える自分の「心的帰結」論文について全く言及せず、また自説に対する批判として書かれたはずの他の研究者たちの論文についても、それらがあたかも自分の論文とは無関係に自発的に書かれたものであるかのように論じている。「心的帰結」論文と本編とは、内容がほぼ重複するとはいえ、その後の臨床観察を踏まえ、エディプス期以前の女の子に見られる母親への拘束についてその強度と持続期間があらためて強調され、また女の子の母への振る舞いを始めとして女性性一般の中に潜む能動性が力説されている点が、目新しいという。

（24）　カール・アブラハム（一八七七―一九二五年）。ドイツ人の精神分析医で、ブロイラーとユングに学んだあと、フロイトの主宰する水曜会に参加、一九〇八年にベルリンで開業、ベルリン精神分析協会を発足させ、多くの研究者を育てた。

（25）「女性の去勢コンプレクスの発現諸形態」（*Internationale Zeitschrift für Psychoanalyse*, VII, 1921, 422-452）。

（26）「女性のマゾヒズム、ならびにそれの性的不感症との関係」（*Internationale Zeitschrift für Psychoanalyse*, XVI, 1930, 172-184）。

(27)『女性の性的諸機能の精神分析』ウィーン、国際精神分析出版社、一九二五年。

(28) オットー・フェニヒェル(一八九八―一九四六年)。オーストリア生まれの精神分析医。学生時代からフロイトの講義を聴き、後にベルリン大学で研修、ベルリン精神分析研究所の中で若手研究者の中心となった。一九三〇年代にアメリカに亡命した。

(29)「エディプスコンプレクスの性器前期的前史について」(*Internationale Zeitschrift für Psychoanalyse*, XVI, 1930, 319-342)。

(30) メラニー・クライン(一八八二―一九六〇年)。オーストリア出身の精神分析医。ウィーンのユダヤ人家庭に生まれる。一九一〇年代、フロイトの弟子でブダペストにいたシャーンドル・フェレンツィのもとで精神分析を学び、後にベルリンに移り、カール・アブラハムの指導を受ける。一九二六年、アーネスト・ジョーンズの招きでロンドンに移り、そこを永住の地とした。子供の精神分析で知られるが、後にフロイトの娘アンナと対立した。

(31)「エディプス葛藤の早期の諸段階」(*Internationale Zeitschrift für Psychoanalyse*, XIV, 1928, 65-77)。

(32)【SE　フロイトが「強度 Intensität」という言葉を、ここでのようにその前に質的限定を示す形容詞を何ら冠することなく使うということはあまりない。「心的強度」という表現は、『夢解釈』の中でしばしば用いられる(たとえば、(GW-II/III 312-313, 335-336)〔本全集第五巻〕)。総じてフロイトはこの語を「量 Quantität」と等価のものとして用いているようであり、もっと以前の「心理学草案」(一八九五年に執筆)(GW-Nb)〔本全集第三巻〕では、この「量」という言葉が好んで用いられている。これと同じ年にフロイトは、不安神経症に関する論文を二本執筆しているが、二本めに当たる「「不安神経症」に対する批判について」(一八九五年)の二項の冒頭近く(GW-I365)〔本全集第三巻、一一九頁〕では、実際、これら二つの用語が同義的に使われているようである。二つの用語が同様に同義語として並置されている例は、他にも同論文の(GW-I372)〔同巻、一二七頁〕にも見られる。メタサイコロジーを主題とする論文のひとつ「抑圧」(一九一五年)(GW-X 255)〔本全集第十四巻、二〇二頁〕では、「量」という用語が「欲動エネルギー」の同義語として用いられている〔ただし、そこでは「総計」と訳されている〕。】

(33) カーレン・ホルナイ(カレン・ホーナイ、一八八五―一九五二年)。精神分析医。ハンブルクに生まれ、フライブルクで医学を修めた後、ベルリンでカール・アブラハムらについて精神分析を学んだ。ベルリンで開業し、この地域の精神分析医らの組織化に尽力したが、後にアメリカに渡った。不安神経症を中心に独自の理論を樹立した。

(34) 「女らしさからの逃亡」(*Internationale Zeitschrift für Psychoanalyse*, XII, 1926, 360-374)。

(35) アーネスト・ジョーンズ(一八七九―一九五八年)。イギリスの精神科医。フロイトとも親交があり、英語圏でのフロイトの精神分析受容に大きく貢献した。一九三八年、オーストリアがドイツに併合された後、フロイトのロンドン亡命に尽力、戦後、三巻本のフロイトの伝記を執筆した。

(36) 「女性の性の第一次的発達」(*Internationale Zeitschrift für Psychoanalyse*, XIV, 1928, 11-25)。

火の獲得について

(1) 【OC　アルブレヒト・シェファー「人間と火」。なお本文中には、この論文の該当個所として「『精神分析運動』第二巻、一九三〇年、二五一頁」となっているが、論文は同誌の二〇一―二一〇頁に掲載されており、二五一頁は二〇一頁の誤りであろう。】

(2) 【SE　本編「火の獲得について」は、最初『イマーゴ』の第十八号(一九三二年)に発表されたが、エアレンマイアーの論文は同じ号に、フロイトのこの論文の直前に来るかたちで掲載された。】

(3) この個所でSEとSAは編注を付し、ヘシオドスの『神統記』の該当個所を、それぞれ英語とドイツ語で比較的、自由に書き直したものを引用している。当然、体裁が互いにかなり違っている。SEが引用する事典の項目では「人間が神々に犠牲を捧げ、それを神々と分かち合うようにと取り決められたとき、生贄のうちどの部分を人間が取り、どの部分を神々が取るかをめぐって不和が生じ、プロメテウスが仲裁に呼ばれた。彼は雄牛を屠り、それを切り、骨から肉と内臓を切り離した。プロメテウスは、骨を脂に包み、皮と一緒に束ねた。残りを胃袋の中に詰めた。選ぶようにと求められたゼウスは、ただちに魅力的に見える包みのほうをひったくったが、ほとんど骨ばかりであるのを見て激怒した」(H・J・ローズ『ギリシア神話事典』ロンドン、一九二八年、ヘシオドス『神統記』の項目、五三五行以下)、SAの引用するドイツ語の訳では「人間が神々に犠牲を捧げるようにと取り決められたとき、プロメテウスが選ばれて、犠牲となる獣を切り分ける役を仰せつかった。彼は一計を案じ、骨から肉を切り分け、それを牛皮に包み、その上を胃袋で覆った。もうひとつの分け前の山では、プロメテウスは骨を積み重ね脂で覆い隠した。ゼウスは自らの取り分として大きいほうの山を選んだが、骨を見たときには激怒した」(ヘシオドス『神統記』廣川洋一訳、岩波文庫、一九八四年、七〇—七二頁を参照。なお、ヘシオドス『神統記』アルテミス書店、チューリヒ-シュトゥットガルト、一九七〇年、五三五行以下)となっている。

(4)【SE 「強迫行為と宗教儀礼」(一九〇七年)(GW-VII 139)〔本全集第九巻、二一二頁〕、ならびに「素人分析の問題」(一九二六年)(GW-XIV 243)〔本全集第十九巻、一四三頁〕を参照。】

(5)　この点については、『文化の中の居心地悪さ』、特にそのⅦ節(GW-XIV 482ff.)〔本巻、一三五頁以下〕に詳しい。

(6)【SE セルウィウス・トゥッリウスの母オクリシアは、タルクイニウス王の婢であった。ある日、彼女は「いつものように菓子パンとワインの供え物を王家の竈に献じていたところ、火から突然、男性器の形をした炎が噴き出した。〔…〕オクリシアは火の神ないし火の精によって身籠もり、ほどなくしてセルウィウス・トゥッリウスを産んだ」(J・G・フレイザー『金枝篇——呪術と宗教の研究　第一部』第二巻『呪術と王の発展』ロンドン、一九一一年(第三版)、一九五頁〔J・G・フレイザー『金枝篇——呪術と宗教の研究』第二巻『呪術と王の起源』神成利男訳、国書刊行会、二〇〇六年、一二七頁〕)。】

(7)【SE 本編(GW-XVI 3-4)〔本巻、二四〇—二四一頁〕参照。】本編の最初の部分で語られる、放尿によって火を消す快の断念が、火の制覇の前提条件だったとするフロイトの仮説を指す。

(8)【SE 『夢解釈』(GW-II/III 399-400, 589-590)〔本全集第五巻〕を参照。】

(9)【OC プロメテウスの神話と不死鳥の神話を指す。】

(10)【SE これに関しては、『モーセという男と一神教』(一九三九年)の第Ⅲ論文の第二部(g)項に付された長い編注〔本全集第二十二巻、二九四頁の編注(32)〕を参照。】

(11)　ギリシア語で水は《ヒュドール》〔ὕδωρ〕と言う。

（12）【SE「目的論について」（『拾遺詩集』、「マットレスの墓より」第十七番）。】『ハインリヒ・ハイネ全詩集』第五巻『最後の詩集』井上正蔵訳、角川書店、一九七三年、四六六頁。

（13）【SE「幼児の性理論について」（一九〇八年）（GW-VII 184, 186）〔本全集第九巻、三〇二、三〇四頁〕参照。】

英語版『夢解釈』第三版（改訂版）へのまえがき

（1）【GW『精神分析について』（GW-VIII 1ff.）〔本全集第九巻、一〇九頁以下〕を指す。】

ヘルマン・ヌンベルク著『精神分析的な基盤に基づく神経症総論』へのはしがき

（1）【SE 最後の文の一部が初出の際、誤植になっており、正誤表で修正されていた。フロイトが書いた元の文は、〔SEの英訳で〕訳されているようにWer aber wissenschaftliches Denken bevorzugt, es als Verdienst zu würdigen weiss, wenn die Spekulation das Leitseil der Erfahrung nie verläßt, und wer die . . . であるが、文中のwenn〔…とき、…かぎり〕がwen〔…する者を〕と誤って印刷され、またSpekulationの後にコンマが挿入されたのである。この変更の結果、最後の文は、「しかし、学問的な思考に重きを置き、その思考を功績として尊重しうる人、経験の手綱とも言うべき思弁に見放されない人、そして〔…〕」という意味で読めてしまうことになる。ドイツ語の『著作集成』（GS）では、この部分は正しく印刷されているが、『全集』（GW）の編集者は、正誤表の存在に気づかなかったらしく、不幸にも初出の際の誤った体裁を復元することになってしまった。】SEの指摘に従い、修正したかたちで訳文を作成した。

プシーボル市長宛書簡抜粋

（1）【SE プシーボル市はモラヴィアにあり、現在〔SEが刊行された一九六一年当時〕はチェコスロヴァキア共和国〔現チェコ共和国〕の一部である。フロイトが生まれた一八五六年当時、この町は〔ドイツ語圏では〕フライベルクとして知られており、オーストリア＝ハンガリー帝国の領内にあった。】

（2）【GW　一九三一年十月二十五日、モラヴィアのフライベルク（プシーボル）にあるフロイトの生家の外壁に掲げられたブロンズ製の記念の銘板の除幕式が執り行われた。式では、フロイトが市長に宛てたこの手紙をアンナ・フロイトが代読した。】

（3）【SE　フロイトの初期論文「遮蔽想起について」（一八九九年）の中に匿名の人物に帰されながら明らかに自伝的と見られるエピソードがあるが、この訪問はおそらくそこで語られているものであろう。少年の年齢はそこでは十七歳とされているが、これは自分がその当事者であるのを隠すためかもしれない。】【OC　フルス家には、特にギーゼラ・フルス、そしてその兄弟アルフレート、エーミール、そしてリヒャルトがいた。「遮蔽想起について」〔本全集第三巻〕を参照。】アーネスト・ジョーンズによれば、フルス家は、フロイトの父と同様、繊維業に携わっており、フロイト家と家族ぐるみで親しく、子供は四男二女の六人兄弟であったという。幼い頃のフロイトはエーミールと親しく、ギーゼラはフロイトより三歳年下であった。生涯で一度きりのこのフライベルク再訪の際、フロイトはこのギーゼラを見初めたが、彼の滞在中にギーゼラは寄宿舎のある学校に戻り、その後、会う機会はなかったらしい。フライベルクの幼少の日が幸福であったというのは、このギーゼラへの想いが幼少の日に投影されているのかもしれない。アーネスト・ジョーンズ『ジークムント・フロイト――生涯と作品』第一巻、ロンドン、一九五四年、六―七、二五頁（邦訳『フロイトの生涯』四〇頁）参照。

タンドラー教授宛書簡抜粋

（1）『新自由新聞』は、一八六四年に創刊されたオーストリアの有力日刊新聞。自由主義的でいくぶん左寄りであり、オーストリアでは一般に『プレッセ』と呼ばれていた。オーストリアがドイツに併合された翌年の一九三九年一月に廃刊したが、第二次大戦後、『プレッセ』を正規の名称として再開されている。フロイトも何度か寄稿しており、本巻所収の「ハルスマン裁判における医学部鑑定」もこの新聞に掲載された。なお、創刊号から三九年の廃刊に至るまでのすべての紙面が、現在、オーストリア国立図書館のホームページで公開されている。

戦争はなぜに

（1）【GW】一九三一年、「国際連盟文学芸術部門常任委員会」は、国際知的協力委員会に、「とりわけヨーロッパ史の偉大な時代には常に書簡を通して行われていた思想交流にならい、精神生活の代表的な人物たちが書簡を交換するように」要請した。「そのために国際連盟と精神生活に共通する関心に資するにふさわしい最良のテーマを選ぶこと、そして、この交換書簡を定期的に公開すること」も求められた。

この決定を実行するために、知的協力のための国際連盟の機構（国際知的協力機構）は、パリで「交換書簡」叢書を発行した。この叢書の第二巻は、一九三三年の初め、「戦争はなぜに」という表題のもとに、同時にドイツ語、フランス語、そして英語でパリで出版されたが（版権は国際知的協力機構が所有）、その内容はアルベルト・アインシュタインとフロイトの手紙から成っていた。ドイツ語原文のフランス語への翻訳はブレーズ・ブリオによって、英語への翻訳はスチュアート・ギルバートによってなされた。

アルベルト・アインシュタインは、フロイトに宛てた一九三二年七月三十日付の手紙で、交換書簡において問われるべき対象のあらましを以下のように述べている。「人間を戦争という災厄から解放する手立てはあるのでしょうか」。ここに心理学者のみが解明しうる諸問題が生じるというのである。さらにアルベルト・アインシュタインは戦争を予防するという課題についての考察を展開するが、その説明によると、「この問題の外的な、組織論的な側面」は彼にとっては容易なものに思われたようだ。つまり、「国家間で生じるすべての紛争の調停のための立法機関ならびに司法機関を諸国家が作り」、そしてそれらの国家がこれらの機関の権威に従う義務を負えばいいのである。アインシュタインによれば、ここで最初の困難に逢着する。つまり、裁判所は、人間によって作られた組織であるかぎり、権力を持つことが少なければ、それだけ、法的な拘束を受けない組織からの干渉を受けやすくなる。しかし、私たちは今のところ、判決を執行するにあたって、絶対的な服従を強要することができるような超国家的な組織を持つには程遠いというわけである。アインシュタインは詳しくは次のように問うている。「いましがた触れた少数者」（すなわち支配者たち）が、「自らの欲望のために、戦争によって苦しみ、喪失するばかりの国民大衆を利用できるのはいかにして可能なのか」。……「大衆が先の手段によって」（すなわち時の支配者である少数者が、とりわけ学校、新聞、そしてたいていの場合は宗教組織を意のままにしている）、「われを忘れ、自らを犠牲にするまでに熱狂しうるのはいかにして可能なのか」。……「憎悪と破壊という異常心理に対して人間が抵抗しうるように、人間の心の発達を導く可能性はあるのか」。】アインシュタインは、国際知的協力委員会のメンバーであり、彼自身が交換書簡の相手としてフロイトを指名した。

（2）フリチョフ・ナンセン（一八六一—一九三〇年）は、ノルウェーの極地探検家。駐英大使を経て政治家の道を歩み、第一次大戦後、国際連盟の難民高等弁務官に就任、捕虜の交換や、ロシア革命後の革命政府支配地域の飢餓難民の救援に奔走し、その功績により一九二二年にノーベル平和賞を受賞している。

（3）本編では、原則として「権力」という語をMachtの、「暴力」をGewaltの訳語として用いたが、文脈によっては、Gewaltに「権力」の訳語を充てることもあった。

（4）【SA　フロイトは「群族Horde」を比較的小さなグループと解している。『トーテムとタブー』（GW-IX 152）〔本全集第十二巻、一六一頁ならびに三一三頁の編注（3）を参照。】

（5）【SE　本編（GW-XVI26）〔本巻、二七二頁〕参照。】

（6）【SE　本編（GW-XVI15-16）〔本巻、二五九—二六〇頁〕参照。】

（7）古代ギリシアにおいて共通する神殿を崇拝する隣接した複数のポリスによる政治的・宗教的な同盟。隣保同盟とも訳される。【OC　アンピクティオン同盟については「戦争と死についての時評」（GW-X 328）〔本全集第十四巻、一三七頁〕にも言及がある。】

（8）混晶化については、『文化の中の居心地悪さ』〔本巻所収〕の編注（78）を参照。

（9）【SA　一七四二—九九年。リヒテンベルクはフロイトが愛読する作家のひとりだった。フロイトはここで挙げられている喩えをすでに『機知』（一九〇五年）（GW-VI92）〔本全集第八巻、一〇一頁〕で引いている。この本では他にも多くのリヒテンベルクの格言が引用されている。】

（10）ゲオルク・クリストフ・リヒテンベルク『雑録集』息子たちの編集による新増補版、第二巻、ゲッティンゲン、一八四四年、五四頁。

(11)　混汞の原語は Verquickung で、水銀との合金を指す。アマルガム、ないしアマルガム法による金属の合金化を指すこともある。フロイトは、ここで二種の欲動が融合する意味で使っており、混晶化 Legierung とほぼ同義と見なしうる。『文化の中の居心地悪さ』〔本巻所収〕の編注(78)を参照。

(12)　「運動根拠」は Bewegungsgründe に、「動機」は Beweggründe に当てた訳語であるが、前者はすでにフロイトが本編を執筆していた時期には一般に用いられなくなっており、意味上の違いはない。

(13)　【SA　『文化の中の居心地悪さ』V節における論述(GW-XIV 468-469)〔本巻、一一九―一二一頁〕を参照。】

(14)　【SE　『続・精神分析入門講義』第三五講(GW-XV 185)〔本全集二十一巻〕における見解を参照。】

(15)　【SA　これに関しては『ある錯覚の未来』(GW-XIV 326-327)〔本巻、三―五頁〕におけるフロイトの包括的な解説を参照。】

(16)　【SE　「文化過程」という発想は、『続・精神分析入門講義』第三五講「世界観について」の中の編注(GW-XV 194〔本全集第二十一巻〕に付された編注)で述べたように、フロイトのごく初期の時期にまで遡って跡づけることができる。しかし、フロイトはこの考え方をさらに発展させた。いくらか違った観点においてではあるが、『モーセという男と一神教』における第Ⅲ論文(とりわけ第二部(c)項)でこの主題が顕著に前面に出てくる(GW-XVI 219-220)〔本全集第二十二巻、一四一―一四二頁〕。そこでの二つの主たる特性は(モーセがイクナートンから受け継いだ宗教の例に見られるように)、ここで述べられているのと同じく、知性の強化と欲動の断念である。】

リヒャルト・シュテルバ著『精神分析事典』への序言

(1)　【GW　これを受けて、完成した事典では実際に英仏語の訳語が記載された。】

ヨーゼフ・ポッパー＝リュンコイスと私の接点

(1)　【SE　『夢解釈』は、一八九九年十一月四日に出版されたらしい。】『夢解釈』が最初に出版された際には、刊行年として一九〇〇年と記されていたが、実際には一八九九年中に本屋の店頭に並んだ。

（2）【SE　フロイトが講師の任を受けたのは一八八五年である。一八八五年から一八八六年の冬にかけてパリに滞在し、一八八九年にナンシーを訪れている。】
（3）【SE『ある現実主義者の空想』は短編集であり、『夢解釈』と同じく、一八九九年に初版が出版された。】
（4）ヨーゼフ・ポッパー＝リュンコイス『ある現実主義者の空想』第二部、未改訂第二版、ドレースデン‐ライプツィヒ、一九〇〇年、一三八頁。【SE『夢解釈』に一九〇九年に加えられた注（GW-II/III 314）〔本全集第五巻〕と、本編以前に書かれたポッパー＝リュンコイスについての論文「ヨーゼフ・ポッパー＝リュンコイスと夢の理論」（一九二三年）（GW-XIII 358-359）〔本全集第十七巻、三五九―三六〇頁〕で、これと同じ個所が、それぞれもっと長く引用されている。この三つの引用のあいだにはわずかな異同があるが、ここでは考慮に入れなかった。】SEの指摘する異同としては、たとえば、「一種独特の不純なもの」の部分は、「一種独特の、高次の不純なもの」となっており、「高次の」が本編の引用では欠落している。また「表現しがたい schwer auszudrücken」となっているのは、原文では「はかり知れない schwer auszudenken」となっている。
（5）【SE　フロイトがポッパーに宛てた一九一六年八月四日付書簡が、『書簡集一八七三―一九三九』E・L・フロイト編、フランクフルト・アム・マイン（増補第二版、一九六八年、改訂第三版、一九八〇年）に収録されている。】

解題

高田珠樹

本巻には、主に一九二九年から三二年にかけて成立した作品を収めた。著者の七十歳代前半から半ばにかけての一連の作品である。もっとも、巻頭に置かれた『ある錯覚の未来』は一九二七年に執筆・刊行されており、本全集の第十九巻に収録されている「ドストエフスキーと父親殺し」などより執筆も刊行も時期が前である。本全集での各巻の構成は執筆時期の順序に従っているが、執筆と刊行の時期が必ずしも一致しないこともあるのに加え、各巻の分量の極端な偏りを避けることを意図した結果、作品によっては多少、執筆時期と収録する巻に関して前後することがある。体調が特に悪く精神的にも落ち込んだ一九二八年を含め、この時期のフロイトは総じて健康状態がすぐれなかったために、発表された著作は比較的少なく、収録される論文の成立時期が広がっている。そのせいもあって今回、巻の構成と収録論文の成立時期のずれがやや大きくなった。もっとも『ある錯覚の未来』と、本巻の中心を構成する『文化の中の居心地悪さ』とは、いずれも社会や文化の本質、人間がそれらを獲得してきた過程、さらにその将来について論じたものであり、互いに密接な関係がある。また「火の獲得について」や「戦争はなぜに」も、やはりフロイト自身の欲動理論を踏まえて人類文化の来し方と行く末を考察するものであり、結果的に主題の上でまとまった巻となったと言えよう。事実、主題別に各巻を構成するドイツ語の『研究版』(Studienausgabe, SA)では、これらの著作はいずれも同じ『社会の諸問題、宗教の起源』と題する第十一巻に収録されている。

伝記事項

ヨーロッパを主戦場として四年間以上に及んだ第一次世界大戦の戦闘が終わったのが一九一八年の秋、ドイツ軍のポーランド侵攻によって第二次世界大戦が始まるのが一九三九年の九月だから、本巻に収録される著作が執筆されたのは、両大戦に挟まれた約二十年あまりの小康の時代のほぼ真ん中に位置する時期である。そう言うと、大戦間としては世の中が最も安定していた時期であるかのようにも聞こえるが、むしろ終戦直後の極端な混乱のあとに兆した復興と短いうわべだけの繁栄がまたたくまに過ぎ去り、世界にふたたび暗雲が垂れ込め、今いちど破局が忍び寄るのを人々が感じ始めた時代であった。本巻に収められた著作がおおむね、個人の性と心の発達や病理といった従来のフロイトの中心的な主題よりも、むしろ人類の文化や社会、さらには暴力や支配をめぐる問題を取り上げているのは偶然ではない。今、本巻が収める諸論文の成立した頃の世の中の動きとフロイト自身の個人史とをごく大雑把に辿っておこう。

第一次大戦のあいだにロシアでは革命が起こり、ロマノフ王朝の帝政が崩壊した。戦争終結に際しては、さらにドイツとオーストリア、トルコという三つの帝国がほぼ同時に姿を消した。かつては神聖ローマ帝国、近くはオーストリア＝ハンガリー二重帝国の上に君臨し中部ヨーロッパの覇者であったハプスブルク家は、当主カール一世が退位を表明、国事行為を放棄して、一族発祥の地スイスに去っていった。呆気ない帝国の消滅だった。これまで帝国の内部にあったユーゴスラヴィアなどは分離し、チェコスロヴァキア、ハンガリーなども国民国家として独立して、オーストリアは一気に中部ヨーロッパの小国に転落した。ともに戦争に敗れ、やはり共和国として出発することになったドイツとの統合は不可避であるかに見えた。民族や言語、文化から言えば、オーストリアがドイツと一体で国家を形成することに不都合はない。かつて版図の中にハンガリーやチェコのように異民族が多く住む地域を抱えていたことが、十九世紀半ばのドイツ統一に向けた動きの中でオーストリアが排除されていった原因であることを考えれば、それら他民族と袂《たもと》を分かったこの時がドイツ民族の再結集の好機であるはずだった。ホーエンツォレルン家とハプスブルク家はともに王位も帝位も失い、ドイツとオーストリアがいずれも共和国となった今、大ドイツの実現に何の支障があろう。

とはいえ両国は戦争に敗れたところである。しかも、各地に大きな爪跡を残したこの戦争は、ハプスブルク家の皇太子の暗殺事件に端を発し、ドイツを後ろ盾にオーストリアがセルビアに宣戦布告したことから始まったものである。オーストリアがかつての広大な領土を失って小規模な国となった今、やはり戦争に敗れたとはいえ潜在的には強大な力を持つドイツと一体になって中部ヨーロッパに新たな大国が出現するのを、連合国、とりわけフランスは容認しようとしなかった。そのため、オーストリア国内では左右いずれの勢力も基本的にドイツとの統合を望んでいながら、心ならず独立した共和国として出発することになった。しかし道のりは平坦ではなかった。終戦間近の頃には、ドイツと同様、帰還兵や労働者たちが、前年に起こったロシア革命のソヴィエトにならって、各地にレーテと呼ばれる評議会を結成し、革命前夜のような熱気が充満した時期もあった。もっとも皇帝が退位して、臨時国民議会が共和制への移行を宣言し、社会民主党によって左派勢力が組織されたりしたせいで、本格的な革命運動や内乱に至ることはなかった。隣国ハンガリーでは一九一九年春にクン・ベーラの革命政権が成立し、オーストリア国内にもこれと呼応する動きがあったが、間もなく鎮圧された。当初、議会内で最大の勢力を誇った社会民主党は、二〇年代に入って勢力を弱め下野した。オーストリアに革命が起こるなどして社会主義の政権ができるのを警戒していた連合国は、戦後、間もなく借款を認めたりして復興を助けたが、社会民主党が主導し福祉を重視する政権を長くは支持しなかったのである。

戦後の混乱は、ドイツやオーストリアなど敗戦国に限ったことではなかった。ヨーロッパは、全体として第一次世界大戦を機に世界の中心から滑り落ちた。疲弊しきったヨーロッパの苦境を尻目に、大西洋の彼方のアメリカは経済の繁栄を謳歌し黄金の二〇年代と呼ばれる時代を迎えた。数年後にはヨーロッパにもその恩恵が及び、経済も社会も一息ついた。オーストリアも二〇年代の半ばには経済は上向いていた。しかし、これは公務員の削減などを伴うもので、失業率はむしろ増大すらし、政治はあくまで不安定であった。社会民主党に代わって保守的なキリスト教社会党を中心とする政権が続いていたが、議会の過半数を占めたわけではなく、右翼勢力と連立を組む反共色の強い右派政権であった。旧来の価値観を奉ずる比較的豊かな市民層や地方の農民たちと、都市の労働者たちとの利害の対立が激しくなっていった。それはまた、社会民主党が行政を担当する首都ウィーンとドイツの南部やスイスに近い農村地帯との対立の先鋭化というかたちで現れもした。戦地から帰還した兵士たちが武器を手許に置いておく例も少なくなかった。右派を中心とした護国団、社会民主党傘下の共和国防衛同盟が組織され、それぞれが武装し、両者のあいだに衝突が繰り返されて死傷者が出る事態になった。一九二七年一月に社会民主党系の労働者が殺害された事件では、襲撃した護国団のメンバーが無罪判決を受け、これに抗議するウィーンの労働者のデモに警官隊が発砲し、百人近い死者、千人近い負傷者が出た。以後、地方だけでなく、ウィーンとその周辺にもこの護国団の勢力が拡大していくことになる。

そして二九年十月二十四日には、ニューヨークの株価が大暴落した。いわゆる「大恐慌」の始まりである。すでに輝きを失っていた黄金の二〇年代もまた呆気なく終わってしまった。アメリカの資本がヨーロッパから引き上げられ、各国で企業が倒産、夥しい数の労働者が職を失って路頭に迷った。世界各国は自国の産業を守るために保護関税をかけるなどして対立が激化、国際的な緊張が増大する中、多くの国では失業による生活苦を背景に左右の極端な政治勢力が台頭してくる。

貧しい出自ながら医師としてそれなりの成功を収め、比較的安定した生活を手に入れたはずのフロイトにとっても、第一次大戦の開戦以後の生活は戦前のようなゆとりのあるものではなくなっていた。戦中や戦後しばらくは食料の確保も大変だった。戦後は身辺に不幸が続き、老境に入ったフロイト自身の体調もよくなかった。一九二〇年の一月末に娘ゾフィーがインフルエンザで亡くなっている。二十六歳の若さ、しかも三人目の子供を妊娠中で、それまで特に病気もなく急死に近い状態だった。二三年にはそのゾフィーの遺児ハインツ(ハイネレ)が四歳で亡くなった。物心がつかないうちに母を失くしたのを不憫に思ってか、フロイトはこの男の子を孫の中でもとりわけ可愛がっており、心の痛手は大きかった。同じ二三年にフロイトの口蓋に癌が見つかり、以後、フロイトは終生、その手術、再発、切除した口蓋に代わる義口蓋の調整に悩まされ続けることになる。夏の保養で遠出することはあったが、学会などに直接出向くことはめっきり少なくなった。

もっとも、精神分析を学問の世界で認知させるための活動から身を引いたわけではなく、弟子たちや各地の学会支部とのやり取りには熱心だった。戦争のせいで地域によっては活動が滞った精神分析は、戦後ふたたび活況を呈し、各地の学会の支部相互の交流も盛んであった。当然、新たな研究者や若い分析家が育ってくる一方で、弟子たちのあいだでの不和や、フロイト自身と弟子たちとのあいだの緊張も、彼を悩ませる問題だった。戦前にアードラーやユングといった有力な弟子たちと何年間か極めて密接な交流が続いては、やがて対立して交流を絶つことがあった。二〇年代の弟子たちとの軋轢はそれほど極端なものではなかったが、神経をすり減らすものであることには変わりなかった。

総じて気の滅入る話題が多かった二〇年代のフロイトであるが、ノーベル賞の候補として名が挙がり、彼自身も少なからず期待していたらしい。すでに第一次大戦中から医学賞の候補として取り沙汰され、その後も何度か名前が挙がった。二〇年代末にはフロイトの授与に向けて国際的に署名活動が行われ、多くの著名な学者がこれに賛意を表明した。自身がノーベル文学賞の有力候補と目されていたトーマス・マンは、フロイトに授与されるのが医学賞に限り、という条件を付けて賛同した。文学賞は、当時必ずしも文芸上の創作に与えられていたわけではなく歴史家や哲学者らに授与された例もあったから、フロイトに与えられても別段おかしくはなかったのである。こういった気運に対して、むしろ同じユダヤ人で一九二一年に物理学賞を受賞していたアインシュタインは、二八年の二月に反対だとする書簡を関係者に送っている。ほぼ一年前にふたりはベルリンで歓談したことがあるのだが、ピーター・ゲイが紹介する手紙の中で、アインシュタインは、フロイトがノーベル賞を与えられるとすれば当然、医学・生理学賞であろうが、そもそも精神分析が科学の名に値するか疑問であるとしている。

ノーベル賞をめぐるすれ違いはひとまず措くと、同じユダヤ人としてフロイトもアインシュタインも関心を共有せざるをえない事態があった。ウィーンで右派の武装勢力である護国団が左派と街頭で衝突していた二〇年代の末、やがてこれをしのぐかたちで急速に台頭してきたのがナチズムである。その指導者ヒトラーは、ドイツ国境に位置するオーストリアの小さな町に生まれ、戦前、若き日をウィーンの貧民救済施設で過ごした人物である。ユダヤ人を憎悪する彼の感情は、医学や法律などの分野でユダヤ人が重要な役割を果たすウィーンで育まれたと言われている。戦後、ヒトラーが活動の拠点とした南ドイツのミュンヒェンはオーストリアに近く、ナチズムの運動にとって両国の国境は障害とならず、むしろドイツ民族を結束へと駆り立てるものであった。オーストリアでもナチズムは一大勢力となりつつあった。

この時期のオーストリアで、後のユダヤ人に対する暴力の嵐を予感させるひとつの事件が起きている。一九二八年九月、ラトヴィアの主都リガの歯科医マードック・ハルスマンが、休暇先のオーストリア、チロル地方のツィッラータールで息子と山に登る途中、死亡した。息子のフィリップは、ドイツのドレースデン工科大学に留学していた二十二歳の青年である。事件について後に彼が説明したところによると、自分より少し遅れて歩いていた父の小さな叫び声が聞こえて振り返ると、父が墜落するのが見えた。慌てて斜面を下りていったところ、父はまだ息をしていたが、ひとりで父を引き上げることはできず、助けを呼びにふもとに下りた。地元の男たちと現場に帰ってきてみると、父はすでに死亡していた。しかし、やがて父の死因は何者かによって繰り返し頭を打たれ、額を何か尖ったもので割られたことによるものであることが判明した。他殺であることは間違いなかった。しかし息子は、父が歩いている途中、滑落したのだと主張した。息子の手にも上着にも血痕が残っておらず、また被害者が身に付けていたはずの現金も無くなっていた。事件から数日を経た後に現場のすぐ近くでその現金が置かれているのが発見されている。状況からして、息子が現場を離れているあいだに何者かが金品の強奪を目的に怪我で動けない父を襲い、抵抗されて殺害に及んだ可能性も十分に考えられた。しかし、息子が容疑者として逮捕・拘留され、インスブルックでの裁判では、陪審制による第一審、第二審とも有罪となった。

ハルスマン父子がユダヤ人であったことから、事件は思いがけない展開を辿ることになる。保守的で反ユダヤ人感情が強い土地柄も手伝って、事件はユダヤ人の息子による父親殺しとして喧伝され、公判の当日には、すでにこの地域でも一大勢力となっていたナチが動員をかけ、弁護士らに対する脅迫なども相次いだ。土地の人間が殺害に関与したとなると観光産業に対する影響も懸念され、地元では息子を犯人と見なすということですでにある種の了解が成立していたという。右寄りの新聞も事件を弾劾するキャンペーンを張り、判決が生ぬるいとして非難した。

一方、これを反ユダヤ主義的な偏見に基づく冤罪事件と見る者も多く、フィリップを支援しようとする動きも活発だった。法曹界にユダヤ人の多いウィーンはもとより、オーストリア国外でもドイツだけでなく、ヨーロッパ各地に被告への同情や支援の輪が広がった。十九世紀末から二十世紀初頭にかけてフランスでユダヤ人将校ドレフュスがスパイ容疑で逮捕され有罪判決を受けたことに対して、作家のエミール・ゾラらが支援したのが知られるが、ハルスマンの事件はオーストリアのドレフュス事件として注目された。新聞によって事件の見方がはっきり分かれたのも似ていた。かつて自らが発行する新聞にゾラによる弾劾記事を掲載し、後に首相となり、第一次大戦やヴェルサイユ講和会議では対独強硬派として知られたジョルジュ・クレマンソーはまだ存命中であり、彼もハルスマン支援の声を上げた。今日では、アインシュタインが当時のオーストリア大統領に特赦を求める手紙を送ったことが知られている。ユダヤ人相互の内輪の連帯と見なされることが懸念され、当時、この事実は公表されなかった。ほかにもエーリッヒ・フロムやスイスの精神科医オイゲン・ブロイラーらがハルスマンの支援に関与している。

一九三〇年一月三日、トーマス・マンがフロイトに宛てて、近くウィーンを訪れるかもしれないので、そうなればお会いしたい旨の手紙を送っている。一月二十一日に最高裁でハルスマンの上訴を認めるか否かの判決が予定されており、支援グループがトーマス・マンにウィーン来訪を要請していたのだった。ミュンヒェンに住むトーマス・マンは、オーストリアとはいえ目と鼻の先のツィッラータールで起こったこの事件に当初から強い関心を寄せており、ハルスマンに同情していたという。結局、上訴は斥けられ、トーマス・マンもこの時にはフロイトの住むベルクガッセ十九番地を訪れることはなく、ふたりが直接に会う機会は他日を期することになった。前年秋にノーベル文学賞の受賞が決まっており、これに絡んで多忙だったのである。

有罪が確定したハルスマンは、しかし、その年の九月に未決勾留も含め二年間の拘束の後、ミクラス大統領の恩赦を受けて出獄した。有罪判決そのものに変更はなかったためドレースデンに戻ることはできず、イタリアを経てパリに住むことになった。そこで、写真家としての道を歩むことになる。しかし、後にフランスがナチのドイツ軍に占領されるにおよんでアメリカに渡り、やがて二十世紀を代表する肖像写真家のひとりとして成功を収める。アメリカでは、やはりナチズムのドイツを逃れて亡命してきていたアインシュタインやトーマス・マンらの支援があったという。

本巻に収められた「ハルスマン裁判における医学部鑑定」は、最高裁による上訴の棄却後に、ハルスマンの名誉回復と判決の取り消しを求めていたウィーン大学法学部のヨーゼフ・フプカ教授の要請に応えて執筆されたものである。事件そのものについては、ハルスマンが釈放されたことで、世間の関心は薄れた。しかし、軍の機密に絡むドレフュス事件とは違い、国家や民族の問題に関わらない単純な殺人事件で、被害者自身もユダヤ人であったにもかかわらず、この件をめぐって社会の中に蔓延する反ユダヤ人感情が激しく噴き出したことに、フロイトを含め多くの人々は不吉なものを感じたことだろう。事実、ハルスマンの弁護士やフロイトに一文を求めたフプカ教授ら、事件と裁判に関わった者のうち何人かが、その後、強制収容所で亡くなっている。

トーマス・マンが自分と競合するのを恐れノーベル賞にフロイトを推すのに二の足を踏んだのも、実際に彼が二九年に授与されたことから考えると当然だったわけだが、その翌年以後もフロイトがこの栄誉に浴することはなかった。それを埋め合わせるわけでもないが、三〇年にフランクフルト市のゲーテ賞が彼に授与され、翌年には、生まれ故郷であるモラヴィア地方のプシーボル市がフロイトの生家に、それを示す銘板を掲げることを決めた。いずれについてもフロイト自身は記念の式典に出席せず、末娘のアンナが謝辞を代読した。イギリス人の精神科医で後に浩瀚なフロイトの伝記を執筆するアーネスト・ジョーンズが、ゲーテ賞がノーベル賞の足がかりになればよいが、という意味のことを言ったところ、フロイトは黙ったまま返事をしなかったという。内心、期待していただけに他人にそれを言われるのは面白くなかったらしい。もっとも、後から考えれば、当時は、どこの国も大恐慌で経済が行き詰まり、社会も騒然とし始めていた。反ユダヤ主義を標榜するヒトラーが、不満を抱く大量の失業者たちの支持を得て政権を獲得するのは三三年一月であり、もはや遠い先のことではない。むしろ、ドイツを代表する作家・詩人の名を冠した賞が、この時節柄、オーストリアに住むユダヤ人に授与されたのには、選考に関わった人たちのせめてもの願いが託されていたのかもしれない。事実、この年の委員会でも、フロイトへの授与の可否をめぐる票決は七対五であり、辛うじて過半数に達したにすぎない。大規模な戦争、束の間の復興と繁栄。これに続く時代が、以前にもまして大きな破壊と殺戮に直面することを、フロイトを含め当時の人々が必ずしも予測していたわけではない。しかし、時代の空気にはすでに刺々しいものが漲っているのを誰もが感じ取っていた。

文化と人間の攻撃性

一九二五年に刊行された『みずからを語る』の新版が一九三五年に出た際、それに寄せた「その後」と題する一文の中で、フロイトは、この十年のあいだに自分の著作にはそれ以前に比べて大きな相違が生じたと述べている。自然科学、医学、精神療法の長い迂路を経て、自分の若い頃に抱いていた文化への関心に帰ってきたというのである。実際、二〇年代の前半には『快原理の彼岸』や『自我とエス』などで、欲動理論を再検討して心の構造をあらためて描きなおす作業が続けられているが、後半になると、社会の不穏な空気に促されてか、その欲動理論や心の構図に立脚しながら、文化や社会の諸現象が検討されることになる。三九年の死に至るまでの十余年、フロイトの人生の最後の時期に現れた一連の文化論、社会論の最初に来るのが『ある錯覚の未来』である。

この著作の中でフロイトは、文化と文明とを区別した上で前者の中にことさらに精神の深みを見て取ろうとするドイツ語圏にありがちな議論を斥け、それらは要するに自然の力を抑制し富を自然から得るために蓄積してきた知識の総体のことであり、さらにそういった富の分配をめぐって人間相互の関係を律するための仕組みだという。近代思想では、人間のもともとの自然状態として、互いに敵対し殺しあう弱肉強食を想定するホッブズのような立場と、ルソーに代表される平和な共存こそ人間本来の在り方だとする見地があるが、フロイトは基本的に前者の立場に立っている。人間は単独では生きられないにもかかわらず、共同生活が求める様々の犠牲を厭う。自分のその都度の欲望を制限するのが面白くない。文化には、そういった個人の欲望を抑えることが課されている。理屈でそれが納得できる者には自らを律することの必要性を説いて聴かせればよいが、多数の者をそれで納得させるのは容易ではない。それに従わせるのにまずは権威や強制を要するが、やがて権威は各人の内面の中に超自我として取り込まれ、これが人間の中に道徳心や社会性となって定着したのであろう。宗教というのは、こういった共同体を維持してゆくための仕掛けとして必要であったに違いない。加えて、人間は過酷な自然の脅威に晒され、何とかそれを自分なりに納得するために自然を擬人化した。そこには、自分が全く非力で父の庇護に頼るしかなかった幼児期の記憶があったのではないか。厳しい反面、自分を守ってくれた父と自然とが重ねあわされ、圧倒的な存在としての神が崇敬の対象となる。もっとも、自然が次第に法則性を持つ存在であることが分かるにつれ、神は次第に自然との一体性を脱して道徳の監視役に徹することになる……。

『ある錯覚の未来』の後半は、社会の安寧のために制度としての宗教が今後ともあくまで必要であると考える想像上の話し相手との対話が中心となる。フロイトがよく用いる手法であるが、想像上の相手の発言は引用符を付けて示されるのに対し、フロイトの発言は地の文として語られている。引用符が閉じられてひとつの発言が終了し、その直後に別の引用符で囲まれた発言が続いていて、一見すると発言者が交替しているかに見える個所も、実は同じ想像上の論者の発言が続いている。引用符をまとった仮想の相手の異論に対して、フロイトは言う。教義が真に納得されるためには、それは批判的な検証に耐えるものでなくてはならない。ただ疑うことを禁じているだけのものを人々がこれからもただ信じ続けることなど期待できない。自然の猛威に無力であった人間が自らの非力ゆえに神を信じたからとて、それは所詮、庇護を求める欲望が生んだ錯覚であり、いつかそれらは克服されなくてはならない……。こう語るときのフロイトは、おおむね近代の啓蒙主義的な宗教観に立っている。フロイトから見れば、宗教はその歴史的な使命をすでに終えているのである。

『ある錯覚の未来』の中で語られた、人間の欲望と文化の対立という主題は、三年後に刊行された『文化の中の居心地悪さ』でもあらためて取り上げられる。この著作を執筆させるきっかけのひとつとなったのが、ロマン・ロランとの文通だった。『ある錯覚の未来』を送ったところ、ロランが、人は誰しも何か無限のものについての感情を持っており、それが宗教の根底にあるはずだという趣旨の便りを寄越したのである。既成の個別の宗教よりもむしろ汎神論に通じるこの感情をロランは「大洋感情」と呼ぶが、フロイトに言わせれば、そう言った万物との一体感は所詮、幼少時に自分を無力で頼りなく感じて父によって庇護されていたいと願った感情、あるいはさらにもっと早い時期、自分と周囲世界とがまだ未分化であった頃の感情の名残にすぎない。現実に世の中で人が宗教と呼ぶものはそれとは別物である。こうして、フロイトはあらためて宗教について論じることになるのだが、今回、それは、人間が幸福を追求するひとつのかたちとして取り上げられ、主題はそこから文化の成立と発展という大きな連関へと広がってゆく。

生命現象の常として人間も快を追求し幸福でありたいと願う存在である。その一方で、地上の生命である以上、常に自然の脅威にさらされ、やがて訪れる死を免れることはできない。加えてこの世で生きていく上で、常に他人との関係に苦労させられる。不快と不幸を逃れるすべはない。快と幸福を手に入れるために、人によっては愛欲におぼれたいと思うかもしれないし、リビードの目標をずらせて学問や芸術に没頭することを選択するかもしれない。ある者は麻薬に手を出すかもしれない。人は、様々な手立てで快を求め、不快から身を守ろうとする。宗教もそういった手立てのひとつである。

もっとも、そういった方策が最終的に功を奏さないせいか、そもそも文化などなければ人間はこの世でもっと幸福でいられるはずだ、と考えられたりもする。事実、地理上の発見によって知られた未開人の素朴な生活に魅せられて、近代の西洋では一時期、文化の虚飾をかなぐり捨てて野生に帰りさえすれば、人間はもっと幸福になれると信じられたこともあった。人間が神経を病むのも不自然な文化を強いられるからであり、科学や技術も結局、人を幸せにしないのなら、文化などないほうがよいではないかというのである。人間の欲動と文化、両者の関係がこの著作の主題である。

フロイトによれば、文化とは何より自然の猛威が制御され、自然が備えるのとは異なった秩序と清潔が実現していることであるが、もうひとつの重要な指標は人間相互の関係が制御されているという点である。たしかに文化は、個人に自らの欲望を抑制し断念するのを求め、その意味では文化の中に自由は存在しない。文化には必ず一定程度の性の欲求の断念が伴う。本来、性愛は多様であったが、性器愛以外は倒錯として排除される。もちろん、大概の者は何らかのかたちで性愛を追求し続けるが、相対的にその位置が下がったのは間違いない。しかも文化は欲望の断念の上に成り立つだけでなく、その要求をさらにエスカレートさせる。人間は、もともと互いに憎しみあい弱い者を攻撃することに快感を覚える存在であるのに、この攻撃性にも待ったがかかる。攻撃性のせいで文化社会は常に崩壊の危機に瀕しており、共同体は、外部の者にその攻撃性を向けることによってようやく内部の結束を図ってきた。そこで、汝の隣人を愛せ、のみならず、汝の敵を愛せ、となる。もっとも、そう厳命されたところで根が攻撃的である人間としてはおいそれと従えない。もし文化が、性欲を犠牲にすることだけでなく、攻撃性を犠牲にすることまで求めるなら、人間は自分をおよそ幸福とは感じられないではないか。

破壊的な衝動のようなものに関する考察は、フロイトの思索の中ではかなり早い段階で兆している。当初、これはサディズムとの連関で論じられており、この要因を性欲動の部分欲動、攻撃的要素とすべきか、それともひとつの独立した根源的な欲動とするべきかは、フロイトにとってなかなか決着のつかない問題だった。『快原理の彼岸』や『自我とエス』など二〇年代前半の彼の著作の中でようやく、性やエロースを司る欲動に対して、死や攻撃を志向する欲動がそれとは独立した存在としていわば実体化されることになる。これが、第一次世界大戦の悲惨を経験し、戦中は息子たちの身の上を案じ、ようやく終戦を迎えて彼らとの再会を喜んだはずが、間もなく元気だった娘が呆気なく逝ってしまったことに関連していると見る向きもある。その当否はともかく、フロイト自身は、破壊の欲動、あるいはその根底にある死の欲動を、自分にとって基本的に新たな知見と見ていたようである。もっとも、一〇年代にむしろ生の原理としての欲動や快の原理が語られ始めた頃から、この欲動が最終的に涅槃としての周囲世界との一体化、ある意味では無機的世界への回帰を志向すると考えられていたことを想い起こせば、むしろ、欲動そのものに備わる正負の両側面が、二つの原理として区別されたとも見なしえよう。ただ、生の中に宿る破壊的な側面に戦後のフロイトがひときわ注目するようになったことは間違いなく、とりわけ二〇年代後半から三〇年代、本巻に収録される論文が執筆される時期のフロイトにとって、この破壊や攻撃、死の欲動を軸に人間の文化や社会の成り立ちを考えることが主たる関心となったのだった。破壊の欲動やその根底に潜む死の欲動を独立したものとして想定しようとするのには、弟子らのあいだでも大きな抵抗があったという。ただ、この欲動はそれ自体として独立した純粋なかたちで現れることはなく、サディズムのように、常にエロースと「混晶化」し、性の欲動と一体となって現れてくる、とフロイトは考える。

文化とは一面で性を抑制しながら、他方で人間たちをエロースによって互いに結びつける過程である。そうである以上、人間の攻撃性が剝き出しになるのを抑制しなくてはならない。性の欲動に加え、死や破壊の欲動もそれが無制限に荒れ狂うのを阻止しなくてはならない。文化が不快な圧迫と感じられる理由はここにある。しかし、死の欲動や攻撃性は単に文化に対立するというのではない。フロイトは、ここから双方の関係について実に力動的な構図を描いてみせる。文化は攻撃性を自らの中に取り込み、内面化するというのである。個人について言えば、外に向けられていたはずの攻撃性が自分の中に取り込まれ、自我の一部がそれを引き受け超自我となって自我の残りの部分と対峙する。自我の中で良心として自立したこの攻撃性は、自我が他人に向けることのできなかった攻撃性を自分に向け始める。これと同じことが文化全般に言えるのだ。

非力な子供は、親から叱られたり可愛がられなくなったりするのが心配だから、馬鹿なことをするまい、悪さをするまいと考える。子供なりに欲動を断念するのだ。悪さをすると、親に責められるのではないかという不安は、転じて子供の中に自分を責める気持ちとなって現れる。しかも、ひとたび子供の中に潜む攻撃性が子供自身の自我の中で超自我に転化すると、具体的に悪さをしたわけではなくても、ふと何かよからぬことが心をよぎるたびに良心の痛みとなって本人を責めさいなむことになる。自らを罰しようとするこの態度は、ひとつには、父が自分に向けた攻撃的な態度を内面化したものかもしれないし、あるいは父の厳しさを恨んで子供ながら感じた、その意味で子供自身の中にあった復讐心としての攻撃性が本人に向けられたのかもしれない。いずれにせよ、これが子供の行動を律する審級となってゆくのである。こうしてエディプスコンプレクス、とりわけ『トーテムとタブー』以来のフロイトの主題である原父殺害のモチーフがここであらためて反復されることになる。父への憎悪と敬愛、殺害しその肉を他の兄弟たちと共に貪り食ったことに対する悔恨の念がその後の共同体の礎石となったように、父に対する恐れと憎しみ、敬愛、それらが良心というかたちで統合されることを通じて、人は文化の担い手となるのであり、また文化そのものも発展してきたのだった。文化は、人に攻撃性を断念させ、そのことで人の中に攻撃性や不満を鬱屈させながら、これを文化そのものの発条としてきたのである。

もっとも、文化それ自体が人間の破壊欲動に根ざすというのではない。それはあくまで個々の人間たちを結びつけようとするエロース的な動きが、現実の困難の中で変容してゆく過程である。これに一見否定的に関わるかに見える破壊の欲動が、内面化されて良心となることで逆に積極的に関わり、個の幸福実現を優先する利己的な力を抑制しつつ、共同性の創出に向けた利他的な力となって作用する、というのだ。しかもこの破壊欲動は、自我の中で内面化されるだけでなく、文化の中でも超自我を樹立し倫理的な規範を生み出してゆく、とフロイトは考える。ただ、そう語りながらフロイトは、この破壊欲動が、必ずしも文化を向上させる力として作用するとは限らず、文明化された世界の中でなお直接に噴き出し大規模に牙を剝く可能性を否定しなかった。思いのほか売れた『文化の中の居心地悪さ』は刊行の翌年に当たる三一年に早くも増刷されたが、その末尾に、人間がその破壊性をどこまで抑制するかに人間の将来は懸かっている、という警告の一節が追加されている。社会状況の推移は、もはや倫理的な規範の働きに期待と信頼を寄せることを許さなかったのである。個人の局面もさることながら、とりわけ共同体や社会の次元で、同じ破壊の衝動が、二つの相反する方向に分岐するのについて、その積極的な転化に向けた処方箋を書くことは、フロイトの手に余るものだったかもしれない。

書誌情報

『ある錯覚の未来』

初出は、一九二七年、ライプツィヒ－ウィーン－チューリヒ、国際精神分析出版社、九一頁。翌年には英訳も刊行されている。一九二七年の秋から書き始められ、九月に脱稿、十一月に刊行された。

『文化の中の居心地悪さ』

初出は、一九三〇年、ライプツィヒ－ウィーン－チューリヒ、国際精神分析出版社、一三六頁。単行本の刊行に先立ちI節が雑誌『精神分析運動』第一巻、第四号、一九二九年十一－十二月に、またV節が同誌、第二巻、第一号、一九三〇年一－二月に、独立した記事として発表された。三一年の第二版で若干の脚注が追加されている。二七年の秋に『ある錯覚の未来』を完成させた後、病気のせいでフロイトの執筆活動全般が滞ったが、二九年の初夏に社会的な主題に関する新著に取りかかり、七月末に一応の完成を見た。十一月初旬に版が組みあがり、本としても二九年末に刊行されたが、表紙には一九三〇年と記された。当初、表題には『文化の中の不幸』が予定されていたが、後に変更された。

「テーオドール・ライク宛書簡抜粋」

初出は、テーオドール・ライク『文化批評家としてのフロイト』ウィーン、一九三〇年、六三－六五頁。

フロイトの「ドストエフスキーと父親殺し」(一九二八年、本全集第十九巻)が論集『カラマーゾフの兄弟の原型』に発表されてまもなく、テーオドール・ライクがこれを雑誌『イマーゴ』(一九二九年、第二号、通算第十五号)で批評した。総じて好意的であったが、ドストエフスキーについてのフロイトの判断は厳しすぎるとし、また道徳について述べられていることに賛同できないという趣旨のことが述べられていた。また、フロイトのドストエフスキー論の最後にある、シュテファン・ツヴァイクの「ある女性の生涯の二十四時間」を論じた部分が全体の趣旨にそぐわないとした。フロイトは、おそらくこれが活字になる前に読み、この批評に関してライクに手紙を書き送った。ライクの論文集『文化批評家としてのフロイト』が刊行された際に、その手紙の一部がフロイトの許可を得てそこに収録された。

「アーネスト・ジョーンズ五十歳の誕生日に寄せて」
初出は、『国際精神分析雑誌』第十五巻、第二・第三合冊号、一九二九年、一四七―一四八頁。英語の雑誌『国際精神分析ジャーナル』第十巻、第二・第三合冊号、一九二九年、に英訳が掲載された。両方の雑誌のそれぞれの合冊号は、いずれもジョーンズの五十歳の誕生日(一九二九年一月一日)を祝う記念号となっており、それらの巻頭論文として掲載されたものである。

「マクシム・ルロワ宛書簡――デカルトの夢について」
初出は、マクシム・ルロワ『デカルト――仮面の哲学者』パリ、『リーデル叢書』、一九二九年、八九―九〇頁。

この書物にフランス語で収録された後、ドイツ語の『著作集成』(GS)と『全集』(GW)のいずれでもフランス語で収録された。フロイトはこの書簡をドイツ語で書いたようだが、原文は残っておらず、ルロワの本の中に収録されているのは、ルロワが訳したものと考えられる。この本の中には、ルロワの質問に対して、フロイトが与えた回答が、やはり仏訳で収録されている。ルロワとフロイトが論じている「デカルトの夢」というのは、デカルトが一六一九年から二〇年にかけての冬に執筆した「オリンピカ」という名で知られる原稿の冒頭にあったと考えられている。この原稿は今日失われているが、十七世紀末にアドリアン・バイエがラテン語からフランス語に訳したものが、彼の『デカルト氏の生涯』(一六九一年)の中に収録されており、フロイトもこれに直接当たったらしい。

「一九三〇年ゲーテ賞」

アルフォンス・パケ博士宛書簡

フランクフルトのゲーテハウスにおける挨拶

初出は、いずれも『精神分析運動』第二巻、第五号、一九三〇年九—十月、四一九頁。

ゲーテ賞は、一九二七年、フランクフルト・アム・マイン市が創設したもので、毎年、ゲーテを記念するにふさわしい創造的な功績のある人物に授与されることになっている。第一回の受賞者はシュテファン・ゲオルゲ、第二回がアルベルト・シュヴァイツァー、第三回がレオポルト・ツィーグラー、その次がフロイトである。ナチの体制下でもこの賞は続けられ、四九年まで毎年授与されていたが、以後、三年ごとの授与となっている。ちなみに二〇一〇年十二月の時点での最後の受賞者は、二〇〇八年のピナ・バウシュである。フロイトへの授賞の決定は、理事長のパケ博士から、ザルツカンマーグートで休暇を過ごしていたフロイトに書面で伝えられた。授賞式は毎年、ゲーテの誕生日である八月二十八日にフランクフルトにあるゲーテの生家で執り行われ、受賞者は謝辞を兼ねた講演を行うのが習いであったが、フロイトは病気で出席できず、娘のアンナ・フロイトが代理で出席して、父の用意した原稿を読み上げた。

「ジュリエット・ブトニエ宛書簡」

フランス哲学協会紀要『精神分析と哲学』第四十九巻、第一号、一―三月、三―四頁に掲載されたジュリエット・ファヴェ・ブトニエ「一九五五年一月二十九日に開催された学会における報告」の中で最初に公表され、ドイツ語原文に続いてブトニエによるフランス語訳が掲載された。

ブトニエは、手紙のやり取りをした一九三〇年当時、ディジョンの女子高校の哲学の教師で、フロイトに手紙で哲学に関するいくつかの質問をしたところ、これに対してフロイトが答えたものである。なお、ドイツ語の『全集』(GW)ではその別巻(Nb)に、やはり本巻に収めた「ジークフリート・ヘッシング宛書簡」とともに「スピノザについての二通の手紙」というタイトルでまとめられている。

「S・フロイト／W・C・ブリット共著『トーマス・ウッドロー・ウィルソン』への緒言」

初出は、英語訳で一九六六年、アメリカの雑誌『ルック』十二月十六日号、三六―五〇頁。翌一九六七年、イギリスの雑誌『エンカウンター』第二十八巻、一月号、三―六頁に掲載された。また、この年、フロイトとブリットを著者として単行本『トーマス・ウッドロー・ウィルソン、アメリカ合衆国第二十八代大統領——ある心理学研究』が、ロンドン、ヴァイデンフェルト・ニコルソン社と、ニューヨーク、ホートン・ミフリン社から刊行され、それぞれの一一—一六頁にこの緒言が収められている。これらの雑誌、単行本に掲載されている手紙の英語訳は、本の共著者W・C・ブリットによって作成されたものと考えられている。ブリットは一九三〇年五月、ベルリン滞在中にフロイトにウィルソンについての本の共同執筆を持ちかけ、フロイトがこれに応じたのだという。この本は三一年秋、ブリットが短期にウィーンに滞在しているあいだに完成した。本が刊行された際にブリットが添えた前書きでは、彼とフロイトとは密接な共同作業を行い、出来上がった本文はふたりの著者が文責を担って然るべきものだと述べる一方、意見の相違も解消されなかった、としている。当時は、ウィルソンの二度めの妻が存命中ということもあり、発表が延期されたという。フロイトによる緒論そのもののドイツ語の草稿は残っており、これが彼自身によるものであることは間違いない。しかし、本文についてはフロイトとの共同作業を示す記録や元の草稿は残っておらず、それらがないことについてブリットはいくつかの互いに矛盾する説明を行っていることから、本の内容や体裁にフロイトがどこまで関与したかについては疑問視されている。

「エドアルド・ヴァイス著『精神分析要綱』へのはしがき」

初出は、エドアルド・ヴァイス『精神分析要綱』ミラノ、一九三一年、六—七頁。フロイトの手書きの原稿を活字にせずそのまま複写して収録している。「グルンドルゼー、一九三〇年八月」と記されている。

「ハルスマン裁判における医学部鑑定」

GWでは、このフロイトの一文の初出を『精神分析運動』第三巻、第一号、一九三一年、三二頁とし、ウィーン大学の法学部教授ヨーゼフ・フプカ博士の要請によるものとの説明を与えている。SEは、GWを踏襲するかたちで本編の初出が三一年の『精神分析運動』誌上であったとした上で、この一文の成立に関連して、フプカ教授が一九三〇年の十一月二十九日と三十日の二日にわたって、ハルスマンの名誉回復を訴える長文を『新自由新聞』に掲載したことを紹介している。しかし、実は、フプカの記事が掲載された二週間後の一九三〇年十二月十四日、同じ『新自由新聞』の第十三面に本編そのものも掲載されており、こちらが初出である。そのあと『精神分析運動』誌に転載された。ハルスマンの事件と裁判に関しては、編注ならびに本解題でも触れており、参照されたい。

「ヘブライ語版『精神分析入門講義』への序文」

『精神分析入門講義』(一九一六―一七年執筆、本全集第十五巻)のヘブライ語訳版(エルサレム、一九三四年)への序文が執筆されたのは一九三〇年だが、訳書が出たのは一九三四年であり、この序文もヘブライ語に訳されて収録された。同年に出たドイツ語の『著作集成』(GS)第十二巻で、ドイツ語原文が初めて公表された。

「ヘブライ語版『トーテムとタブー』への序文」

『トーテムとタブー』(一九一二―一三年執筆、本全集第十二巻)のヘブライ語訳版(エルサレム、一九三九年)への序文が執筆されたのは一九三〇年だが、訳書が出たのは一九三九年である。それより五年早い、一九三四年のドイツ語の

『著作集成』(GS)第十二巻にすでにドイツ語の原文が公表され、これが初出である。

「小冊子『ベルリン精神分析研究所の十年』への序言」

初出は、この小冊子『ベルリン精神分析研究所の十年』ドイツ精神分析協会編、ライプツィヒ－ウィーン－チューリヒ、一九三〇年九月、五頁。

「『メディカル・レヴュー・オヴ・レヴューズ』第三十六巻へのはしがき」

初出は『メディカル・レヴュー・オヴ・レヴューズ』第三十六巻、一九三〇年三月、「精神病理学」特集号、一〇三－一〇四頁、英訳で収録された。ドイツ語原文は『著作集成』(GS)の第十二巻(一九三四年)で初めて公表された。

「リビード的な類型について」

初出は、『国際精神分析雑誌』第十七巻、第三号、一九三一年、三一三－三一五頁。

一九三一年の初め頃に執筆に取りかかり夏に脱稿した。性格についての言及は『自我とエス』(一九二三年、本全集第十八巻)Ⅲ節前半などいくつかに見られるが、主題として正面から取り上げたものとしては「性格と肛門性愛」(一九〇八年、本全集第九巻)、「精神分析作業で現れる若干の性格類型」(一九一六年、本全集第十六巻)が挙げられるぐらいである。本編では、フロイトの後年の見地からあらためてこの主題が見直されている。

「女性の性について」

初出は、『国際精神分析雑誌』第十七巻、第三号、一九三一年、三一七―三三二頁。右の「リビード的な類型について」と同じ号に、それに続くかたちで掲載された。

最初の草稿は一九三一年二月頃に書かれたようであるが、完成稿が出来上がったのは同じ年の夏であり、「リビード的な類型について」と成立の時期がほぼ重なる。本編は「解剖学的な性差の若干の心的帰結」(一九二五年、本全集第十九巻)の議論をあらためて取り上げたという面が強い。以前の著述に対する反響があったのを受け、あらためて自分が描く女性の性の発達過程を描いた上で、最後のⅣ節で、自分の議論に触発されて提起された個々の論者の議論を批判的に検討するという体裁になっている。前の著述に比べ、エディプス期以前の女の子における母への拘束が強調され、女の子の母への態度や女性性全般における能動性が詳しく論じられている。女性の性の問題は、本編の翌年に成立する『続・精神分析入門講義』(本全集第二十一巻)の第三三講で今いちど取り上げられている。

「火の獲得について」

初出は、『イマーゴ』第十八巻、第一号、一九三二年、八―一三頁。『精神分析年鑑』一九三三年号(実際の刊行は一九三二年中)に転載された。執筆は三一年暮れと推定される。

プロメテウスの神話に関連して本編が論じる火と放尿の関係は、フロイトが以前から論じてきた主題である。これは、「ドーラ」の症例を報告する「あるヒステリー分析の断片〔ドーラ〕」(一九〇五年)Ⅱ節で紹介される「第一の夢」を解く手がかりとなり(本全集第六巻、七八―一一九頁)、ずっと後にも「狼男」の分析である『ある幼児期神経症の病歴より』(一九一四年執筆、一九一八年刊行)の中で再浮上する(本全集第十四巻、九六—九七頁、さらに九七頁の原注(49)を参照)。いずれの症例でも夜尿が一枚嚙んでおり、本編ではこれが、ペニスが性的な器官であるとともに排泄の器官でもあるという点と関連づけられる。この主題もフロイトの初期の著作でそれなりに長い歴史を持っており、「ドーラ」の症例でも語られているが(本全集第六巻、三四頁)、さらにそれよりかなり前の一八九八年九月二十七日付のフリース宛書簡で、夜尿が性的興奮と関係していることが指摘されている(『フロイト　フリースへの手紙』河田晃訳、誠信書房、二〇〇一年、三五〇頁)。夜尿が自慰に相当するとの主張は、その後も繰り返し語られている。たとえば「ドーラ」症例(本全集第六巻、一〇〇頁)、『性理論のための三篇』(一九〇五年、同、二四三頁)、「ヒステリー発作についての概略」(一九〇八年、本全集第九巻、三一一頁)、「エディプスコンプレクスの没落」(一九二四年、本全集第十八巻、三〇三頁)、「解剖学的な性差の若干の心的帰結」(一九二五年、本全集第十九巻、二〇六頁)などである。

『文化の中の居心地悪さ』(一九三〇年)のひとつの注で、尿性愛と功名心との関係についての言及があるが(本巻、九九頁、原注(12))、この著作を敷衍する本編ではそれについて語られない。この主題を初めて明示的に取り上げるのは「性格と肛門性愛」(一九〇八年、本全集第九巻、二八六頁)である。もっとも『夢解釈』(一九〇〇年)では、尿性愛と誇大妄想との関係が論じられている(本全集第四巻、二八三頁、第五巻、GW-II/III 472 相当頁)。この『夢解釈』の後のほうの個所では、本編同様、ガリヴァーとガルガンチュアの名を挙げ、放尿による消火が言及されている。放尿と野心との関連はその後も何度か言及されており、本編の発表後間もなく執筆された『続・精神分析入門講義』(一九三三年)の第三二講ではいくらか長く論じられている。

「英語版『夢解釈』第三版(改訂版)へのまえがき」

英訳版の『夢解釈』第三版(改訂版)、ロンドン－ニューヨーク、一九三二年、に添えられ、英語で発表された。フロイトの手になるドイツ語の草稿は知られていない。


「ヘルマン・ヌンベルク著『精神分析的な基盤に基づく神経症総論』へのはしがき」

初出は、ヘルマン・ヌンベルク『精神分析的な基盤に基づく神経症総論』ベルン－ベルリン、一九三二年、iii頁。


「プシーボル市長宛書簡抜粋」

この抜粋は、『精神分析運動』第三巻、第六号、五六六頁、一九三一年、に初めて掲載された。


「タンドラー教授宛書簡抜粋」

最初、「ジークムント・フロイトによる《越冬支援》についての提案」という表題で、『新自由新聞』の一九三一年十一月二十九日付の第十三面に掲載された。

この年の秋、ウィーン市は、深刻な国内経済を背景に市内の失業者の生活支援の一環として、著名な解剖学の教授で、かつて市議会で社会福祉委員会の委員長を務めたユーリウス・タンドラーを議長とする越冬支援組織を設置した。夏以来、『新自由新聞』は、越冬支援の具体策を読者から募っており、フロイトのこの手紙はそれに応じたものである。同紙の編集部はフロイトの手紙を重視し、これを紙面の特に目立つ位置に置いた上で、「願わくは、この国際的なウィーンの学者のように自らの社会的な義務をこれほどまで自覚する人が数多く賛同されますことを」と書き添えた。

「ゲオルク・フックス宛書簡抜粋」

初出は、ゲオルク・フックス『われら囚人たち——監房収監者二九一一号の想い出。ゲオルク・フックスの獄中記』ミュンヒェン、アルベルト・ランゲン書店、一九三一年、X—XI頁。後にドイツ語のテクストが、英訳とともに、K・R・アイスラー「従来、知られていなかったフロイトの手紙」『国際精神分析ジャーナル』第四十二号、一九九—二〇〇頁、一九六一年、に再録されている。ゲオルク・フックス（一八六八—一九四九年）は、当時は有名なミュンヒェンの著述家で、特に演劇と密接な関わりを持っていた。政治的な理由から二度にわたって拘留刑に処せられ、その獄中体験を本にしたものである。出版に先立って、フックスは本文の見本刷りを何人かの有名人に送り、送り返されてきた返信を本のまえがきとして収録した。

「戦争はなぜに」

最初、国際連盟の国際知的協力機構の発行する叢書の冊子として一九三三年にパリで刊行された。全体で六二頁であり、うち一一—二一頁がアインシュタインの手紙であり、二五—六二頁をフロイトの返信である本編が占めている。アインシュタインの手紙とフロイトのこの返信とはいずれもドイツ語で書かれているが、冊子では同時に第三者による英語訳とフランス語訳とが添えられている。成立の経緯とアインシュタインの手紙の概要について、GW

は本文の前にかなり詳しい紹介文を載せており、本巻ではこれを本編の編注（1）として訳出したので参照されたい。

フロイトはこの企画をあまり評価しておらず、「アインシュタインとの退屈で不毛な議論」だと述べていたという。ふたりはこの企画以前には一九二七年の初めにベルリンに住むフロイトの末息子エルンストの家で会ったことがあり、互いの分野について専門的な知識がなかったが気持ちよく話した、とフロイトは後で述べていた。その後、アインシュタインがフロイトのノーベル賞授与に反対したのは先に述べたとおりである。この公開往復書簡よりも後には三六年からフロイトの亡くなる三九年にかけて、ふたりのあいだに何度か心のこもった手紙のやり取りがあった。

フロイトは、第一次大戦の勃発後間もなく書いた「戦争と死についての時評」（一九一五年、本全集第十四巻）などで戦争について論じたことがあり、そこでの記述と本編とのあいだには共通する発想も見られるが、主題の上では本編はむしろ本巻に収録した『ある錯覚の未来』や『文化の中の居心地悪さ』の延長線上にある。これらの本で語られた、文化をひとつの過程と見なす見地や破壊欲動といった主題が、戦争という主題に連関してあらためて論じられていると言えよう。

「リヒャルト・シュテルバ著『精神分析事典』への序言」

初出は、シュテルバ『精神分析事典』国際精神分析出版社、ウィーン、一九三六年、第一分冊（Abasie〔失歩・歩行不能症〕から Angst〔不安〕までの項目を収録）。その巻頭部分にフロイトのこの手紙が、活字に組まれずに手書きの写しの状態で掲載された。フロイトはシュテルバが作業に取りかかった頃にこの手紙を書き送っており、事典の試し刷りを見ただけだった。

「ジークフリート・ヘッシング宛書簡」

手紙はヘッシングの編集した『スピノザ記念論文集』ハイデルベルク、一九三三年、二二一―二二二頁で公表された。スピノザは一六三二年生まれで、この本はスピノザの生誕三百年を祝うために編集・刊行されたものである。「スピノザについての著名人の発言」という表題を冠した項目に収められ、前後をアルベルト・アインシュタインとヤーコプ・ヴァッサーマンが寄せたメッセージに挟まれるかたちで掲載されている。GWでは、やはり本巻所収の「ジュリエット・ブトニエ宛書簡」と併せて「スピノザについての二通の手紙」というタイトルで括られて収録されている。

「ヨーゼフ・ポッパー＝リュンコイスと私の接点」

初出は、『一般扶養義務』第十五号「ヨーゼフ・ポッパー＝リュンコイス没後十年記念号」ウィーン、一九三二年、であり、同年中に『精神分析運動』第四号、一一三―一一八頁に転載された。

「一般扶養義務」とは、ヨーゼフ・ポッパーの提唱する社会福祉の概念で、彼の著書『社会問題の解決としての一般扶養義務』（ドレースデン、一九一二年）の表題でもあるが、また彼の構想を実現するために組織された協会の機関誌の名称でもあった。一九二二年にポッパーが亡くなったあと、この雑誌の第六号にフロイトは、「ヨーゼフ・ポッパー＝リュンコイスと夢の理論」（一九二三年、本全集第十七巻）を寄せており、これは本編と内容がいくらか重なる。ポッパーについては、同編の書誌を参照されたい(同、四二四—四二五頁)。

訳出と編注の作成に当たっては、「凡例」にある英訳と仏訳に加え、人文書院版『フロイト著作集』をはじめとする各種邦訳を参照させていただいた。また「解題」の中の「書誌事項」については「凡例」にある各種校訂本、注釈本、翻訳書の書誌情報を基礎に、必要な加筆を施して作成した。記して感謝したい。なお、本巻に収録した作品のうち「女性の性について」以降の部分については、訳文と編注作成の過程で北川東子氏と森田團氏に多大なご協力を頂戴した。篤くお礼を申し上げる。

＊　本解題中にある雑誌、新聞、叢書、出版社の名称の原語は以下のとおりである。
・「国際精神分析出版社」Internationaler Psychoanalytischer Verlag
・『精神分析運動』*Psychoanalytische Bewegung*
・『イマーゴ』*Imago*
・『国際精神分析雑誌』*Internationale Zeitschrift für Psychoanalyse*
・『国際精神分析ジャーナル』*International Journal of Psychoanalysis*
・『リーデル叢書』*Editions Rieder*
・『精神分析と哲学』*Psychanalyse et philosophie*
・『ルック』*Look*
・『エンカウンター』*Encounter*
・「ヴァイデンフェルト・ニコルソン社」Weidenfeld und Nicolson

・「ホートン・ミフリン社」Houghton Mifflin
・『新自由新聞』*Neue Freie Presse*
・『メディカル・レヴュー・オヴ・レヴューズ』*Medical Review of Reviews*
・『精神分析年鑑』*Almanach der Psychoanalyse*
・「アルベルト・ランゲン書店」Albert Langen
・『一般扶養義務』*Allgemeine Nährpflicht*

■岩波オンデマンドブックス■

フロイト全集 20
1929－32 年——ある錯覚の未来　文化の中の居心地悪さ
高田珠樹 責任編集

2011 年 1 月28日　第 1 刷発行
2024 年 11月 8 日　オンデマンド版発行

訳　者　高田珠樹《たかだたまき》　嶺《みね》　秀樹《ひでき》

発行者　坂本政謙

発行所　株式会社 岩波書店
〒 101-8002 東京都千代田区一ツ橋 2-5-5
電話案内 03-5210-4000
https://www.iwanami.co.jp/

印刷／製本・法令印刷

ISBN 978-4-00-731500-8　　Printed in Japan